T&P BOOKS

I0156058

AZERI

VOCABULÁRIO

PORTUGUÊS
AZERI

Para alargar o seu léxico e apurar
as suas competências linguísticas

9000 palavras

Vocabulário Português-Azeri - 9000 palavras

Por Andrey Taranov

Os vocabulários da T&P Books destinam-se a ajudar a aprender, a memorizar, e a rever palavras estrangeiras. O dicionário é dividido em temas, cobrindo todas as principais esferas de atividades quotidianas, negócios, ciência, cultura, etc.

O processo de aprendizagem, utilizando os dicionários baseados em temáticas da T&P Books dá-lhe as seguintes vantagens:

- Informação de origem corretamente agrupada predetermina o sucesso em fases subsequentes da memorização de palavras
- Disponibilização de palavras derivadas da mesma raiz, o que permite a memorização de unidades de texto (em vez de palavras separadas)
- Pequenas unidades de palavras facilitam o processo de estabelecimento de vínculos associativos necessários para a consolidação do vocabulário
- O nível de conhecimento da língua pode ser estimado pelo número de palavras aprendidas

T&P Books Publishing
www.tpbooks.com

ISBN: 978-1-78400-841-3

Este livro também está disponível em formato E-book.
Por favor visite www.tpbooks.com ou as principais livrarias on-line.

VOCABULÁRIO AZERI
palavras mais úteis

Os vocabulários da T&P Books destinam-se a ajudar a aprender, a memorizar, e a rever palavras estrangeiras. O vocabulário contém mais de 9000 palavras de uso comum organizadas tematicamente.

O vocabulário contém as palavras mais comummente usadas
Recomendado como adicional para qualquer curso de línguas
Satisfaz as necessidades dos iniciados e dos alunos avançados de línguas estrangeiras
Conveniente para o uso diário, sessões de revisão e atividades de auto-teste
Permite avaliar o seu vocabulário

Características especias do vocabulário

*   As palavras estão organizadas de acordo com o seu significado, e não por ordem alfabética
*   As palavras são apresentadas em três colunas para facilitar os processos de revisão e auto-teste
*   As palavras compostas são divididas em pequenos blocos para facilitar o processo de aprendizagem
*   O vocabulário oferece uma transcrição simples e adequada de cada palavra estrangeira

O vocabulário contém 256 tópicos incluindo:

Conceitos básicos, Números, Cores, Meses, Estações do ano, Unidades de medida, Roupas & Acessórios, Alimentos & Nutrição, Restaurante, Membros da Família, Parentes, Caráter, Sentimentos, Emoções, Doenças, Cidade, Passeios, Compras, Dinheiro, Casa, Lar, Escritório, Trabalho no Escritório, Importação & Exportação, Marketing, Pesquisa de Emprego, Desportos, Educação, Computador, Internet, Ferramentas, Natureza, Países, Nacionalidades e muito mais ...

TABELA DE CONTEÚDOS

GUIA DE PRONUNCIAÇÃO

Letra	Exemplo Azeri	Alfabeto fonético T&P	Exemplo Português
A a	stabil	[a]	chamar
B b	boksçu	[b]	barril
C c	Ceyran	[ʤ]	adjetivo
Ç ç	Çay	[ʧ]	Tchau!
D d	daraq	[d]	dentista
E e	fevral	[e]	metal
Ə ə	əncir	[æ]	semana
F f	fokus	[f]	safári
G g	giriş	[g]	gosto
Ğ ğ	Çağırmaq	[ɣ]	agora
H h	həkim	[h]	[h] aspirada
X x	Xanım	[h]	[h] aspirada
I ı	Qarı	[ɯ]	sinónimo
İ i	dimdik	[i]	sinónimo
J j	Janr	[ʒ]	talvez
K k	kaktus	[k]	kiwi
Q q	Qravüra	[g]	gosto
L l	liman	[l]	libra
M m	mavi	[m]	magnólia
N n	nömrə	[n]	natureza
O o	okean	[o]	lobo
Ö ö	Göbələk	[ø]	orgulhoso
P p	parça	[p]	presente
R r	rəng	[r]	riscar
S s	sap	[s]	sanita
Ş ş	Şair	[ʃ]	mês
T t	tarix	[t]	tulipa
U u	susmaq	[u]	bonita
Ü ü	Ümid	[y]	questionar
V v	varlı	[v]	fava
Y y	Yaponiya	[j]	géiser
Z z	zarafat	[z]	asiático

ABREVIATURAS
usadas no vocabulário

Abreviaturas do Português

adj	-	adjetivo
adv	-	advérbio
anim.	-	animado
conj.	-	conjunção
desp.	-	desporto
etc.	-	etecetra
ex.	-	por exemplo
f	-	nome feminino
f pl	-	feminino plural
fem.	-	feminino
inanim.	-	inanimado
m	-	nome masculino
m pl	-	masculino plural
m, f	-	masculino, feminino
masc.	-	masculino
mat.	-	matemática
mil.	-	militar
pl	-	plural
prep.	-	preposição
pron.	-	pronome
sb.	-	sobre
sing.	-	singular
v aux	-	verbo auxiliar
vi	-	verbo intransitivo
vi, vt	-	verbo intransitivo, transitivo
vr	-	verbo reflexivo
vt	-	verbo transitivo

CONCEITOS BÁSICOS

Conceitos básicos. Parte 1

1. Pronomes

eu	mən	['mæn]
tu	sən	['sæn]
ele, ela	o	['o]
nós	biz	['biz]
vocês	siz	['siz]
eles, elas	onlar	[on'lar]

2. Cumprimentos. Saudações. Despedidas

Olá!	Salam!	[sa'lam]
Bom dia! (formal)	Salam!	[sa'lam]
Bom dia! (de manhã)	Sabahın xeyir!	[saba'hın χε'jɪˑ]
Boa tarde!	Günortan xeyir!	[gynor'tan χε'jɪr]
Boa noite!	Axşamın xeyir!	[aχʃa'mɪn χε'jɪˑ]
cumprimentar (vt)	salamlaşmaq	[salamlaʃ'mah]
Olá!	Salam!	[sa'lam]
saudação (f)	salam	[sa'lam]
saudar (vt)	salamlamaq	[salamla'mah]
Como vai?	Necəsən?	[nε'ʤæsæn]
O que há de novo?	Nə yenilik var?	['næ ɛni'lik 'var]
Até à vista!	Xudahafiz!	[χudaha'fiz]
Até breve!	Tezliklə görüşənədək!	[tɛz'liklæ gøryʃæ'nædæk]
Adeus! (sing.)	Sağlıqla qal!	[sa'ɣlıgla 'gal]
Adeus! (pl)	Sağlıqla qalın!	[sa'ɣlıgla 'galın]
despedir-se (vr)	vidalaşmaq	[vidalaʃ'mah]
Até logo!	Hələlik!	[hælæ'lik]
Obrigado! -a!	Sağ ol!	['saɣ 'ol]
Muito obrigado! -a!	Çox sağ ol!	['ʧoχ 'saɣ 'ol]
De nada	Buyurun	['buyrun]
Não tem de quê	Dəyməz	[dæj'mæz]
De nada	Bir şey deyil	['bir 'ʃæj 'dɛjıl]
Desculpa!	Bağışla!	[baɣıʃ'la]
Desculpe!	Bağışlayın!	[baɣıʃ'lajın]
desculpar (vt)	Bağışlamaq	[baɣıʃla'mah]
desculpar-se (vr)	üzr istəmək	['juzr istæ'mæk]
As minhas desculpas	Üzrümü qəbul et	[yzry'my gæ'bul 'ɛt]

Desculpe!	Bağışlayın!	[baɣɪʃ'lajɪn]
perdoar (vt)	bağışlamaq	[baɣɪʃla'mah]
por favor	rica edirəm	[ri'dʒ¦a ɛ'diræm]

Não se esqueça!	Unutmayın!	[u'nutmajɪn]
Certamente! Claro!	Əlbəttə!	[æl'battæ]
Claro que não!	Əlbəttə yox!	[æl'battæ 'joχ]
Está bem! De acordo!	Razıyam!	[ra'zɪjam]
Basta!	Bəsti!	['bæsti]

3. Como se dirigir a alguém

senhor	Cənab	[dʒ¦æ'nap]
senhora	Xanım	[χa'nɪm]
rapariga	Ay qız	['aj 'gɪz]
rapaz	Cavan oğlan	[dʒ¦a'van o'ɣlan]
menino	Ay oğlan	['aj o'ɣlan]
menina	Ay qız	['aj 'gɪz]

4. Números cardinais. Parte 1

zero	sıfır	['sɪfɪr]
um	bir	['bir]
dois	iki	[i'ki]
três	üç	['ytʃ]
quatro	dörd	['dørd]

cinco	beş	['bɛʃ]
seis	altı	[al'tɪ]
sete	yeddi	[ɛd'di]
oito	səkkiz	[sæk'kiz]
nove	doqquz	[dok'kuz]

dez	on	['on]
onze	on bir	['on 'bir]
doze	on iki	['on i'ki]
treze	on üç	['on 'jutʃ]
catorze	on dörd	['on 'dørd]

quinze	on beş	['on 'bɛʃ]
dezasseis	on altı	['on al'tɪ]
dezassete	on yeddi	['on ɛd'di]
dezoito	on səkkiz	['on sæk'kiz]
dezanove	on doqquz	['on dok'kuz]

vinte	iyirmi	[ijɪr'mi]
vinte e um	iyirmi bir	[ijɪr'mi 'bir]
vinte e dois	iyirmi iki	[ijɪr'mi i'ki]
vinte e três	iyirmi üç	[ijɪr'mi 'jutʃ]

| trinta | otuz | [o'tuz] |
| trinta e um | otuz bir | [o'tuz 'bir] |

| trinta e dois | otuz iki | [o'tuz i'ki] |
| trinta e três | otuz üç | [o'tuz 'juʧ] |

quarenta	qırx	['gırx]
quarenta e um	qırx bir	['gırx 'bir]
quarenta e dois	qırx iki	['gırx i'ki]
quarenta e três	qırx üç	['gırx 'juʧ]

cinquenta	əlli	[æl'li]
cinquenta e um	əlli bir	[æl'li 'bir]
cinquenta e dois	əlli iki	[æl'li i'ki]
cinquenta e três	əlli üç	[æl'li 'juʧ]

sessenta	altmış	[alt'mıʃ]
sessenta e um	altmış bir	[alt'mıʃ 'bir]
sessenta e dois	altmış iki	[alt'mıʃ i'ki]
sessenta e três	altmış üç	[alt'mıʃ 'juʧ]

setenta	yetmiş	[ɛt'miʃ]
setenta e um	yetmiş bir	[ɛt'miʃ 'bir]
setenta e dois	yetmiş iki	[ɛt'miʃ i'ki]
setenta e três	yetmiş üç	[ɛt'miʃ 'juʧ]

oitenta	səksən	[sæk'sæn]
oitenta e um	səksən bir	[sæk'sæn 'bir]
oitenta e dois	səksən iki	[sæk'sæn i'ki]
oitenta e três	səksən üç	[sæk'sæn 'juʧ]

noventa	doxsan	[dox'san]
noventa e um	doxsan bir	[dox'san 'bir]
noventa e dois	doxsan iki	[dox'san i'ki]
noventa e três	doxsan üç	[dox'san 'juʧ]

5. Números cardinais. Parte 2

cem	yüz	['jyz]
duzentos	iki yüz	[i'ki 'juz]
trezentos	üç yüz	['juʧ 'juz]
quatrocentos	dörd yüz	['dørd 'juz]
quinhentos	beş yüz	['bɛʃ 'juz]

seiscentos	altı yüz	[al'tı 'juz]
setecentos	yeddi yüz	[ɛd'di 'juz]
oitocentos	səkkiz yüz	[sæk'kiz 'juz]
novecentos	doqquz yüz	[dok'kuz 'juz]

mil	min	['min]
dois mil	iki min	[i'ki 'min]
De quem são ...?	üç min	['juʧ 'min]
dez mil	on min	['on 'min]
cem mil	yüz min	['juz 'min]

| um milhão | milyon | [mi'ljon] |
| mil milhões | milyard | [mi'ljard] |

6. Números ordinais

primeiro	birinci	[birin'dʒⁱi]
segundo	ikinci	[ikin'dʒⁱi]
terceiro	üçüncü	[ytʃun'dʒⁱu]
quarto	dördüncü	[dørdyn'dʒy]
quinto	beşinci	[bɛʃin'dʒⁱi]

sexto	altıncı	[altın'dʒⁱı]
sétimo	yeddinci	[ɛddin'dʒⁱi]
oitavo	səkkizinci	[sækkizin'dʒⁱi]
nono	doqquzuncu	[dokkuzun'dʒy]
décimo	onuncu	[onun'dʒⁱu]

7. Números. Frações

fração (f)	kəsr	['kæsr]
um meio	ikidə bir	[iki'dæ 'bir]
um terço	üçdə bir	[ytʃ'dæ 'bir]
um quarto	dörddə bir	[dørd'da 'bir]

um oitavo	səkkizdə bir	[sækkiz'dæ 'bir]
um décimo	onda bir	[on'da 'bir]
dois terços	üçdə iki	[ytʃ'dæ i'ki]
três quartos	dörddə üç	[dørd'dæ 'jutʃ]

8. Números. Operações básicas

subtração (f)	çıxma	[tʃıx'ma]
subtrair (vi, vt)	çıxmaq	[tʃıx'mah]
divisão (f)	bölmə	[bøl'mæ]
dividir (vt)	bölmək	[bøl'mæk]

adição (f)	toplama	[topla'ma]
somar (vt)	toplamaq	[topla'mah]
adicionar (vt)	artırmaq	[artır'mah]
multiplicação (f)	vurma	[vur'ma]
multiplicar (vt)	vurmaq	[vur'mah]

9. Números. Diversos

algarismo, dígito (m)	rəqəm	[ræ'gæm]
número (m)	say	['saj]
numeral (m)	say	['saj]
menos (m)	minus	['minus]
mais (m)	plyus	['plⁱus]
fórmula (f)	düstur	[dys'tur]
cálculo (m)	hesab	[hɛ'sap]
contar (vt)	saymaq	[saj'mah]

| calcular (vt) | hesablamaq | [hɛsabla'mah] |
| comparar (vt) | müqayise etmek | [mygajı'sæ ɛt'mæk] |

| Quanto? | Ne qeder? | ['næ gæ'dær] |
| Quantos? -as? | Neçe? | [nɛ'tʃæ] |

soma (f)	mebleğ	[mæb'læɣ]
resultado (m)	netice	[næti'dʒ'æ]
resto (m)	qalıq	[ga'lıh]

alguns, algumas ...	bir neçe	[bir nɛ'tʃæ]
um pouco de ...	bir az ...	['bir 'az ...]
resto (m)	qalanı	[gala'nı]
um e meio	bir yarım	['bir ja'rım]
dúzia (f)	on iki	['on i'ki]

ao meio	ten yarı	['tæn ja'rı]
em partes iguais	tenberaber	[tænbæra'bær]
metade (f)	yarım	[ja'rım]
vez (f)	defe	[dæ'fæ]

10. Os verbos mais importantes. Parte 1

abrir (vt)	açmaq	[atʃ'mah]
acabar, terminar (vt)	qurtarmaq	[gurtar'mah]
aconselhar (vt)	meslehet vermek	[mæslæ'hæt ʋɛr'mæk]
adivinhar (vt)	tapmaq	[tap'mah]
advertir (vt)	xeberdarlıq etmek	[χæbærdar'lıh ɛt'mæk]

ajudar (vt)	kömek etmek	[kø'mæk ɛt'mæk]
almoçar (vi)	nahar etmek	[na'har ɛt'mæk]
alugar (~ um apartamento)	kiraye etmek	[kira'jæ ɛt'mæk]
amar (vt)	sevmek	[sɛv'mæk]
ameaçar (vt)	hedelemek	[hædælæ'mæk]

anotar (escrever)	yazmaq	[jaz'mah]
apanhar (vt)	tutmaq	[tut'mah]
apressar-se (vr)	telesmek	[tælæs'mæk]
arrepender-se (vr)	heyfsilenmek	[hɛjfsilæn'mæk]
assinar (vt)	imzalamaq	[imzala'mah]

atirar, disparar (vi)	ateş açmaq	[a'tæʃ atʃ'mah]
brincar (vi)	zarafat etmek	[zara'fat ɛt'mæk]
brincar, jogar (crianças)	oynamaq	[ojna'mah]
buscar (vt)	axtarmaq	[aχtar'mah]
caçar (vi)	ova çıxmaq	[o'va tʃıχ'mah]

cair (vi)	yıxılmaq	[jıχıl'mah]
cavar (vt)	qazmaq	[gaz'mah]
cessar (vt)	kesmek	[kæs'mæk]
chamar (~ por socorro)	çağırmaq	[tʃaɣır'mah]
chegar (vi)	gelmek	[gæl'mæk]
chorar (vi)	ağlamaq	[aɣla'mah]
comparar (vt)	müqayise etmek	[mygajı'sæ ɛt mæk]

compreender (vt)	başa düşmək	[ba'ʃa dyʃ'mæk]
concordar (vi)	razı olmaq	[ra'zı ol'mah]
confiar (vt)	etibar etmək	[ɛti'bar ɛt'mæk]

confundir (equivocar-se)	dolaşıq salmaq	[dola'ʃıh sal'mah]
conhecer (vt)	tanımaq	[tanı'mah]
contar (fazer contas)	saymaq	[saj'mah]
contar com (esperar)	bel bağlamaq	['bɛl baɣla'mah]
continuar (vt)	davam etdirmək	[da'vam ɛtdir'mæk]

controlar (vt)	nəzarət etmək	[næza'ræt ɛt'mæk]
convidar (vt)	dəvət etmək	[dæ'væt ɛt'mæk]
correr (vi)	qaçmaq	[gatʃ'mah]
criar (vt)	yaratmaq	[jarat'mah]
custar (vt)	qiyməti olmaq	[gijmæ'ti ol'mah]

11. Os verbos mais importantes. Parte 2

dar (vt)	vermək	[vɛr'mæk]
dar uma dica	eyham vurmaq	[ɛj'ham vur'mah]
decorar (enfeitar)	bəzəmək	[bæzæ'mæk]
defender (vt)	müdafiyə etmək	[mydafi'jæ ɛt'mæk]
deixar cair (vt)	yerə salmaq	[ɛ'ræ sal'mah]

descer (para baixo)	aşağı düşmək	[aʃa'ɣı dyʃ'mæk]
desculpar-se (vr)	üzr istəmək	['juzr istæ'mæk]
dirigir (~ uma empresa)	idarə etmək	[ida'ræ ɛt'mæk]
discutir (notícias, etc.)	müzakirə etmək	[myzaki'ræ ɛt'mæk]
dizer (vt)	demək	[dɛ'mæk]

duvidar (vt)	şübhələnmək	[ʃybhælæn'mæk]
encontrar (achar)	tapmaq	[tap'mah]
enganar (vt)	aldatmaq	[aldat'mah]
entrar (na sala, etc.)	daxil olmaq	[da'χil ol'mah]
enviar (uma carta)	göndərmək	[gøndær'mæk]

errar (equivocar-se)	səhv etmək	['sæhv ɛt'mæk]
escolher (vt)	seçmək	[sɛtʃ'mæk]
esconder (vt)	gizlətmək	[gizlæt'mæk]
escrever (vt)	yazmaq	[jaz'mah]
esperar (o autocarro, etc.)	gözləmək	[gøzlæ'mæk]

esperar (ter esperança)	ümid etmək	[y'mid ɛt'mæk]
esquecer (vt)	unutmaq	[unut'mah]
estudar (vt)	öyrənmək	[øjræn'mæk]
exigir (vt)	tələb etmək	[tæ'læp ɛt'mæk]
existir (vi)	mövcud olmaq	[møv'dʒyd ol'mah]

explicar (vt)	izah etmək	[i'zah ɛt'mæk]
falar (vi)	danışmaq	[danıʃ'mah]
faltar (clases, etc.)	buraxmaq	[buraχ'mah]
fazer (vt)	etmək	[ɛt'mæk]
ficar em silêncio	susmaq	[sus'mah]
gabar-se, jactar-se (vr)	lovğalanmaq	[lovɣalan'mah]

gostar (apreciar)	xoşuna gəlmək	[xoʃu'na gæl mæk]
gritar (vi)	çığırmaq	[ʧıɣır'mah]
guardar (cartas, etc.)	saxlamaq	[saxla'mah]
informar (vt)	məlumat vermək	[mælʲu'mat vɛr'mæk]
insistir (vi)	təkid etmək	[tæ'kid ɛt'mæk]

insultar (vt)	təhkir etmək	[tæh'kir ɛt'mӕk]
interessar-se (vr)	maraqlanmaq	[maraglan'mah]
ir (a pé)	getmək	[gɛt'mæk]
ir nadar	çimmək	[ʧim'mæk]
jantar (vi)	axşam yeməyi yemək	[ax'ʃam ɛmæ'jı ɛ'mæk]

12. Os verbos mais importantes. Parte 3

ler (vt)	oxumaq	[oxu'mah]
libertar (cidade, etc.)	azad etmək	[a'zad ɛt'mæk]
matar (vt)	öldürmək	[øldyr'mæk]
mencionar (vt)	adını çəkmək	[adı'nı ʧæk'mæk]
mostrar (vt)	göstərmək	[gøstær'mæk]

mudar (modificar)	dəyişmək	[dæiʃ'mæk]
nadar (vi)	üzmək	[yz'mæk]
negar-se a ...	imtina etmək	[imti'na ɛt'mæk]
objetar (vt)	etiraz etmək	[ɛti'raz ɛt'mæk]

observar (vt)	müşaidə etmək	[myʃai'dæ ɛː'mæk]
ordenar (mil.)	əmr etmək	['æmr ɛt'mæk]
ouvir (vt)	eşitmək	[ɛʃit'mæk]
pagar (vt)	pulunu ödəmək	[pulʲu'nu ødæ'mæk]
parar (vi)	dayanmaq	[dajan'mah]

participar (vi)	iştirak etmək	[iʃti'rak ɛt'mæk]
pedir (comida)	sifariş etmək	[sifa'riʃ ɛt'mæk]
pedir (um favor, etc.)	xahiş etmək	[xa'hiʃ ɛt'mæk]
pegar (tomar)	almaq	[al'mah]
pensar (vt)	düşünmək	[dyʃyn'mæk]

perceber (ver)	görmək	[gør'mæk]
perdoar (vt)	bağışlamaq	[baɣıʃla'mah]
perguntar (vt)	soruşmaq	[soruʃ'mah]
permitir (vt)	icazə vermək	[idʒʲa'zæ vɛr'mæk]
pertencer a ...	mənsub olmaq	[mæn'sup ol'mah]

planear (vt)	planlaşdırmaq	[planlaʃdır'nah]
poder (vi)	bacarmaq	[badʒʲar'mah]
possuir (vt)	sahib olmaq	[sa'hip ol'mah]
preferir (vt)	üstünlük vermək	[ystyn'lyk vɛr'mæk]
preparar (vt)	hazırlamaq	[hazırla'mah]

prever (vt)	qabaqcadan görmək	[ga'bagdʒʲɛdan gør'mæk]
prometer (vt)	vəd etmək	['væd ɛt'mæk]
pronunciar (vt)	tələffüz etmək	[tælæf'fyz ɛt'mæk]
propor (vt)	təklif etmək	[tæk'lif ɛt'mæk]
punir (castigar)	cəzalandırmaq	[dʒʲæzalanɟır'mah]

13. Os verbos mais importantes. Parte 4

quebrar (vt)	qırmaq	[gır'mah]
queixar-se (vr)	şikayət etmək	[ʃika'jæt ɛt'mæk]
querer (desejar)	istəmək	[istæ'mæk]
recomendar (vt)	məsləhət görmək	[mæslæ'hæt gør'mæk]
repetir (dizer outra vez)	təkrar etmək	[tæk'rar ɛt'mæk]

repreender (vt)	danlamaq	[danla'mah]
reservar (~ um quarto)	sifariş etmək	[sifa'riʃ ɛt'mæk]
responder (vt)	cavab vermək	[dʒ'a'vap vɛr'mæk]
rezar, orar (vi)	dua etmək	[du'a ɛt'mæk]
rir (vi)	gülmək	[gylʲ'mæk]

roubar (vt)	oğurlamaq	[oɣurla'mah]
saber (vt)	bilmək	[bil'mæk]
sair (~ de casa)	çıxmaq	[tʃɪx'mah]
salvar (vt)	xilas etmək	[xi'las ɛt'mæk]
seguir ...	ardınca getmək	[ar'dındʒ'a gɛt'mæk]

sentar-se (vr)	oturmaq	[otur'mah]
ser necessário	tələb olunmaq	[tæ'læp olʲun'mah]
ser, estar	olmaq	[ol'mah]
significar (vt)	ifadə etmək	[ifa'dæ ɛt'mæk]

sorrir (vi)	gülümsəmək	[gylymsæ'mæk]
surpreender-se (vr)	təəccüblənmək	[taædʒyblæn'mæk]
tentar (vt)	sınamaq	[sına'mah]

ter (vt)	malik olmaq	['malik ol'mah]
ter fome	yemək istəmək	[ɛ'mæk istɛ'mæk]
ter medo	qorxmaq	[gorχ'mah]
ter sede	içmək istəmək	[itʃ'mæk istæ'mæk]

tocar (com as mãos)	əl vurmaq	['æl vur'mah]
tomar o pequeno-almoço	səhər yeməyi yemək	[sæ'hær ɛmæ'jı ɛ'mæk]
trabalhar (vi)	işləmək	[iʃlæ'mæk]
traduzir (vt)	tərcümə etmək	[tærdʒy'mæ ɛt'mæk]
unir (vt)	birləşdirmək	[birlæʃdir'mæk]

vender (vt)	satmaq	[sat'mah]
ver (vt)	görmək	[gør'mæk]
virar (ex. ~ à direita)	döndərmək	[døndær'mæk]
voar (vi)	uçmaq	[utʃ'mah]

14. Cores

cor (f)	rəng	['rænh]
matiz (m)	çalar	[tʃa'lar]
tom (m)	ton	['ton]
arco-íris (m)	qövsi-quzeh	[gøvsi gy'zɛh]
branco	ağ	['aɣ]
preto	qara	[ga'ra]

cinzento	boz	['boz]
verde	yaşıl	[ja'ʃıl]
amarelo	sarı	[sa'rı]
vermelho	qırmızı	[gırmı'zı]

azul	göy	['gøj]
azul claro	mavi	[ma'vi]
rosa	çəhrayı	[ʧæhra'jı]
laranja	narıncı	[narın'dʒʲı]
violeta	bənövşəyi	[bænøvʃæ'jı]
castanho	şabalıdı	[ʃabalı'dı]

dourado	qızıl	[gı'zıl]
prateado	gümüşü	[gymy'ʃy]

bege	bej rəngli	[bɛʒ ræng'li]
creme	krem rəngli	[krɛm ræng' i]
turquesa	firuzəyi	[firuzæ'jı]
vermelho cereja	tünd qırmızı	['tynd gırmı'zı]
lilás	açıq bənövşəyi	[a'ʧıh bænøvʃæ'jı]
carmesim	moruq rəngli	[moruh ræng'li]

claro	açıq rəngli	[a'ʧıh ræng'li]
escuro	tünd	['tynd]
vivo	parlaq	[par'lah]

de cor	rəngli	[ræng'li]
a cores	rəngli	[ræng'li]
preto e branco	ağ-qara	['aɣ ga'ra]
unicolor	birrəng	[bir'rænh]
multicor	müxtəlif rəngli	[myχtæ'lif ræng'li]

15. Questões

Quem?	Kim?	['kim]
Que?	Nə?	['næ]
Onde?	Harada?	['harada]
Para onde?	Haraya?	['haraja]
De onde?	Haradan?	['haradan]
Quando?	Nə zaman?	['næ za'man]
Para quê?	Niyə?	[ni'jæ]
Porquê?	Nə üçün?	['næ ju'ʧun]
Para quê?	Nədən ötrü?	[næ'dæn œt'ry]
Como?	Necə?	[nɛ'dʒʲæ]
Qual?	Nə cür?	['næ 'dʒyr]
Qual? (entre dois ou mais)	Hansı?	[han'sı]

A quem?	Kimə?	[ki'mæ]
Sobre quem?	Kimdən?	[kim'dæn]
Do quê?	Nədən?	[næ'dæn]
Com quem?	Kiminlə?	[ki'minlæ]
Quantos? -as?	Neçə?	[nɛ'ʧæ]
Quanto?	Nə qədər?	['næ gæ'dær]
De quem? (masc.)	Kimin?	[ki'min]

16. Preposições

com (prep.)	ile	[i'læ]
sem (prep.)	... sız	[... sız]
a, para (exprime lugar)	da	['da]
sobre (ex. falar ~)	haqqında	[hakkın'da]
antes de ...	qabaq	[ga'bah]
diante de ...	qarşısında	[garʃısın'da]

sob (debaixo de)	altında	[altın'da]
sobre (em cima de)	üstünde	[ystyn'dæ]
sobre (~ a mesa)	üzerinde	[yzærin'dæ]
de (vir ~ Lisboa)	... dan	[... dan]
de (feito ~ pedra)	... dan	[... dan]

dentro de (~ dez minutos)	sonra	[son'ra]
por cima de ...	üstünden	[ystyn'dæn]

17. Palavras funcionais. Advérbios. Parte 1

Onde?	Harada?	['harada]
aqui	burada	['burada]
lá, ali	orada	['orada]

em algum lugar	harada ise	['harada isɛ]
em lugar nenhum	heç bir yerde	['hɛtʃ 'bir ɛr'dæ]

ao pé de ...	yanında	[janın'da]
ao pé da janela	pencerenin yanında	[pænʤæræ'nin janın'da]

Para onde?	Haraya?	['haraja]
para cá	buraya	['buraja]
para lá	oraya	['oraja]
daqui	buradan	['buradan]
de lá, dali	oradan	['oradan]

perto	yaxın	[ja'χın]
longe	uzaq	[u'zah]

perto de ...	yanaşı	[jana'ʃı]
ao lado de	yaxında	[jaχın'da]
perto, não fica longe	yaxında	[jaχın'da]

esquerdo	sol	['sol]
à esquerda	soldan	[sol'dan]
para esquerda	sola	[so'la]

direito	sağ	['saɣ]
à direita	sağdan	[sa'ɣdan]
para direita	sağa	[sa'ɣa]

à frente	qabaqdan	[gabag'dan]
da frente	qabaq	[ga'bah]

em frente (para a frente)	irəli	[iræ'li]
atrás de ...	arxada	[arχa'da]
por detrás (vir ~)	arxadan	[arχa'dan]
para trás	arxaya	[arχa'ja]

| meio (m), metade (f) | orta | [or'ta] |
| no meio | ortada | [orta'da] |

de lado	qıraqdan	[gırag'dan]
em todo lugar	hər yerdə	['hær ɛr'dæ]
ao redor (olhar ~)	ətrafında	[ætrafın'da]

de dentro	içəridən	[itʃæri'dæn]
para algum lugar	haraya isə	['haraja i'sæ]
diretamente	düzünə	[dyzy'næ]
de volta	geriyə	[gɛri'jæ]

| de algum lugar | haradan olsa | ['haradan ol'sa] |
| de um lugar | haradansa | ['haradansa˙] |

em primeiro lugar	birincisi	[birindʒi'si]
em segundo lugar	ikincisi	[ikintʃi'si]
em terceiro lugar	üçüncüsü	[ytʃundʒu'sy]

de repente	qəflətən	['gæflætæn]
no início	başlanqıcda	[baʃlangıdʒ'da]
pela primeira vez	birinci dəfə	[birin'dʒi dæ'fæ]
muito antes de ...	xeyli əvvəl	['χɛjli æv'væl]
de novo, novamente	yenidən	[ɛni'dæn]
para sempre	həmişəlik	[hæmiʃæ'lik]

nunca	heç bir zaman	['hɛtʃ 'bir za'man]
de novo	yenə	['ɛnæ]
agora	indi	[in'di]
frequentemente	tez-tez	['tɛz 'tɛz]
então	onda	[on'da]
urgentemente	təcili	[tædʒi'li]
usualmente	adətən	['adætæn]

a propósito, ...	yeri gəlmişkən	[ɛ'ri gæl'miʃkæn]
é possível	ola bilsin	[o'la bil'sin]
provavelmente	ehtimal ki	[ɛhti'mal 'ki]
talvez	ola bilər	[o'la bi'lær]
além disso, ...	bundan başqa ...	[bun'dan baʃga ...]
por isso ...	buna görə	[bu'na gø'ræ]
apesar de ...	baxmayaraq ki ...	['baχmajarah ki ...]
graças a ...	sayəsində ...	[sajæsin'dæ ...]

que (pron.)	nə	['næ]
que (conj.)	ki	['ki]
algo	nə isə	['næ i'sæ]
alguma coisa	bir şey	['bir 'ʃɛj]
nada	heç bir şey	['hɛtʃ 'bir 'ʃæj]

| quem | kim | ['kim] |
| alguém (~ teve uma ideia ...) | kim isə | ['kim i'sæ] |

alguém	birisi	[biri'si]
ninguém	heç kim	['hɛʧ kim]
para lugar nenhum	heç bir yerə	['hɛʧ 'bir ɛ'ræ]
de ninguém	heç kimin	['hɛʧ ki'min]
de alguém	kiminsə	[ki'minsæ]

tão	belə	[bɛ'læ]
também (gostaria ~ de ...)	habelə	['habɛlæ]
também (~ eu)	həmçinin	['hæmʧinin]

18. Palavras funcionais. Advérbios. Parte 2

Porquê?	Nə üçün?	['næ ju'ʧun]
por alguma razão	nədənsə	[næ'dænsæ]
porque ...	ona görə ki	[o'na gø'ræ 'ki]
por qualquer razão	nə səbəbə isə	['næ sæbæ'bæ i'sæ]

e (tu ~ eu)	və	['væ]
ou (ser ~ não ser)	yaxud	['jaχud]
mas (porém)	amma	['amma]
para (~ a minha mãe)	üçün	[y'ʧun]

demasiado, muito	həddindən artıq	[hæddin'dæn ar'tıh]
só, somente	yalnız	['jalnız]
exatamente	dəqiq	[dæ'gih]
cerca de (~ 10 kg)	təqribən	[tæg'ribæn]

aproximadamente	təxminən	[tæχ'minæn]
aproximado	təxmini	[tæχmi'ni]
quase	demək olar ki	[dɛ'mæk o'lar 'ki]
resto (m)	qalanı	[gala'nı]

cada	hər bir	['hær 'bir]
qualquer	hansı olursa olsun	[han'sı o'lʲursa ol'sun]
muito	çox	['ʧoχ]
muitas pessoas	çoxları	[ʧoχla'rı]
todos	hamısı	['hamısı]

em troca de ...	bunun əvəzində	[bu'nun æværzin'dæ]
em troca	əvəzində	[æværzin'dæ]

à mão	əl ilə	['æl i'læ]
pouco provável	çətin ola bilsin	[ʧæ'tin o'la bil'sin]

provavelmente	guman ki	[gy'man 'ki]
de propósito	bilərək	[bi'læræk]
por acidente	təsadüfən	[tæ'sadyfæn]

muito	çox	['ʧoχ]
por exemplo	məsələn	['mæsælæn]
entre	arasında	[arasın'da]
entre (no meio de)	ortasında	[ortasın'da]
tanto	bu qədər	['bu gæ'dær]
especialmente	xüsusilə	[χysu'silæ]

Conceitos básicos. Parte 2

19. Opostos

rico	varlı	[var'lı]
pobre	kasıb	[ka'sıp]
doente	xəstə	[χæs'tæ]
são	sağlam	[sa'ɣlam]
grande	böyük	[bø'juk]
pequeno	kiçik	[ki'ʧik]
rapidamente	cəld	['ʤʲæld]
lentamente	asta-asta	[as'ta as'ta]
rápido	cəld	['ʤʲæld]
lento	asta	[as'ta]
alegre	şən	['ʃæn]
triste	qəmgin	[gæm'gin]
juntos	birlikdə	[birlik'dæ]
separadamente	ayrı-ayrı	[aj'rı aj'rı]
em voz alta (ler ~)	ucadan	[uʤʲa'dan]
para si (em silêncio)	ürəyində	[yræjın'dæ]
alto	hündür	[hyn'dyr]
baixo	alçaq	[al'ʧah]
profundo	dərin	[dæ'rin]
pouco fundo	dayaz	[da'jaz]
sim	bəli	['bæli]
não	xeyr	['χɛjr]
distante (no espaço)	uzaq	[u'zah]
próximo	yaxın	[ja'χın]
longe	uzaqda	[uzag'da]
perto	yaxında	[jaχın'da]
longo	uzun	[u'zun]
curto	qısa	[gı'sa]
bom, bondoso	xeyirxah	[χɛjır'χah]
mau	hirsli	[hirs'li]
casado	evli	[ɛv'li]

solteiro	subay	[su'baj]
proibir (vt)	qadağan etmək	[gada'ɣan ɛt'mæk]
permitir (vt)	icazə vermək	[idʒʲa'zæ vɛr'mæk]
fim (m)	son	['son]
começo (m)	başlanqıc	[baʃla'ngıdʒʲ]
esquerdo	sol	['sol]
direito	sağ	['saɣ]
primeiro	birinci	[birin'dʒʲi]
último	sonuncu	[sonun'dʒy]
crime (m)	cinayət	[dʒʲina'jæt]
castigo (m)	cəza	[dʒʲæ'za]
ordenar (vt)	əmr etmək	['æmr ɛt'mæk]
obedecer (vt)	tabe olmaq	[ta'bɛ ol'mah]
reto	düz	['dyz]
curvo	əyri	[æj'ri]
paraíso (m)	cənnət	[dʒʲæn'næt]
inferno (m)	cəhənnəm	[dʒʲæhæn'næm]
nascer (vi)	anadan olmaq	[ana'dan ol'mah]
morrer (vi)	ölmək	[øl'mæk]
forte	güclü	[gydʒʲʲly]
fraco, débil	zəif	[zæ'if]
idoso	köhnə	[køh'næ]
jovem	cavan	[dʒʲa'van]
velho	köhnə	[køh'næ]
novo	təzə	[tæ'zæ]
duro	bərk	['bærk]
mole	yumşaq	[jum'ʃah]
tépido	isti	[is'ti]
frio	soyuq	[so'juh]
gordo	yoğun	[jo'ɣun]
magro	arıq	[a'rıh]
estreito	ensiz	[ɛn'siz]
largo	enli	[ɛn'li]
bom	yaxşı	[jaχ'ʃı]
mau	pis	['pis]
valente	cəsarətli	[dʒʲæsaræt'li]
cobarde	qorxaq	[gor'χah]

20. Dias da semana

segunda-feira (f)	bazar ertəsi	[ba'zar ɛrtæ'si]
terça-feira (f)	çərşənbə axşamı	[ʧærʃæn'bæ axʃa'mı]
quarta-feira (f)	çərşənbə	[ʧærʃæn'bæ]
quinta-feira (f)	cümə axşamı	[dʒy'mæ axʃa'mı]
sexta-feira (f)	cümə	[dʒy'mæ]
sábado (m)	şənbə	[ʃæn'bæ]
domingo (m)	bazar	[ba'zar]

hoje	bu gün	['bu 'gyn]
amanhã	sabah	['sabah]
depois de amanhã	birigün	[bi'rigyn]
ontem	dünən	['dynæn]
anteontem	sırağa gün	[sıra'ɣa 'gyn]

dia (m)	gündüz	[gyn'dyz]
dia (m) de trabalho	iş günü	['iʃ gy'ny]
feriado (m)	bayram günü	[baj'ram gy'ny]
dia (m) de folga	istirahət günü	[istira'hæt gʏ'ny]
fim (m) de semana	istirahət günləri	[istira'hæt gʏnlɛ'ri]

o dia todo	bütün günü	[by'tyn gy'ny]
no dia seguinte	ertəsi gün	[ɛrtæ'si 'gyn]
há dois dias	iki gün qabaq	[i'ki 'gyn ga'bah]
na véspera	ərəfəsində	[æræfæsin'dæ]
diário	gündəlik	[gyndæ'lik]
todos os dias	hər gün	['hær 'gyn]

semana (f)	həftə	[hæf'tæ]
na semana passada	keçən həftə	[kɛ'ʧæn hæf'tæ]
na próxima semana	gələn həftə	[gæ'læn hæf'tæ]
semanal	həftəlik	[hæftæ'lik]
cada semana	həftədə bir	[hæftæ'dæ 'bir]
duas vezes por semana	həftədə iki dəfə	[hæftæ'dæ i'ki dæ'fæ]
cada terça-feira	hər çərşənbə axşamı	['hær ʧærʃæn'bæ axʃa'mı]

21. Horas. Dia e noite

manhã (f)	səhər	[sæ'hær]
de manhã	səhərçağı	[sæ'hær ʧa'ɣı]
meio-dia (m)	günorta	[gynor'ta]
à tarde	nahardan sonra	[nahar'dan son'ra]

noite (f)	axşam	[aχ'ʃam]
à noite (noitinha)	axşam	[aχ'ʃam]
noite (f)	gecə	[gɛ'dʒʲæ]
à noite	gecə	[gɛ'dʒʲæ]
meia-noite (f)	gecəyarı	[gɛdʒʲæja'rı]

segundo (m)	saniyə	[sani'jæ]
minuto (m)	dəqiqə	[dægi'gæ]
hora (f)	saat	[sa'at]

27

meia hora (f)	yarım saat	[ja'rım sa'at]
quarto (m) de hora	on beş deqiqe	['on 'bɛʃ dægi'gæ]
quinze minutos	on beş deqiqe	['on 'bɛʃ dægi'gæ]
vinte e quatro horas	gece-gündüz	[gɛ'dʒ'æ gyn'dyz]

nascer (m) do sol	günəşin doğması	[gynæ'ʃin doɣma'sı]
amanhecer (m)	şəfəq	[ʃæ'fæh]
madrugada (f)	səhər tezdən	[sæ'hær tɛz'dæn]
pôr do sol (m)	gün batan çağı	['gyn ba'tan ʧa'ɣı]

de madrugada	erkendən	[ɛrkæn'dæn]
hoje de manhã	bu gün səhər	['bu 'gyn sæ'hær]
amanhã de manhã	sabah səhər	['sabah sæ'hær]

hoje à tarde	bu gün günorta çağı	['bu 'gyn gynor'ta ʧa'ɣı]
à tarde	nahardan sonra	[nahar'dan son'ra]
amanhã à tarde	sabah nahardan sonra	['sabah nahar'dan son'ra]

| hoje à noite | bu gün axşam | ['bu 'gyn aχ'ʃam] |
| amanhã à noite | sabah axşam | ['sabah aχ'ʃam] |

às três horas em ponto	saat üç tamamda	[sa'at 'juʧ tamam'da]
por volta das quatro	təxminən saat dörd radələrində	[tæχ'minæn sa'at 'dørd radælærin'dæ]
às doze	saat on iki üçün	[sa'at 'on i'ki ju'ʧun]

dentro de vinte minutos	iyirmi dəqiqədən sonra	[ijır'mi dægigæ'dæn son'ra]
dentro duma hora	bir saatdan sonra	['bir saat'dan son'ra]
a tempo	vaxtında	[vaχtın'da]

menos um quarto	on beş dəqiqə qalmış	['on 'bɛʃ dægi'gæ gal'mıʃ]
durante uma hora	bir saat ərzində	['bir sa'at ærzin'dæ]
a cada quinze minutos	hər on beş dəqiqədən bir	['hær 'on 'bɛʃ dægigæ'dæn bir]
as vinte e quatro horas	gece-gündüz	[gɛ'dʒ'æ gyn'dyz]

22. Meses. Estações

janeiro (m)	yanvar	[jan'var]
fevereiro (m)	fevral	[fɛv'ral]
março (m)	mart	['mart]
abril (m)	aprel	[ap'rɛl]
maio (m)	may	['maj]
junho (m)	iyun	[i'jun]

julho (m)	iyul	[i'jul]
agosto (m)	avqust	['avgust]
setembro (m)	sentyabr	[sɛn'tʲabr]
outubro (m)	oktyabr	[ok'tʲabr]
novembro (m)	noyabr	[no'jabr]
dezembro (m)	dekabr	[dɛ'kabr]

| primavera (f) | yaz | ['jaz] |
| na primavera | yazda | [jaz'da] |

primaveril	yaz	['jaz]
verão (m)	yay	['jaj]
no verão	yayda	[jaj'da]
de verão	yay	['jaj]

outono (m)	payız	[pa'jız]
no outono	payızda	[pajız'da]
outonal	payız	[pa'jız]

inverno (m)	qış	['gıʃ]
no inverno	qışda	[gıʃ'da]
de inverno	qış	['gıʃ]

mês (m)	ay	['aj]
este mês	bu ay	['bu 'aj]
no próximo mês	gələn ay	[gæ'læn 'aj]
no mês passado	keçən ay	[kɛ'tʃæn 'aj]

há um mês	bir ay qabaq	['bir 'aj ga'bah]
dentro de um mês	bir aydan sonra	['bir aj'dan son'ra]
dentro de dois meses	iki aydan sonra	[i'ki aj'dan son'ra]
todo o mês	bütün ay	[by'tyn 'aj]
um mês inteiro	bütöv ay	[by'tøv 'aj]

mensal	aylıq	[aj'lıh]
mensalmente	ayda bir dəfə	[aj'da 'bir dæfæ]
cada mês	hər ay	['hær 'aj]
duas vezes por mês	ayda iki dəfə	[aj'da i'ki dæ fæ]

| ano (m) | il | ['il] |
| este ano | bu il | ['bu 'il] |

| no próximo ano | gələn il | [gæ'læn 'il] |
| no ano passado | keçən il | [kɛ'tʃæn 'il] |

há um ano	bir il əvvəl	['bir 'il æv'væl]
dentro dum ano	bir ildən sonra	['bir il'dæn son'ra]
dentro de 2 anos	iki ildən sonra	[i'ki il'dæn son'ra]

| todo o ano | il uzunu | ['il uzu'nu] |
| um ano inteiro | bütün il boyu | [by'tyn il bo'ju] |

| cada ano | hər il | ['hær 'il] |
| anual | illik | [il'lik] |

| anualmente | hər ilki | ['hær il'ki] |
| quatro vezes por ano | ildə dörd dəfə | [il'dæ 'dørd dæ'fæ] |

data (~ de hoje)	gün	['gyn]
data (ex. ~ de nascimento)	tarix	[ta'riχ]
calendário (m)	təqvim	[tæg'vim]

meio ano	yarım il	[ja'rım 'il]
seis meses	yarım illik	[ja'rım il'lik]
estação (f)	mövsüm	[møv'sym]
século (m)	əsr	['æsr]

29

23. Tempo. Diversos

tempo (m)	zaman	[za'man]
momento (m)	qırpım	[gır'pım]
instante (m)	an	['an]
instantâneo	ani	[a'ni]
lapso (m) de tempo	müddət	[myd'dæt]
vida (f)	həyat	[hæ'jat]
eternidade (f)	əbədiyyat	[æbædi'at]

época (f)	dövr	['døvr]
era (f)	era	['ɛra]
ciclo (m)	silsilə	[silsi'læ]
período (m)	zaman	[za'man]
prazo (m)	müddət	[myd'dæt]

futuro (m)	gələcək	[gælæ'ʤæk]
futuro	gələcək	[gælæ'ʤæk]
da próxima vez	gələn dəfə	[gæ'læn dæ'fæ]
passado (m)	keçmiş	[kɛʧ'miʃ]
passado	keçən	[kɛ'ʧæn]
na vez passada	keçən dəfə	[kɛ'ʧæn dæ'fæ]

mais tarde	daha sonra	[da'ha 'sonra]
depois	sonra	[son'ra]
atualmente	hal hazırda	['hal hazır'da]
agora	indi	[in'di]
imediatamente	dərhal	['dærhal]
em breve, brevemente	tezliklə	[tɛz'liklæ]
de antemão	qabaqcadan	[gabagʤ'a'dan]

há muito tempo	çoxdan	[ʧoχ'dan]
há pouco tempo	bir az bundan əvvəl	['bir 'az bun'dan æv'væl]
destino (m)	qismət	[gis'mæt]
recordações (f pl)	xatirə	[χati'ræ]
arquivo (m)	arxiv	[ar'χiv]

durante ...	zamanı ...	[zama'nı ...]
durante muito tempo	uzun zaman	[u'zun za'man]
pouco tempo	az vaxta	[az vaχ'ta]
cedo (levantar-se ~)	erkən	[ɛrkæ'æn]
tarde (deitar-se ~)	gec	['gɛʤ]

para sempre	əbədi olaraq	[æbæ'di o'larah]
começar (vt)	başlamaq	[baʃla'mah]
adiar (vt)	keçirmək	[kɛʧir'mæk]

simultaneamente	eyni zamanda	['ɛjni zaman'da]
permanentemente	həmişə	['hæmiʃæ]
constante (ruído, etc.)	daimi	[dai'mi]
temporário	müvəqqəti	[myvækkæ'ti]

às vezes	hərdən	[hær'dæn]
raramente	nadir hallarda	[na'dir hallar'da]
frequentemente	tez-tez	['tɛz 'tɛz]

24. Linhas e formas

quadrado (m)	kvadrat	[kvad'rat]
quadrado	kvadrat şəkilli	[kvad'rat ʃækil'li]
círculo (m)	dairə	[dai'ræ]
redondo	dəyirmi	[dæɟɪr'mi]
triângulo (m)	üçbucaq	[ytʃbu'dʒˈah]
triangular	üçbucaqlı	[ytʃbudʒˈag'lɪ]

oval (f)	oval	[o'val]
oval	oval	[o'val]
retângulo (m)	düzbucaqlı dördbucaq	[dyzbudʒˈag'lɪ dørdbu'dʒˈah]
retangular	düzbucaqlı	[dyzbudʒˈag'lɪ]

pirâmide (f)	piramida	[pira'mida]
rombo, losango (m)	romb	['romp]
trapézio (m)	trapesiya	[tra'pɛsija]
cubo (m)	kub	['kup]
prisma (m)	prizma	['prizma]

circunferência (f)	çevrə	[tʃɛv'ræ]
esfera (f)	kürə	[ky'ræ]
globo (m)	kürə	[ky'ræ]
diâmetro (m)	diametr	[di'amɛtr]
raio (m)	radius	['radius]
perímetro (m)	perimetr	[pɛ'rimɛtr]
centro (m)	mərkəz	[mær'kæz]

horizontal	üfqi	[yf'gi]
vertical	şaquli	[ʃagu'li]
paralela (f)	paralel	[para'lɛl]
paralelo	paralel	[para'lɛl]

linha (f)	xətt	['xætt]
traço (m)	xətt	['xætt]
reta (f)	düz	['dyz]
curva (f)	əyri	[æj'ri]
fino (linha ~a)	nazik	[na'zik]
contorno (m)	kontur	['kontur]

interseção (f)	kəsişmə	[kæsiʃ'mæ]
ângulo (m) reto	düz bucaq	['dyz bu'dʒˈah]
segmento (m)	seqment	[sɛg'mɛnt]
setor (m)	bölmə	[bøl'mæ]
lado (de um triângulo, etc.)	tərəf	[tæ'ræf]
ângulo (m)	bucaq	[bu'dʒˈah]

25. Unidades de medida

peso (m)	çəki	[tʃæ'ki]
comprimento (m)	uzunluq	[uzun'lʲuh]
largura (f)	en	['ɛn]
altura (f)	hündürlük	[hyndyr'lyk]

profundidade (f)	dərinlik	[dærin'lik]
volume (m)	hecm	['hædʒim]
área (f)	seth	['sæth]

grama (m)	qram	['gram]
miligrama (m)	milliqram	[milli'gram]
quilograma (m)	kiloqram	[kilog'ram]
tonelada (f)	ton	['ton]
libra (453,6 gramas)	girvenke	[girvæn'kæ]
onça (f)	unsiya	['unsija]

metro (m)	metr	['mɛtr]
milímetro (m)	millimetr	[milli'mɛtr]
centímetro (m)	santimetr	[santi'mɛtr]
quilómetro (m)	kilometr	[kilo'mɛtr]
milha (f)	mil	['mil]

polegada (f)	düym	['dyjm]
pé (304,74 mm)	fut	['fut]
jarda (914,383 mm)	yard	['jard]

| metro (m) quadrado | kvadrat metr | [kvad'rat 'mɛtr] |
| hectare (m) | hektar | [hɛk'tar] |

litro (m)	litr	['litr]
grau (m)	derece	[dæræ'dʒiæ]
volt (m)	volt	['volt]
ampere (m)	amper	[am'pɛr]
cavalo-vapor (m)	at gücü	['at gy'dʒy]

quantidade (f)	miqdar	[mig'dar]
um pouco de ...	bir az ...	['bir 'az ...]
metade (f)	yarım	[ja'rım]
dúzia (f)	on iki	['on i'ki]
peça (f)	eded	[æ'dæd]

| dimensão (f) | ölçü | [øl'tʃu] |
| escala (f) | miqyas | [mi'gjas] |

mínimo	minimal	[mini'mal]
menor, mais pequeno	en kiçik	['æn ki'tʃik]
médio	orta	[or'ta]
máximo	maksimal	[maksi'mal]
maior, mais grande	en böyük	['æn bø'juk]

26. Recipientes

boião (m) de vidro	şüşe banka	[ʃy'ʃæ ban'ka]
lata (~ de cerveja)	konserv bankası	[kon'sɛrv banka'sı]
balde (m)	vedre	[vɛd'ræ]
barril (m)	çellek	[tʃæl'læk]

| bacia (~ de plástico) | leyen | [læ'jæn] |
| tanque (m) | bak | ['bak] |

cantil (m) de bolso	mehtərə	[mɛhtæ'ræ]
bidão (m) de gasolina	kanistr	[ka'nistr]
cisterna (f)	sistern	[sis'tɛrn]

caneca (f)	parç	['parʧ]
chávena (f)	fincan	[fin'ʤʲan]
pires (m)	nəlbəki	[nælbæ'ki]
copo (m)	stəkan	[stæ'kan]
taça (f) de vinho	qədəh	[gæ'dæh]
panela, caçarola (f)	qazan	[ga'zan]

| garrafa (f) | şüşə | [ʃy'ʃæ] |
| gargalo (m) | boğaz | [bo'gaz] |

jarro, garrafa (f)	qrafin	[gra'fin]
jarro (m) de barro	səhənk	[sæ'hænk]
recipiente (m)	qab	['gap]
pote (m)	bardaq	[bar'dah]
vaso (m)	güldan	[gylʲ'dan]

frasco (~ de perfume)	flakon	[fla'kon]
frasquinho (ex. ~ de iodo)	şüşə	[ʃy'ʃæ]
tubo (~ de pasta dentífrica)	tübik	['tybik]

saca (ex. ~ de açúcar)	torba	[tor'ba]
saco (~ de plástico)	paket	[pa'kɛt]
maço (m)	paçka	[paʧ'ka]

caixa (~ de sapatos, etc.)	qutu	[gu'tu]
caixa (~ de madeira)	yeşik	[ɛ'ʃik]
cesta (f)	səbət	[sæ'bæt]

27. Materiais

material (m)	material	[matɛri'al]
madeira (f)	taxta	[tax'ta]
de madeira	taxta	[tax'ta]

| vidro (m) | şüşə | [ʃy'ʃæ] |
| de vidro | şüşə | [ʃy'ʃæ] |

| pedra (f) | daş | ['daʃ] |
| de pedra | daşdan olan | [daʃ'dan o'lan] |

| plástico (m) | plastik kütlə | [plas'tik kyt'læ] |
| de plástico | plastik kütlədən qayrılmış | [plas'tik kytlæ'dæn gajrıl'mıʃ] |

| borracha (f) | rezin | [rɛ'zin] |
| de borracha | rezin | [rɛ'zin] |

tecido, pano (m)	parça	[par'ʧa]
de tecido	parçadan	[parʧa'dan]
papel (m)	kağız	[ka'ɣız]

de papel	kağız	[ka'ɣız]
cartão (m)	karton	[kar'ton]
de cartão	karton	[kar'ton]

polietileno (m)	polietilen	[poliæti'lɛn]
celofane (m)	sellofan	[sɛllo'fan]
contraplacado (m)	faner	[fa'nɛr]

porcelana (f)	çini qab	['ʧini 'gap]
de porcelana	çini	['ʧini]
barro (f)	gil	['gil]
de barro	saxsı	[sax'sı]
cerâmica (f)	keramika	[kɛ'ramika]
de cerâmica	keramik	[kɛra'mik]

28. Metais

metal (m)	metal	[mɛ'tal]
metálico	metal	[mɛ'tal]
liga (f)	xəlitə	[xæli'tæ]

ouro (m)	qızıl	[gı'zıl]
de ouro	qızıl	[gı'zıl]
prata (f)	gümüş	[gy'myʃ]
de prata	gümüş	[gy'myʃ]

ferro (m)	dəmir	[dæ'mir]
de ferro	dəmir	[dæ'mir]
aço (m)	polad	[po'lad]
de aço	polad	[po'lad]
cobre (m)	mis	['mis]
de cobre	mis	['mis]

alumínio (m)	alümin	[aly'min]
de alumínio	alümin	[aly'min]
bronze (m)	bürünc	[by'ryndʒʲ]
de bronze	bürünc	[by'ryndʒʲ]

latão (m)	latun	[la'tun]
níquel (m)	nikel	['nikɛl]
platina (f)	platin	[pla'tin]
mercúrio (m)	civə	[dʒʲi'væ]
estanho (m)	qalay	[ga'laj]
chumbo (m)	qurğuşun	[gurɣu'ʃun]
zinco (m)	sink	['sink]

O SER HUMANO

O ser humano. O corpo

29. Humanos. Conceitos básicos

ser (m) humano	adam	[a'dam]
homem (m)	kişi	[ki'ʃi]
mulher (f)	qadın	[ga'dın]
criança (f)	uşaq	[u'ʃah]
menina (f)	qız	['gız]
menino (m)	oğlan	[o'ɣlan]
adolescente (m)	yeniyetmə	[ɛniɛt'mæ]
velho (m)	qoca	[go'dʒ'a]
velha, anciã (f)	qarı	[ga'rı]

30. Anatomia humana

organismo (m)	orqanizm	[orga'nizm]
coração (m)	ürək	[y'ræk]
sangue (m)	qan	['gan]
artéria (f)	arteriya	[ar'tɛrija]
veia (f)	vena	['vɛna]
cérebro (m)	beyin	[bɛ'jın]
nervo (m)	sinir	[si'nir]
nervos (m pl)	sinirlər	[sinir'lær]
vértebra (f)	fəqərə	[fæɡæ'ræ]
coluna (f) vertebral	onurğa sümüyü	[onur'ɣa symy'ju]
estômago (m)	mədə	[mæ'dæ]
intestinos (m pl)	bağırsaqlar	[baɣırsag'lær]
intestino (m)	bağırsaq	[baɣır'sah]
fígado (m)	qara ciyər	[ga'ra dʒi'jær]
rim (m)	böyrək	[bøj'ræk]
osso (m)	sümük	[sy'myk]
esqueleto (m)	skelet	[skɛ'lɛt]
costela (f)	qabırqa	[gabır'ga]
crânio (m)	kəllə	[kæl'læ]
músculo (m)	əzələ	[æzæ'læ]
bíceps (m)	biseps	['bisɛps]
tríceps (m)	triseps	['trisɛps]
tendão (m)	vətər	[væ'tær]
articulação (f)	oynaq	[oj'nah]

pulmões (m pl)	ağ ciyər	['aɣ dʒ'i'ær]
órgãos (m pl) genitais	cinsiyyət orqanları	[dʒ'insi'æt 'organları]
pele (f)	dəri	[dæ'ri]

31. Cabeça

cabeça (f)	baş	['baʃ]
cara (f)	üz	['yz]
nariz (m)	burun	[bu'run]
boca (f)	ağız	[a'ɣız]

olho (m)	göz	['gøz]
olhos (m pl)	gözlər	[gøz'lær]
pupila (f)	göz bəbəyi	[gøz bæ'bæjı]
sobrancelha (f)	qaş	['gaʃ]
pestana (f)	kirpik	[kir'pik]
pálpebra (f)	göz qapağı	[gøz gapa'ɣı]

língua (f)	dil	['dii]
dente (m)	diş	['diʃ]
lábios (m pl)	dodaq	[do'dah]
maçãs (f pl) do rosto	almacıq sümüyü	[alma'dʒ'ıh symy'ju]
gengiva (f)	diş əti	['diʃ æ'ti]
palato (m)	damağ	[da'maɣ]

narinas (f pl)	burun deşikləri	[bu'run dɛʃiklæ'ri]
queixo (m)	çənə	[ʧæ'næ]
mandíbula (f)	çənə	[ʧæ'næ]
bochecha (f)	yanaq	[ja'nah]

testa (f)	alın	[a'lın]
têmpora (f)	gicgah	[gidʒ'gah]
orelha (f)	qulaq	[gu'lah]
nuca (f)	peysər	[pɛj'sær]
pescoço (m)	boyun	[bo'jun]
garganta (f)	boğaz	[bo'gaz]

cabelos (m pl)	saç	['saʧ]
penteado (m)	saç düzümü	['saʧ dyzy'my]
corte (m) de cabelo	saç vurdurma	['saʧ vurdur'ma]
peruca (f)	parik	[pa'rik]

bigode (m)	bığ	['bıɣ]
barba (f)	saqqal	[sak'kal]
usar, ter (~ barba, etc.)	qoymaq	[goj'mah]
trança (f)	hörük	[hø'ryk]
suíças (f pl)	bakenbard	[bakɛn'bard]

ruivo	kürən	[ky'ræn]
grisalho	saçı ağarmış	[sa'ʧı aɣar'mıʃ]
calvo	keçəl	[kɛ'ʧæl]
calva (f)	daz	['daz]
rabo-de-cavalo (m)	quyruq	[guj'ruh]
franja (f)	zülf	['zylʲf]

32. Corpo humano

| mão (f) | əl | ['æl] |
| braço (m) | qol | ['gol] |

dedo (m)	barmaq	[bar'mah]
polegar (m)	baş barmaq	['baʃ bar'maɫ]
dedo (m) mindinho	çeçələ barmaq	[ʧɛʧæ'læ bar'mah]
unha (f)	dırnaq	[dɪr'nah]

punho (m)	yumruq	[jum'ruh]
palma (f) da mão	ovuc içi	[o'vuʤʲ i'ʧi]
pulso (m)	bilək	[bi'læk]
antebraço (m)	bazu önü	[ba'zɪ ø'ny]
cotovelo (m)	dirsək	[dir'sæk]
ombro (m)	çiyin	[ʧi'jɪn]

perna (f)	topuq	[to'puh]
pé (m)	pəncə	[pæn'ʤʲæ]
joelho (m)	diz	['diz]
barriga (f) da perna	baldır	[bal'dɪr]
anca (f)	omba	[om'ba]
calcanhar (m)	daban	[da'ban]

corpo (m)	bədən	[bæ'dæn]
barriga (f)	qarın	[ga'rɪn]
peito (m)	sinə	[si'næ]
seio (m)	döş	['døʃ]
lado (m)	böyür	[bø'jur]
costas (f pl)	kürək	[ky'ræk]
região (f) lombar	bel	['bɛl]
cintura (f)	bel	['bɛl]

umbigo (m)	göbək	[gø'bæk]
nádegas (f pl)	sağrı	[sa'ɣrɪ]
traseiro (m)	arxa	[ar'χa]

sinal (m)	xal	['χal]
tatuagem (f)	tatuirovka	[tatui'rovka]
cicatriz (f)	çapıq	[ʧa'pɪh]

Vestuário & Acessórios

33. Roupa exterior. Casacos

roupa (f)	geyim	[gɛ'jɪm]
roupa (f) exterior	üst geyim	['just gɛ'jɪm]
roupa (f) de inverno	qış paltarı	['gɪʃ palta'rı]

sobretudo (m)	palto	[pal'to]
casaco (m) de peles	kürk	['kyrk]
casaco curto (m) de peles	yarımkürk	[jarım'kyrk]
casaco (m) acolchoado	pərğu geyim	[pær'ɣu gɛ'jɪm]

casaco, blusão (m)	gödəkcə	[gødæk'ʧæ]
impermeável (m)	plaş	['plaʃ]
impermeável	su buraxmayan	['su bu'raχmajan]

34. Vestuário de homem & mulher

camisa (f)	köynək	[køj'næk]
calças (f pl)	şalvar	[ʃal'var]
calças (f pl) de ganga	cins	['ʤ'ins]
casaco (m) de fato	pencək	[pɛn'ʤ'æk]
fato (m)	kişi üçün kostyum	[ki'ʃi ju'ʧun kos'tʲum]

vestido (ex. ~ vermelho)	don	['don]
saia (f)	yubka	[yb'ka]
blusa (f)	bluzka	[blʲuz'ka]
casaco (m) de malha	yun kofta	['jun kof'ta]
casaco, blazer (m)	jaket	[ʒa'kɛt]

T-shirt, camiseta (f)	futbolka	[futbol'ka]
calções (Bermudas, etc.)	şort	['ʃort]
fato (m) de treino	idman paltarı	[id'man palta'rı]
roupão (m) de banho	hamam xələti	[ha'mam χælæ'ti]
pijama (m)	pijama	[pi'ʒama]

suéter (m)	sviter	['svitɛr]
pulôver (m)	pulover	[pulo'vɛr]

colete (m)	jilet	[ʒi'lɛt]
fraque (m)	frak	['frak]
smoking (m)	smokinq	['smokinh]

uniforme (m)	forma	['forma]
roupa (f) de trabalho	iş paltarı	['iʃ palta'rı]
fato-macaco (m)	kombinezon	[kombinɛ'zon]
bata (~ branca, etc.)	həkim xələti	[hæ'kim χælæ'ti]

35. Vestuário. Roupa interior

roupa (f) interior	alt paltarı	['alt palta'rı]
camisola (f) interior	mayka	[maj'ka]
peúgas (f pl)	corab	[ʤo'rap]
camisa (f) de noite	gecə köynəyi	[gɛ'ʤæ køjnæ'jı]
sutiã (m)	büsthalter	[byst'haltɛr]
meias longas (f pl)	golf corab	['golf ʤo'rap]
meia-calça (f)	kolqotka	[kolgot'ka]
meias (f pl)	uzun corab	[u'zun ʤo'rap]
fato (m) de banho	çimmə paltarı	[ʧim'mæ palːa'rı]

36. Adereços de cabeça

chapéu (m)	papaq	[pa'pah]
chapéu (m) de feltro	şlyapa	['ʃlʲapa]
boné (m) de beisebol	beysbol papağı	[bɛjs'bol papa'ɣı]
boné (m)	kepka	[kɛp'ka]
boina (f)	beret	[bɛ'rɛt]
capuz (m)	kapyuşon	[kapy'ʃon]
panamá (m)	panama	[pa'nama]
gorro (m) de malha	yun papaq	['jun pa'pah]
lenço (m)	baş örtüyü	['baʃ ørty'ju]
chapéu (m) de mulher	kiçik şlyapa	[ki'ʧik 'ʃlʲapa]
capacete (m) de proteção	kaska	[kas'ka]
bibico (m)	pilot papağı	[pi'lot papa'ɣı]
capacete (m)	dəbilqə	[dæbil'gæ]
chapéu-coco (m)	kotelok	[kotɛ'lok]
chapéu (m) alto	silindr	[si'lindr]

37. Calçado

calçado (m)	ayaqqabı	[ajakka'bı]
botinas (f pl)	botinka	[botin'ka]
sapatos (de salto alto, etc.)	tufli	[tuf'li]
botas (f pl)	uzunboğaz çəkmə	[uzunbo'ɣaz ʧæk'mæ]
pantufas (f pl)	şap-şap	['ʃap 'ʃap]
ténis (m pl)	krossovka	[kros'sovka]
sapatilhas (f pl)	ket	['kɛt]
sandálias (f pl)	səndəl	[sæn'dæl]
sapateiro (m)	çəkməçi	[ʧækmæ'ʧi]
salto (m)	daban	[da'ban]
par (m)	tay	['taj]
atacador (m)	qaytan	[gaj'tan]

apertar os atacadores	qaytanlamaq	[gajtanla'mah]
calçadeira (f)	dabançəkən	[dabantʃæ'kæn]
graxa (f) para calçado	ayaqqabı kremi	[ajakka'bı krɛ'mi]

38. Têxtil. Tecidos

algodão (m)	pambıq parça	[pam'bıh par'tʃa]
de algodão	pambıq parçadan	[pam'bıh partʃa'dan]
linho (m)	kətan	[kæ'tan]
de linho	kətan parçadan	[kæ'tan partʃa'dan]

seda (f)	ipək	[i'pæk]
de seda	ipək	[i'pæk]
lã (f)	yun	['jun]
de lã	yun	['jun]

veludo (m)	məxmər	[mæχ'mær]
camurça (f)	zamşa	['zamʃa]
bombazina (f)	velvet	[vɛl'vɛt]

náilon (m)	neylon	[nɛj'lon]
de náilon	neylondan	[nɛjlon'dan]
poliéster (m)	poliester	[poli'æstɛr]
de poliéster	poliesterdən hazırlanan	[poli'æstɛrdæn hazırla'nan]

couro (m)	dəri	[dæ'ri]
de couro	dəridən	[dæri'dæn]
pele (f)	xəz	['χæz]
de peles, de pele	xəzdən tikilmiş	[χæz'dæn tikil'miʃ]

39. Acessórios pessoais

luvas (f pl)	əlcək	[æl'dʒʲæk]
mitenes (f pl)	təkbarmaq əlcək	[tækbar'mah æl'dʒʲæk]
cachecol (m)	şərf	['ʃærf]

óculos (m pl)	eynək	[ɛj'næk]
armação (f) de óculos	çərçivə	[tʃærtʃi'væ]
guarda-chuva (m)	çətir	[tʃæ'tir]
bengala (f)	əl ağacı	['æl aɣa'dʒʲı]
escova (f) para o cabelo	şaç şotkası	['satʃ ʃotka'sı]
leque (m)	yelpik	[ɛl'pik]

gravata (f)	qalstuk	['galstuk]
gravata-borboleta (f)	kəpənək qalstuk	[kæpæ'næk 'galstuk]
suspensórios (m pl)	çiyinbağı	[tʃijınba'ɣı]
lenço (m)	cib dəsmalı	['dʒʲip dæsma'lı]

pente (m)	daraq	[da'rah]
travessão (m)	baş sancağı	['baʃ sandʒʲa'ɣı]
gancho (m) de cabelo	baş sancağı	['baʃ sandʒʲa'ɣı]
fivela (f)	toqqa	[tok'ka]

| cinto (m) | kəmər | [kæ'mær] |
| correia (f) | kəmərcik | [kæmær'dʒʲik] |

mala (f)	çanta	[ʧan'ta]
mala (f) de senhora	qadın cantası	[ga'dın ʧanta'sı]
mochila (f)	arxa çantası	[ar'χa ʧanta sı]

40. Vestuário. Diversos

moda (f)	moda	['moda]
na moda	dəbdə olan	[dæb'dæ o'lan]
estilista (m)	modelçi	[modɛl'ʧi]

colarinho (m), gola (f)	yaxalıq	[jaχa'lıh]
bolso (m)	cib	['dʒʲip]
de bolso	cib	['dʒʲip]
manga (f)	qol	['gol]
alcinha (f)	ilmə asqı	[ilʲ'mæ as'gı]
braguilha (f)	miyança	[mijan'ʧa]

fecho (m) de correr	zəncir-bənd	[zɛn'dʒʲir 'bænd]
fecho (m), colchete (m)	bənd	['bænd]
botão (m)	düymə	[dyj'mæ]
casa (f) de botão	ilmə	[ilʲ'mæ]
soltar-se (vr)	qopmaq	[gop'mah]

coser, costurar (vi)	tikmək	[tik'mæk]
bordar (vt)	naxış tikmək	[na'χıʃ tik'mæk]
bordado (m)	naxış	[na'χıʃ]
agulha (f)	iynə	[ij'næ]
fio (m)	sap	['sap]
costura (f)	tikiş	[ti'kiʃ]

sujar-se (vr)	çirklənmək	[ʧirklæn'mæk]
mancha (f)	ləkə	[læ'kæ]
engelhar-se (vr)	əzilmək	[æzil'mæk]
rasgar (vt)	cırmaq	[dʒʲır'mah]
traça (f)	güvə	[gy'væ]

41. Cuidados pessoais. Cosméticos

pasta (f) de dentes	diş məcunu	['diʃ mædʒy'nu]
escova (f) de dentes	diş fırçası	['diʃ fırʧa'sı]
escovar os dentes	dişləri fırçalamaq	[diʃlæ'ri fırʧala'mah]

máquina (f) de barbear	ülgüc	[ylʲ'gydʒʲ]
creme (m) de barbear	üz qırxmaq üçün krem	['juz gırχ'mah ju'ʧun 'krɛm]
barbear-se (vr)	üzünü qırxmaq	[yzy'ny gırχ'mah]

sabonete (m)	sabun	[sa'bun]
champô (m)	şampun	[ʃam'pun]
tesoura (f)	qayçı	[gaj'ʧı]

lima (f) de unhas	dırnaq üçün kiçik bıçqı	[dır'nah ju'tʃun ki'tʃik bıtʃ'gı]
corta-unhas (m)	dırnaq üçün kiçik kəlbətin	[dır'nah ju'tʃun ki'tʃik kælbæ'tin]
pinça (f)	maqqaş	[mak'kaʃ]

cosméticos (m pl)	kosmetika	[kos'mɛtika]
máscara (f) facial	maska	[mas'ka]
manicura (f)	manikür	[mani'kyr]
fazer a manicura	manikür etmək	[mani'kyr ɛt'mæk]
pedicure (f)	pedikür	[pɛdi'kyr]

mala (f) de maquilhagem	kosmetika üçün kiçik çanta	[kos'mɛtika ju'tʃun ki'tʃik tʃan'ta]
pó (m)	pudra	[pud'ra]
caixa (f) de pó	pudra qabı	[pud'ra ga'bı]
blush (m)	ənlik	[æn'lik]

perfume (m)	ətir	[æ'tir]
água (f) de toilette	ətirli su	[ætir'li 'su]
loção (f)	losyon	[lo'sjon]
água-de-colónia (f)	odekolon	[odɛko'lon]

sombra (f) de olhos	göz ətrafına sürülən boyalar	[gøz ætrafı'na syry'læn boja'lar]
lápis (m) delineador	göz üçün karandaş	[gøz ju'tʃun karan'daʃ]
máscara (f), rímel (m)	kirpik üçün tuş	[kir'pik ju'tʃun 'tuʃ]

batom (m)	dodaq boyası	[do'dah boja'sı]
verniz (m) de unhas	dırnaq üçün lak	[dır'nah ju'tʃun 'lak]
laca (f) para cabelos	saç üçün lak	['satʃ ju'tʃun 'lak]
desodorizante (m)	dezodorant	[dɛzodo'rant]

creme (m)	krem	['krɛm]
creme (m) de rosto	üz kremi	['juz krɛ'mi]
creme (m) de mãos	əl kremi	['æl krɛ'mi]
creme (m) antirrugas	qırışığa qarşı krem	[gırıʃı'ɣa gar'ʃı 'krɛm]
creme (m) de dia	gündüz kremi	[gyn'dyz krɛ'mi]
creme (m) de noite	gecə kremi	[gɛ'dʒʲæ krɛ'mi]

tampão (m)	tampon	[tam'pon]
papel (m) higiénico	tualet kağızı	[tua'lɛt kʲaɣı'zı]
secador (m) elétrico	fen	['fɛn]

42. Joalheria

joias (f pl)	cəvahirat	[dʒʲævahi'rat]
precioso	qiymətli	[gijmæt'li]
marca (f) de contraste	damğa	[dam'ɣa]

anel (m)	üzük	[y'zyk]
aliança (f)	nişan üzüyü	[ni'ʃan juzy'ju]
pulseira (f)	qolbağ	[gol'baɣ]
brincos (m pl)	sırğa	[sır'ɣa]
colar (m)	boyunbağı	[bojunba'ɣı]

| coroa (f) | tac | ['tadʒi] |
| colar (m) de contas | muncuq | [mun'dʒyh] |

diamante (m)	brilyant	[bri'ljant]
esmeralda (f)	zümrüd	[zym'ryd]
rubi (m)	yaqut	[ja'gut]
safira (f)	sapfir	[sap'fir]
pérola (f)	mirvari	[mirva'ri]
âmbar (m)	kəhrəba	[kæhræ'ba]

43. Relógios de pulso. Relógios

relógio (m) de pulso	qol saatı	[gol saa'tı]
mostrador (m)	siferblat	[siferb'lat]
ponteiro (m)	əqrəb	[æg'ræp]
bracelete (f) em aço	saat bilərziyi	[sa'at bilærzl'jı]
bracelete (f) em couro	qayış	[ga'jıʃ]

pilha (f)	batareya	[bata'rɛja]
descarregar-se	sıradan çıxmaq	[sıra'dan tʃıχ'mah]
trocar a pilha	batareyanı dəyişmək	[bata'rɛjanı cæjıʃ'mæk]
estar adiantado	irəli getmək	[iræ'li gɛt'mæk]
estar atrasado	geri qalmaq	[gɛ'ri gal'mah]

relógio (m) de parede	divar saatı	[di'var saa'tı]
ampulheta (f)	qum saatı	['gum saa'tı]
relógio (m) de sol	günəş saatı	[gy'næʃ saa't]
despertador (m)	zəngli saat	[zæng'li sa'at]
relojoeiro (m)	saatsaz	[saa'tsaz]
reparar (vt)	təmir etmək	[tæ'mir ɛt'mæk]

Alimentação. Nutrição

44. Comida

carne (f)	et	['æt]
galinha (f)	toyuq	[to'juh]
frango (m)	cücə	[dʒy'dʒʲæ]
pato (m)	ördək	[ør'dæk]
ganso (m)	qaz	['gaz]
caça (f)	ov quşları və heyvanları	['ov guʃla'rı 'væ hɛjvanla'rı]
peru (m)	hind toyuğu	['hind toju'ɣu]

carne (f) de porco	donuz əti	[do'nuz æ'ti]
carne (f) de vitela	dana əti	[da'na æ'ti]
carne (f) de carneiro	qoyun əti	[go'jun æ'ti]
carne (f) de vaca	mal əti	['mal æ'ti]
carne (f) de coelho	ev dovşanı	['ɛv dovʃa'nı]

chouriço, salsichão (m)	kolbasa	[kolba'sa]
salsicha (f)	sosiska	[sosis'ka]
bacon (m)	bekon	['bɛkon]
fiambre (f)	vetçina	[vɛtʃi'na]
presunto (m)	donuz budu	[do'nuz bu'du]

patê (m)	paştet	[paʃ'tɛt]
fígado (m)	qara ciyər	[ga'ra dʒʲi'jær]
carne (f) moída	qiymə	[gij'mæ]
língua (f)	dil	['dil]

ovo (m)	yumurta	[jumur'ta]
ovos (m pl)	yumurtalar	[jumurta'lar]
clara (f) do ovo	zülal	[zy'lal]
gema (f) do ovo	yumurtanın sarısı	[jumurta'nın sarı'sı]

peixe (m)	balıq	[ba'lıh]
mariscos (m pl)	dəniz məhsulları	[dæ'niz mæhsulla'rı]
caviar (m)	kürü	[ky'ry]

caranguejo (m)	qısaquyruq	[gısaguj'ruh]
camarão (m)	krevet	[krɛ'vɛt]
ostra (f)	istridyə	[istri'dʲæ]
lagosta (f)	lanqust	[lan'gust]
polvo (m)	səkkizayaqlı ilbiz	[sækkizajag'lı il'biz]
lula (f)	kalmar	[kal'mar]

esturjão (m)	nərə balığı	[næ'ræ balı'ɣı]
salmão (m)	qızılbalıq	[gızılba'lıh]
halibute (m)	paltus	['paltus]
bacalhau (m)	treska	[trɛs'ka]
cavala, sarda (f)	skumbriya	['skumbrija]

| atum (m) | tunes | [tu'nɛs] |
| enguia (f) | angvil balığı | [ang'vil balı'ɣı] |

truta (f)	alabalıq	[alaba'lıh]
sardinha (f)	sardina	[sar'dina]
lúcio (m)	durnabalığı	[durnabalı'ɣı|
arenque (m)	siyənək	[sijæ'næk]

pão (m)	çörək	[ʧœ'ræk]
queijo (m)	pendir	[pɛn'dir]
açúcar (m)	şəkər	[ʃæ'kær]
sal (m)	duz	['duz]

arroz (m)	düyü	[dy'ju]
massas (f pl)	makaron	[maka'ron]
talharim (m)	əriştə	[æriʃ'tæ]

manteiga (f)	kərə yağı	[kæ'ræ jaɣı]
óleo (m) vegetal	bitki yağı	[bit'ki ja'ɣı]
óleo (m) de girassol	günəbaxan yağ	[gynæba'ɣan jaɣ]
margarina (f)	marqarin	[marga'rin]

| azeitonas (f pl) | zeytun | [zɛj'tun] |
| azeite (m) | zeytun yağı | [zɛj'tun ja'ɣı] |

leite (m)	süd	['syd]
leite (m) condensado	qatılaşdırılmış süd	[gatılaʃdırıl'm ʃ 'syd]
iogurte (m)	yoqurt	['jogurt]
nata (f) azeda	xama	[ɣa'ma]
nata (f) do leite	xama	[ɣa'ma]

| maionese (f) | mayonez | [majo'nɛz] |
| creme (m) | krem | ['krɛm] |

grãos (m pl) de cereais	yarma	[jar'ma]
farinha (f)	un	['un]
enlatados (m pl)	konserv	[kon'sɛrv]

flocos (m pl) de milho	qarğıdalı yumağı	[garɣıda'lı juma'ɣı]
mel (m)	bal	['bal]
doce (m)	cem	['ʤʲɛm]
pastilha (f) elástica	saqqız	[sak'kız]

45. Bebidas

água (f)	su	['su]
água (f) potável	içməli su	[iʧmæ'li 'su]
água (f) mineral	mineral su	[minɛ'ral 'su]

sem gás	qazsız	[gaz'sız]
gaseificada	qazlı	[gaz'lı]
com gás	qazlı	[gaz'lı]
gelo (m)	buz	['buz]
com gelo	buzlu	[buz'lʲu]

sem álcool	spirtsiz	[spir'tsiz]
bebida (f) sem álcool	spirtsiz içki	[spir'tsiz itʃ'ki]
refresco (m)	sərinləşdirici içki	[særinlæʃdiri'dʒ[i itʃ'ki]
limonada (f)	limonad	[limo'nad]

bebidas (f pl) alcoólicas	spirtli içkilər	[spirt'li itʃki'lær]
vinho (m)	çaxır	[tʃa'χɪr]
vinho (m) branco	ağ çaxır	['aɣ tʃa'χɪr]
vinho (m) tinto	qırmızı çaxır	[gɪrmɪ'zɪ tʃa'χɪr]

licor (m)	likyor	[li'k[or]
champanhe (m)	şampan	[ʃam'pan]
vermute (m)	vermut	['vɛrmut]

uísque (m)	viski	['viski]
vodka (f)	araq	[a'rah]
gim (m)	cin	['dʒ[in]
conhaque (m)	konyak	[ko'njak]
rum (m)	rom	['rom]

café (m)	qəhvə	[gæh'væ]
café (m) puro	qara qəhvə	[ga'ra gæh'væ]
café (m) com leite	südlü qəhvə	[syd'ly gæh'væ]
cappuccino (m)	xamalı qəhvə	[χama'lı gæh'væ]
café (m) solúvel	tez həll olunan qəhvə	['tɛz 'hæll ol[u'nan gæh'væ]

leite (m)	süd	['syd]
coquetel (m)	kokteyl	[kok'tɛjl]
batido (m) de leite	südlü kokteyl	[syd'ly kok'tɛjl]

sumo (m)	şirə	[ʃi'ræ]
sumo (m) de tomate	tomat şirəsi	[to'mat ʃiræ'si]
sumo (m) de laranja	portağal şirəsi	[porta'ɣal ʃiræ'si]
sumo (m) fresco	təzə sıxılmış şirə	[tæ'zæ sɪχɪl'mɪʃ ʃi'ræ]

cerveja (f)	pivə	[pi'væ]
cerveja (f) clara	açıq rəngli pivə	[a'tʃ[ɪh ræng'li pi'væ]
cerveja (f) preta	tünd rəngli pivə	['tynd ræng'li pi'væ]

chá (m)	çay	['tʃaj]
chá (m) preto	qara çay	[ga'ra 'tʃaj]
chá (m) verde	yaşıl çay	[ja'ʃɪl 'tʃaj]

46. Vegetais

| legumes (m pl) | tərəvez | [tæræ'væz] |
| verduras (f pl) | göyərti | [gøjær'ti] |

tomate (m)	pomidor	[pomi'dor]
pepino (m)	xiyar	[χi'jar]
cenoura (f)	kök	['køk]
batata (f)	kartof	[kar'tof]
cebola (f)	soğan	[so'ɣan]
alho (m)	sarımsaq	[sarım'sah]

couve (f)	kələm	[kæ'læm]
couve-flor (f)	gül kələm	['gylʲ kæ'læɾ]
couve-de-bruxelas (f)	Brüssel kələmi	['bryssɛl kælæ'mi]
brócolos (m pl)	brokkoli kələmi	['brokkoli kælæ'mi]

beterraba (f)	çuğundur	[ʧuɣun'dur]
beringela (f)	badımcan	[badɪm'dʒʲar]
curgete (f)	yunan qabağı	[ju'nan gaba'ɣɪ]
abóbora (f)	balqabaq	[balga'bah]
nabo (m)	şalğam	[ʃal'ɣam]

salsa (f)	petruşka	[pɛtruʃ'ka]
funcho, endro (m)	şüyüt	[ʃy'jut]
alface (f)	salat	[sa'lat]
aipo (m)	kərəviz	[kæræ'viz]
espargo (m)	qulançar	[gulan'ʧar]
espinafre (m)	ispanaq	[ispa'nah]

ervilha (f)	noxud	[no'χud]
fava (f)	paxla	[paχ'la]
milho (m)	qarğıdalı	[garɣıda'lı]
feijão (m)	lobya	[lo'bja]

pimentão (m)	bibər	[bi'bær]
rabanete (m)	turp	['turp]
alcachofra (f)	ənginar	[æŋgi'nar]

47. Frutos. Nozes

fruta (f)	meyvə	[mɛj'væ]
maçã (f)	alma	[al'ma]
pera (f)	armud	[ar'mud]
limão (m)	limon	[li'mon]
laranja (f)	portağal	[porta'ɣal]
morango (m)	bağ çiyələyi	['baɣ ʧijælæ'jı]

tangerina (f)	mandarin	[manda'rin]
ameixa (f)	gavalı	[gava'lı]
pêssego (m)	şaftalı	[ʃafta'lı]
damasco (m)	ərik	[æ'rik]
framboesa (f)	moruq	[mo'ruh]
ananás (m)	ananas	[ana'nas]

banana (f)	banan	[ba'nan]
melancia (f)	qarpız	[gar'pız]
uva (f)	üzüm	[y'zym]
ginja (f)	albalı	[alba'lı]
cereja (f)	gilas	[gi'las]
meloa (f)	yemiş	[ɛ'miʃ]

toranja (f)	qreypfrut	['grɛjpfrut]
abacate (m)	avokado	[avo'kado]
papaia (f)	papaya	[pa'paja]
manga (f)	manqo	['mango]

romã (f)	nar	['nar]
groselha (f) vermelha	qırmızı qarağat	[gɪrmɪ'zɪ gara'ɣat]
groselha (f) preta	qara qarağat	[ga'ra gara'ɣat]
groselha (f) espinhosa	krıjovnik	[krɪ'ʒovnik]
mirtilo (m)	qaragilə	[garagi'læ]
amora silvestre (f)	böyürtkən	[bøyrt'kæn]

uvas (f pl) passas	kişmiş	[kiʃ'miʃ]
figo (m)	əncir	[æn'dʒ'ir]
tâmara (f)	xurma	[χur'ma]

amendoim (m)	araxis	[a'raχis]
amêndoa (f)	badam	[ba'dam]
noz (f)	qoz	['goz]
avelã (f)	fındıq	[fɪn'dɪh]
coco (m)	kokos	[ko'kos]
pistáchios (m pl)	püstə	[pys'tæ]

48. Pão. Bolaria

pastelaria (f)	qənnadı məmulatı	[gænna'dɪ mæmula'tɪ]
pão (m)	çörək	[ʧœ'ræk]
bolacha (f)	peçenye	[pɛ'ʧɛnjɛ]

chocolate (m)	şokolad	[ʃoko'lad]
de chocolate	şokolad	[ʃoko'lad]
rebuçado (m)	konfet	[kon'fɛt]
bolo (cupcake, etc.)	pirojna	[piroʒ'na]
bolo (m) de aniversário	tort	['tort]

tarte (~ de maçã)	piroq	[pi'roh]
recheio (m)	iç	['iʧ]

doce (m)	mürəbbə	[myræb'bæ]
geleia (f) de frutas	marmelad	[marmɛ'lad]
waffle (m)	vafli	[vaf'li]
gelado (m)	dondurma	[dondur'ma]

49. Pratos cozinhados

prato (m)	yemək	[ɛ'mæk]
cozinha (~ portuguesa)	mətbəx	[mæt'bæχ]
receita (f)	resept	[rɛ'sɛpt]
porção (f)	porsiya	['porsija]

salada (f)	salat	[sa'lat]
sopa (f)	şorba	[ʃor'ba]

caldo (m)	ətin suyu	[æ'tin su'ju]
sandes (f)	buterbrod	[butɛr'brod]
ovos (m pl) estrelados	qayqanaq	[gajga'nah]
hambúrguer (m)	hamburqer	['hamburgɛr]

bife (m)	bifşteks	[biʃ'tɛks]
conduto (m)	qarnir	[gar'nir]
espaguete (m)	spaqetti	[spa'gɛtti]
puré (m) de batata	kartof püresi	[kar'tof pyrɛ si]
pizza (f)	pitsa	['pitsa]
papa (f)	sıyıq	[sı'jıh]
omelete (f)	omlet	[om'lɛt]

cozido em água	bişmiş	[biʃ'miʃ]
fumado	hisə verilmiş	[hi'sæ vɛril'miʃ]
frito	qızardılmış	[gızardıl'mıʃ]
seco	quru	[gu'ru]
congelado	dondurulmuş	[dondurul'muʃ]
em conserva	duza qoyulmuş	[du'za gojul'muʃ]

doce (açucarado)	şirin	[ʃi'rin]
salgado	duzlu	[duz'ʲu]
frio	soyuq	[so'juh]
quente	isti	[is'ti]
amargo	acı	[a'dʒʲı]
gostoso	dadlı	[dad'lı]

cozinhar (em água a ferver)	bişirmək	[biʃir'mæk]
fazer, preparar (vt)	hazırlamaq	[hazırla'mah]
fritar (vt)	qızartmaq	[gızart'mah]
aquecer (vt)	qızdırmaq	[gızdır'mah]

salgar (vt)	duz vurmaq	['duz vur'mah]
apimentar (vt)	istiot vurmaq	[isti'ot vur'mɛh]
ralar (vt)	sürtkəcdə xırdalamaq	[syrtkædʒʲ'dæ χırdala'mah]
casca (f)	qabıq	[ga'bıh]
descascar (vt)	qabığını soymaq	[gabıɣı'nı soj mah]

50. Especiarias

sal (m)	duz	['duz]
salgado	duzlu	[duz'ʲu]
salgar (vt)	duz vurmaq	['duz vur'mah]

pimenta (f) preta	qara istiot	[ga'ra isti'ot]
pimenta (f) vermelha	qırmızı istiot	[gırmı'zı isti'ot]
mostarda (f)	xardal	[χar'dal]
raiz-forte (f)	qıtığotu	[gıtıɣo'tu]

condimento (m)	yeməyə dad verən əlavə	[ɛmæ'jæ 'dad vɛ'ræn æla'væ]
especiaria (f)	ədviyyat	[ædvi'at]
molho (m)	sous	['sous]
vinagre (m)	sirkə	[sir'kæ]

anis (m)	cirə	[dʒʲi'ræ]
manjericão (m)	reyhan	[rɛj'han]
cravo (m)	mixək	[mi'χæk]
gengibre (m)	zəncəfil	[zændʒʲæ'fil]
coentro (m)	keşniş	[kɛʃ'niʃ]

canela (f)	darçın	[dar'tʃɪn]
sésamo (m)	küncüt	[kyn'dʒyt]
folhas (f pl) de louro	dəfnə yarpağı	[dæf'næ jarpa'ɣɪ]
páprica (f)	paprika	['paprika]
cominho (m)	zirə	[zi'ræ]
açafrão (m)	zəfəran	[zæfæ'ran]

51. Refeições

| comida (f) | yemək | [ɛ'mæk] |
| comer (vt) | yemək | [ɛ'mæk] |

pequeno-almoço (m)	səhər yeməyi	[sæ'hær ɛmɛ'jɪ]
tomar o pequeno-almoço	səhər yeməyi yemək	[sæ'hær ɛmæ'jɪ ɛ'mæk]
almoço (m)	nahar	[na'har]
almoçar (vi)	nahar etmək	[na'har ɛt'mæk]
jantar (m)	axşam yeməyi	[aχ'ʃam ɛmɛ'jɪ]
jantar (vi)	axşam yeməyi yemək	[aχ'ʃam ɛmæ'jɪ ɛ'mæk]

| apetite (m) | iştaha | [iʃta'ha] |
| Bom apetite! | Nuş olsun! | ['nuʃ ol'sun] |

abrir (~ uma lata, etc.)	açmaq	[atʃ'mah]
derramar (vt)	tökmək	[tøk'mæk]
derramar-se (vr)	tökülmək	[tøkyl'mæk]
ferver (vi)	qaynamaq	[gajna'mah]
ferver (vt)	qaynatmaq	[gajnat'mah]
fervido	qatnamış	[gajna'mɪʃ]
arrefecer (vt)	soyutmaq	[sojut'mah]
arrefecer-se (vr)	soyumaq	[soju'mah]

| sabor, gosto (m) | dad | ['dad] |
| gostinho (m) | dad | ['dad] |

fazer dieta	pəhriz saxlamaq	[pæh'riz saχla'mah]
dieta (f)	pəhriz	[pæh'riz]
vitamina (f)	vitamin	[vita'min]
caloria (f)	kaloriya	[ka'lorija]
vegetariano (m)	ət yeməyən adam	['æt 'ɛmæjæn a'dam]
vegetariano	ətsiz xörək	[æ'tsiz χø'ræk]

gorduras (f pl)	yağlar	[ja'ɣlar]
proteínas (f pl)	zülallar	[zylal'lar]
carboidratos (m pl)	karbohidratlar	[karbohidrat'lar]
fatia (~ de limão, etc.)	dilim	[di'lim]
pedaço (~ de bolo)	tikə	[ti'kæ]
migalha (f)	qırıntı	[gɪrɪn'tɪ]

52. Por a mesa

| colher (f) | qaşıq | [ga'ʃɪh] |
| faca (f) | bıçaq | [bɪ'tʃah] |

garfo (m)	çəngəl	[ʧæ'ngæl]
chávena (f)	fincan	[fin'dʒian]
prato (m)	boşqab	[boʃ'gap]
pires (m)	nəlbəki	[nælbæ'ki]
guardanapo (m)	salfetka	[salfɛt'ka]
palito (m)	dişqurdalayan	[diʃgurdala'jan]

53. Restaurante

restaurante (m)	restoran	[rɛsto'ran]
café (m)	qəhvəxana	[gæhvæχa'r a]
bar (m), cervejaria (f)	bar	['bar]
salão (m) de chá	çay salonu	['ʧaj salo'nu]

empregado (m) de mesa	ofisiant	[ofisi'ant]
empregada (f) de mesa	ofisiant qız	[ofisi'ant 'gız]
barman (m)	barmen	['barmɛn]

ementa (f)	menyu	[mɛ'nju]
lista (f) de vinhos	çaxırlar kartı	[ʧaχır'lar kartı]
reservar uma mesa	masa sifarişi etmək	[ma'sa sifa'riʃ ɛt'mæk]

prato (m)	yemək	[ɛ'mæk]
pedir (vt)	yemək sifarişi etmək	[ɛ'mæk sifa'riʃ æt'mæk]
fazer o pedido	sifariş etmək	[sifa'riʃ ɛt'mæk]

aperitivo (m)	aperitiv	[apɛri'tiv]
entrada (f)	qəlyanaltı	[gæ'ljanaltı]
sobremesa (f)	desert	[dɛ'sɛrt]

conta (f)	hesab	[hɛ'sap]
pagar a conta	hesabı ödəmək	[hɛsa'bı ødæ'mæk]
dar o troco	pulun artığını qaytarmaq	[pu'liun artıɣı nı gajtar'mah]
gorjeta (f)	çaypulu	[ʧajpu'liu]

Família, parentes e amigos

54. Informação pessoal. Formulários

nome (m)	ad	['ad]
apelido (m)	soyadı	['sojadı]
data (f) de nascimento	anadan olduğu tarix	[ana'dan oldu'ɣu ta'riχ]
local (m) de nascimento	anadan olduğu yer	[ana'dan oldu'ɣu 'ɛr]
nacionalidade (f)	milliyəti	[millijæ'ti]
lugar (m) de residência	yaşayış yeri	[jaʃa'jıʃ jɛ'ri]
país (m)	ölkə	[øl'kæ]
profissão (f)	peşəsi	[pɛʃæ'si]
sexo (m)	cinsi	[dʒⁱin'si]
estatura (f)	boyu	[bo'ju]
peso (m)	çəki	[ʧæ'ki]

55. Membros da família. Parentes

mãe (f)	ana	[a'na]
pai (m)	ata	[a'ta]
filho (m)	oğul	[o'ɣul]
filha (f)	qız	['gız]
filha (f) mais nova	kiçik qız	[ki'ʧik 'gız]
filho (m) mais novo	kiçik oğul	[kiʧik o'ɣul]
filha (f) mais velha	böyük qız	[bø'juk 'gız]
filho (m) mais velho	böyük oğul	[bøyk o'ɣul]
irmão (m)	qardaş	[gar'daʃ]
irmã (f)	bacı	[ba'dʒⁱı]
primo (m)	xalaoğlu	[χalao'ɣlⁱu]
prima (f)	xalaqızı	[χalagı'zı]
mamã (f)	ana	[a'na]
papá (m)	ata	[a'ta]
pais (pl)	valideynlər	[validɛjn'lær]
criança (f)	uşaq	[u'ʃah]
crianças (f pl)	uşaqlar	[uʃag'lar]
avó (f)	nənə	[næ'næ]
avô (m)	baba	[ba'ba]
neto (m)	nəvə	[næ'væ]
neta (f)	nəvə	[næ'væ]
netos (pl)	nəvələr	[nævæ'lær]
tio (m)	dayı	[da'jı]
tia (f)	xala	[χa'la]

sobrinho (m)	bacıoğlu	[badʒˈɪoˈɣlʲu]
sobrinha (f)	bacıqızı	[badʒˈɪgɪˈzɪ]
sogra (f)	qayınana	[gajɪnaˈna]
sogro (m)	qayınata	[gajnaˈta]
genro (m)	yeznə	[ɛzˈnæ]
madrasta (f)	analıq	[anaˈlɪh]
padrasto (m)	atalıq	[ataˈlɪh]
criança (f) de colo	südəmər uşaq	[sydæˈmær uˈʃah]
bebé (m)	çağa	[ʧaˈɣa]
menino (m)	körpə	[kørˈpæ]
mulher (f)	arvad	[arˈvad]
marido (m)	ər	[ˈær]
esposo (m)	həyat yoldaşı	[hæˈjat joldɛˈʃɪ]
esposa (f)	həyat yoldaşı	[hæˈjat joldɛˈʃɪ]
casado	evli	[ɛvˈli]
casada	ərli qadın	[ærˈli gaˈdɪn]
solteiro	subay	[suˈbaj]
solteirão (m)	subay	[suˈbaj]
divorciado	boşanmış	[boʃanˈmɪʃ]
viúva (f)	dul qadın	[ˈdul gaˈdɪn]
viúvo (m)	dul kişi	[ˈdul kiˈʃi]
parente (m)	qohum	[goˈhum]
parente (m) próximo	yaxın qohum	[jaˈχɪn goˈhum]
parente (m) distante	uzaq qohum	[uˈzah goˈhum]
parentes (m pl)	qohumlar	[gohumˈlar]
órfão (m), órfã (f)	yetim	[ɛˈtim]
tutor (m)	himayəçi	[himajæˈʧi]
adotar (um filho)	oğulluğa götürmək	[oɣullʲuˈɣa gøtyrˈmæk]
adotar (uma filha)	qızlığa götürmək	[gɪzlɪˈɣa gøtyrˈmæk]

56. Amigos. Colegas de trabalho

amigo (m)	dost	[ˈdost]
amiga (f)	rəfiqə	[ræfiˈgæ]
amizade (f)	dostluq	[dostˈlʲuh]
ser amigos	dostluq etmək	[dostˈlʲuh ɛtˈmæk]
amigo (m)	dost	[ˈdost]
amiga (f)	rəfiqə	[ræfiˈgæ]
parceiro (m)	partnyor	[partˈnʲor]
chefe (m)	rəis	[ræˈis]
superior (m)	müdir	[myˈdir]
subordinado (m)	tabelikdə olan	[tabɛlikˈdæ oˈan]
colega (m)	peşə yoldaşı	[pɛˈʃæ joldaˈʃɪ]
conhecido (m)	tanış	[taˈnɪʃ]
companheiro (m) de viagem	yol yoldaşı	[ˈjol joldaˈʃɪ]

colega (m) de classe	sinif yoldaşı	[si'nif jolda'ʃi]
vizinho (m)	qonşu	[gon'ʃu]
vizinha (f)	qonşu	[gon'ʃu]
vizinhos (pl)	qonşular	[gonʃu'lar]

57. Homem. Mulher

mulher (f)	qadın	[ga'dın]
rapariga (f)	qız	['gız]
noiva (f)	nişanlı	[niʃan'lı]

bonita	gözəl	[gø'zæl]
alta	ucaboylu	[udʒ'aboj'lʲu]
esbelta	boylu-buxunlu	[boj'lʲu buxun'lʲu]
de estatura média	bəstəboylu	[bæstæboj'lʲu]

| loura (f) | sarıyağız | [sarıja'ɣız] |
| morena (f) | qarayağız | [garaja'ɣız] |

de senhora	qadın	[ga'dın]
virgem (f)	bakirə qız	[baki'ræ 'gız]
grávida	hamilə	[hami'læ]

homem (m)	kişi	[ki'ʃi]
louro (m)	sarıyağız	[sarıja'ɣız]
moreno (m)	qarayağız	[garaja'ɣız]
alto	hündür	[hyn'dyr]
de estatura média	bəstəboylu	[bæstæboj'lʲu]

rude	kobud	[ko'bud]
atarracado	enlikürək	[ɛnliky'ræk]
robusto	canıbərk	[dʒ'a'nı 'bærk]
forte	güclü	[gydʒ''ly]
força (f)	güc	['gydʒ']

gordo	yoğun	[jo'ɣun]
moreno	qarabuğdayı	[garabuɣda'jı]
esbelto	boylu-buxunlu	[boj'lʲu buxun'lʲu]
elegante	zövqlü	[zøvg'ly]

58. Idade

idade (f)	yaş	['jaʃ]
juventude (f)	gənclik	[gændʒ''lik]
jovem	cavan	[dʒ'a'van]

| mais novo | kiçik | [ki'ʧik] |
| mais velho | böyük | [bø'juk] |

jovem (m)	gənc oğlan	['gændʒ'' o'ɣlan]
adolescente (m)	yeniyetmə	[ɛniɛt'mæ]
rapaz (m)	oğlan	[o'ɣlan]

| velho (m) | qoca | [go'dʒⁱa] |
| velhota (f) | qarı | [ga'rı] |

adulto	yetişkin	[ɛtiʃ'kin]
de meia-idade	orta yaşlı	[or'ta jaʃ'lı]
idoso, de idade	yaşa dolmuş	[ja'ʃa dol'muʃ]
velho	qoca	[go'dʒⁱa]

reforma (f)	təqaüd	[tæga'jud]
reformar-se (vr)	təqaüdə çıxmaq	[tægay'dæ tⁱɪχ'mah]
reformado (m)	təqaüdçü	[tægayd'ʧu]

59. Crianças

criança (f)	uşaq	[u'ʃah]
crianças (f pl)	uşaqlar	[uʃag'lar]
gémeos (m pl)	əkizlər	[ækiz'lær]

berço (m)	beşik	[bɛ'ʃik]
guizo (m)	şax-şax	['ʃaχ 'ʃaχ]
fralda (f)	uşaq əskisi	[u'ʃah æski'sⁱ]

chupeta (f)	əmzik	[æm'zik]
carrinho (m) de bebé	uşaq arabası	[u'ʃah araba'sı]
jardim (m) de infância	uşaq baxçası	[u'ʃah baχʧa'sı]
babysitter (f)	dayə	[da'jæ]

infância (f)	uşaqlıq	[uʃag'lıh]
boneca (f)	gəlincik	[gɛlin'dʒⁱik]
brinquedo (m)	oyuncaq	[ojun'dʒⁱah]
jogo (m) de armar	konstruktor	[konst'ruktor]

bem-educado	tərbiyəli	[tærbijæ'li]
mal-educado	tərbiyəsiz	[tærbijæ'siz]
mimado	ərköyün	[ærkø'jun]

ser travesso	dəcəllik etmək	[dædʒⁱæl'lik ɛt'mæk]
travesso, traquinas	dəcəl	[dæ'dʒⁱæl]
travessura (f)	dəcəllik	[dædʒⁱæl'lik]
criança (f) travessa	dəcəl uşaq	[dæ'dʒⁱæl u'ʃah]

| obediente | sözə baxan | [sø'zæ ba'χan] |
| desobediente | sözə baxmayan | [sø'zæ 'baχmajan] |

dócil	düşüncəli	[dyʃyndʒⁱæ'li]
inteligente	ağıllı	[aɣıl'lı]
menino (m) prodígio	vunderkind	[vundɛr'kind]

60. Casais. Vida de família

| beijar (vt) | öpmək | [øp'mæk] |
| beijar-se (vr) | öpüşmək | [øpyʃ'mæk] |

família (f)	ailə	[ai'læ]
familiar	ailəli	[ailæ'li]
casal (m)	ər-arvad	['ær ar'vad]
matrimónio (m)	ailə həyatı	[ai'læ hæja'tɪ]
lar (m)	ailə ocağı	[ai'læ odʒ'a'ɣɪ]
dinastia (f)	sülalə	[syla'læ]

encontro (m)	görüş	[gø'ryʃ]
beijo (m)	öpüş	[ø'pyʃ]

amor (m)	sevqi	[sɛv'gi]
amar (vt)	sevmək	[sɛv'mæk]
amado, querido	sevqili	[sɛvgi'li]

ternura (f)	zəriflik	[zærif'lik]
terno, afetuoso	zərif	[zæ'rif]
fidelidade (f)	sədaqət	[sæda'gæt]
fiel	sadiq	[sa'dih]
cuidado (m)	qayğı	[gaj'ɣɪ]
carinhoso	qayğıkeş	[gajɣɪ'kɛʃ]

recém-casados (m pl)	yeni evlənənlər	[ɛ'ni ævlænæn'lær]
lua de mel (f)	bal ayı	['bal a'jɪ]
casar-se (com um homem)	ərə getmək	[æ'ræ gɛt'mæk]
casar-se (com uma mulher)	evlənmək	[ɛvlæn'mæk]

boda (f)	toy	['toj]
bodas (f pl) de ouro	qızıl toy	[gɪ'zɪl 'toj]
aniversário (m)	ildönümü	[ildøny'my]

amante (m)	məşuq	[mæ'ʃuh]
amante (f)	məşuqə	[mæʃu'gæ]

adultério (m)	xəyanət	[xæja'næt]
cometer adultério	xəyanət etmək	[xæja'næt ɛt'mæk]
divórcio (m)	boşanma	[boʃan'ma]
divorciar-se (vr)	boşanmaq	[boʃan'mah]

brigar (discutir)	dalaşmaq	[dalaʃ'mah]
fazer as pazes	barışmaq	[barɪʃ'mah]
juntos	birlikdə	[birlik'dæ]
sexo (m)	seks	['sɛks]

felicidade (f)	xoşbəxtlik	[xoʃbæxt'lik]
feliz	xoşbəxt	[xoʃ'bæxt]
infelicidade (f)	bədbəxtlik	[bædbæxt'lik]
infeliz	bədbəxt	[bæd'bæxt]

Caráter. Sentimentos. Emoções

61. Sentimentos. Emoções

sentimento (m)	hiss	['his]
sentimentos (m pl)	hisslər	[hiss'lær]
fome (f)	aclıq	[adʒ'lıh]
ter fome	yemək istəmək	[ɛ'mæk istɛ'mæk]
sede (f)	susuzluq	[susuz'lʲuh]
ter sede	içmək istəmək	[itʃ'mæk istæ'mæk]
sonolência (f)	yuxululuq	[juχulʲu'lʲuh]
estar sonolento	yatmaq istəmək	[jat'mah istæ'mæk]
cansaço (m)	yorğunluq	[jorɣun'lʲuh]
cansado	yorğun	[jor'ɣun]
ficar cansado	yorulmaq	[jorul'mah]
humor (m)	əhval-ruhiyyə	[æh'val ruhi'æ]
tédio (m)	darıxma	[darıχ'ma]
aborrecer-se (vr)	darıxmaq	[darıχ'mah]
isolamento (m)	tənhalıq	[tænha'lıh]
isolar-se	tənha bir yerə çəkilmək	[tæn'ha 'bir ɛ ræ tʃækil'mæk]
preocupar (vt)	narahat etmək	[nara'hat ɛt'mæk]
preocupar-se (vr)	narahat olmaq	[nara'hat ol'mah]
preocupação (f)	narahatçılıq	[narahatʃı'lıh]
ansiedade (f)	həyacan	[hæja'dʒʲan]
preocupado	qayğılı	[gajɣı'lı]
estar nervoso	əsəbiləşmək	[æsæbilæʃ'mæk]
entrar em pânico	vahiməyə düşmək	[vahimæ'jæ cyʃ'mæk]
esperança (f)	ümid	[y'mid]
esperar (vt)	ümid etmək	[y'mid ɛt'mæk]
certeza (f)	əminlik	[æmin'lik]
certo	əmin	[æ'min]
indecisão (f)	əmin olmama	[æ'min 'olmama]
indeciso	əmin olmayan	[æ'min 'olmajan]
ébrio, bêbado	sərxoş	[sær'χoʃ]
sóbrio	içki içməyən	[itʃ'ki 'itʃmæjæⁿ]
fraco	zəif	[zæ'if]
feliz	bəxti üzdə olan	[bæχ'ti juz'dæ o'lan]
assustar (vt)	qorxutmaq	[gorχut'mah]
fúria (f)	quduzluq	[guduz'lʲuh]
ira, raiva (f)	qəzəb	[gæ'zæp]
depressão (f)	ruh düşkünlüyü	['ruh dyʃkynly'ju]
desconforto (m)	narahatlıq	[narahat'lıh]

conforto (m)	rahatlıq	[rahat'lıh]
arrepender-se (vr)	heyfsilənmək	[hɛjfsilæn'mæk]
arrependimento (m)	heyfsilənmə	[hɛjfsilæn'mæ]
azar (m), má sorte (f)	uğursuzluq	[uɣursuz'ľuh]
tristeza (f)	dilxorluq	[dilχor'ľuh]

vergonha (f)	xəcalət	[χædʒʲa'læt]
alegria (f)	şənlik	[ʃæn'lik]
entusiasmo (m)	ruh yüksəkliyi	['ruh juksɛkli'jı]
entusiasta (m)	entuziast	[ɛntuzi'ast]
mostrar entusiasmo	ruh yüksəkliyi göstərmək	['ruh juksɛkli'jı gøstær'mæk]

62. Caráter. Personalidade

caráter (m)	xasiyyət	[χasi'æt]
falha (f) de caráter	nöqsan	[nøg'san]
mente (f)	ağıl	[a'ɣıl]
razão (f)	dərrakə	[dærra'kæ]

consciência (f)	vicdan	[vidʒʲ'dan]
hábito (m)	vərdiş	[vær'diʃ]
habilidade (f)	qabiliyyət	[gabili'æt]
saber (~ nadar, etc.)	bacarmaq	[badʒʲar'mah]

paciente	səbir	[sæ'bir]
impaciente	səbirli	[sæbir'li]
curioso	hər şeyi bilməyə çalışan	['hær ʃɛ'jı bilmæ'jæ tʃalı'ʃan]
curiosidade (f)	hər şeyi bilmək istəyi	['hær ʃɛ'jı bil'mæk istæ'jı]

modéstia (f)	təvazökarlıq	[tævazøkar'lıh]
modesto	təvazökar	[tævazø'kar]
imodesto	təvazökar olmayan	[tævazø'kar 'olmajan]

preguiça (f)	tənbəllik	['tæn'bællik]
preguiçoso	tənbəl	[tæn'bæl]
preguiçoso (m)	tənbəl	[tæn'bæl]

astúcia (f)	hiyləgərlik	[hijlægær'lik]
astuto	hiyləgər	[hijlæ'gær]
desconfiança (f)	inamsızlıq	[inamsız'lıh]
desconfiado	heç kəsə inanmayan	['hɛtʃ kæ'sæ i'nanmajan]

generosidade (f)	səxavət	[sæχa'væt]
generoso	səxavətli	[sæχavæt'li]
talentoso	istedadlı	[istɛdad'lı]
talento (m)	istedad	[istɛ'dad]

corajoso	cəsarətli	[dʒʲæsaræt'li]
coragem (f)	cəsarət	[dʒʲæsa'ræt]
honesto	namus	[na'mus]
honestidade (f)	namuslu	[namus'ľu]

prudente	ehtiyatlı	[ɛhtijat'lı]
valente	cürətli	[dʒyræt'li]

| sério | ciddi | [dʒʲid'di] |
| severo | telebkar | [tælæb'kar] |

decidido	qetiyyetli	[gætiæt'li]
indeciso	qetiyyetsiz	[gætiæ'tsiz]
tímido	cesaretsiz	[dʒʲæsaræ'tsiz]
timidez (f)	cesaretsizlik	[dʒʲæsaretsiz'lik]

confiança (f)	inam	[i'nam]
confiar (vt)	inanmaq	[inan'mah]
crédulo	her kese inanan	['hær kæ'sæ ina'nan]

sinceramente	semimiyyetle	[sæmimi'ætʲæ]
sincero	semimi	[sæmi'mi]
sinceridade (f)	semimiyyet	[sæmimi'æt]
aberto	semimi	[sæmi'mi]

calmo	sakit	[sa'kit]
franco	semimi	[sæmi'mi]
ingénuo	sadelövh	[sadæ'løvh]
distraído	fikri dağınıq	[fik'ri daɣı'nı ɿ]
engraçado	mezeli	[mæzæ'li]

ganância (f)	acgözlük	[adʒʲgøz'lyk]
ganancioso	acgöz	[adʒʲ'gøz]
avarento	xesis	[χæ'sis]
mau	hirsli	[hirs'li]
teimoso	inadkar	[inad'kar]
desagradável	nifret oyadan	[nif'ræt oja'dɔn]

egoísta (m)	xudbin adam	[χud'bin a'dam]
egoísta	xudbin	[χud'bin]
cobarde (m)	qorxaq	[gor'χah]
cobarde	qorxaq	[gor'χah]

63. O sono. Sonhos

dormir (vi)	yatmaq	[jat'mah]
sono (m)	yuxu	[ju'χu]
sonho (m)	röya	[rø'ja]
sonhar (vi)	yuxu görmek	[ju'χu gør'mæk]
sonolento	yuxulu	[juχu'ⁱʲu]

cama (f)	çarpayı	[ʧarpa'jı]
colchão (m)	döşek	[dø'ʃæk]
cobertor (m)	yorğan	[jor'ɣan]
almofada (f)	yastıq	[jas'tıh]
lençol (m)	melefe	[mælæ'fæ]

insónia (f)	yuxusuzluq	[juχusuz'ⁱʲuh]
insone	yuxusuz	[juχu'suz]
sonífero (m)	yuxu dermanı	[ju'χu dærma nı]
tomar um sonífero	yuxu dermanı qebul etmek	[ju'χu dærma nı gæ'bul ɛt'mæk]

estar sonolento	yatmaq istəmək	[jat'mah istæ'mæk]
bocejar (vi)	əsnəmək	[æsnæ'mæk]
ir para a cama	yatmağa getmək	[jatma'ɣa gɛtmæk]
fazer a cama	yorğan-döşək salmaq	[jor'ɣan dø'ʃæk sal'mah]
adormecer (vi)	yuxulamaq	[juχula'mah]

pesadelo (m)	kabus	[ka'bus]
ronco (m)	xorultu	[χorul'tu]
roncar (vi)	xoruldamaq	[χorulda'mah]

despertador (m)	zəngli saat	[zæng'li sa'at]
acordar, despertar (vt)	oyatmaq	[ojat'mah]
acordar (vi)	oyanmaq	[ojna'mah]
levantar-se (vr)	qalxmaq	[galχ'mah]
lavar-se (vr)	əl-üz yumaq	['æl 'juz ju'mah]

64. Humor. Riso. Alegria

humor (m)	yumor	['jumor]
sentido (m) de humor	hiss	['his]
divertir-se (vr)	şənlənmək	[ʃænlæn'mæk]
alegre	şən	['ʃæn]
alegria (f)	şənlik	[ʃæn'lik]

sorriso (m)	təbəssüm	[tæbæs'sym]
sorrir (vi)	gülümsəmək	[gylymsæ'mæk]
começar a rir	gülmək	[gylⁱ'mæk]
rir (vi)	gülmək	[gylⁱ'mæk]
riso (m)	gülüş	[gy'lyʃ]

anedota (f)	lətifə	[læti'fæ]
engraçado	məzəli	[mæzæ'li]
ridículo	gülməli	[gylmæ'li]

brincar, fazer piadas	zarafat etmək	[zara'fat ɛt'mæk]
piada (f)	zarafat	[zara'fat]
alegria (f)	sevinc	[sɛ'vindʒⁱ]
regozijar-se (vr)	sevinmək	[sɛvin'mæk]
alegre	sevincli	[sɛvindʒⁱ'li]

65. Discussão, conversação. Parte 1

| comunicação (f) | ünsiyyət | [ynsi'æt] |
| comunicar-se (vr) | ünsiyyət saxlamaq | [ynsi'æt saχla'mah] |

conversa (f)	danışıq	[danı'ʃıh]
diálogo (m)	dialoq	[dia'loh]
discussão (f)	müzakirə	[myzaki'ræ]
debate (m)	mübahisə	[mybahi'sæ]
debater (vt)	mübahisə etmək	[mybahi'sæ ɛt'mæk]
interlocutor (m)	həmsöhbət	[hæmsøh'bæt]
tema (m)	mövzu	[møv'zu]

ponto (m) de vista	nöqteyi-nəzər	[nøg'tɛi næ'zær]
opinião (f)	mülahizə	[mylahi'zæ]
discurso (m)	nitq	['nith]

discussão (f)	müzakirə	[myzaki'ræ]
discutir (vt)	müzakirə etmək	[myzaki'ræ ɛt'mæk]
conversa (f)	söhbət	[søh'bæt]
conversar (vi)	söhbət etmək	[søh'bæt ɛt'mæk]
encontro (m)	görüş	[gø'ryʃ]
encontrar-se (vr)	görüşmək	[gøryʃ'mæk]

provérbio (m)	atalar sözü	[ata'lar sø'zy]
ditado (m)	zərbi-məsəl	['zærbi mæ'sæl]
adivinha (f)	tapmaca	[tapma'dʒ¹a]
dizer uma adivinha	tapmaca demək	[tapma'dʒ¹a dɛ'mæk]
senha (f)	parol	[pa'rol]
segredo (m)	gizli iş	[giz'li 'iʃ]

juramento (m)	and	['and]
jurar (vi)	and içmək	['and itʃ'mæk]
promessa (f)	vəd	['væd]
prometer (vt)	vəd etmək	['væd ɛt'mæk]

conselho (m)	məsləhət	[mæslæ'hæt]
aconselhar (vt)	məsləhət vermək	[mæslæ'hæt vɛr'mæk]
escutar (~ os conselhos)	məsləhətə	[mæslæhæ'tæ
	əməl etmək	æ'mæl ɛt'mæk]

novidade, notícia (f)	yenilik	[ɛni'lik]
sensação (f)	sensasiya	[sɛn'sasija]
informação (f)	məlumat	[mælʲu'mat]
conclusão (f)	nəticə	[næti'dʒ¹æ]
voz (f)	səs	['sæs]
elogio (m)	kompliment	[kompli'mɛnt]
amável	iltifatlı	[iltifat'lı]

palavra (f)	söz	['søz]
frase (f)	ibarə	[iba'ræ]
resposta (f)	cavab	[dʒ¹a'vap]

| verdade (f) | həqiqət | [hægi'gæt] |
| mentira (f) | uydurma | [ujdur'ma] |

pensamento (m)	düşüncə	[dyʃyn'dʒ¹æ]
ideia (f)	fikir	[fi'kir]
fantasia (f)	xülya	[xy'lja]

66. Discussão, conversação. Parte 2

estimado	hörmət edilən	[hør'mæt ɛdi'læn]
respeitar (vt)	hörmət etmək	[hør'mæt ɛt'mæk]
respeito (m)	hörmət	[hør'mæt]
Estimado ..., Caro ...	Hörmətli ...	[hørmæt'li ...]
apresentar (vt)	tanış etmək	[ta'nıʃ ɛt'mæk]

intenção (f)	niyyət	[ni'æt]
tencionar (vt)	niyyətində olmaq	[niætin'dæ ol'mah]
desejo (m)	arzu	[ar'zu]
desejar (ex. ~ boa sorte)	arzu etmək	[ar'zu ɛt'mæk]
surpresa (f)	təəccüb	[taæ'dʒyp]
surpreender (vt)	təəccübləndirmək	[taædʒyblændir'mæk]
surpreender-se (vr)	təəccüblənmək	[taædʒyblæn'mæk]
dar (vt)	vermək	[vɛr'mæk]
pegar (tomar)	almaq	[al'mah]
devolver (vt)	qaytarmaq	[gajtar'mah]
retornar (vt)	qaytarmaq	[gajtar'mah]
desculpar-se (vr)	üzr istəmək	['juzr istæ'mæk]
desculpa (f)	bağışlama	[baɣıʃla'ma]
perdoar (vt)	bağışlamaq	[baɣıʃla'mah]
falar (vi)	danışmaq	[danıʃ'mah]
escutar (vt)	qulaq asmaq	[gu'lah as'mah]
ouvir até o fim	dinləmək	[dinlæ'mæk]
compreender (vt)	başa düşmək	[ba'ʃa dyʃ'mæk]
mostrar (vt)	göstərmək	[gøstær'mæk]
olhar para ...	baxmaq	[baχ'mah]
chamar (dizer em voz alta o nome)	çağırmaq	[ʧaɣır'mah]
perturbar (vt)	mane olmaq	[ma'nɛ ol'mah]
entregar (~ em mãos)	vermək	[vɛr'mæk]
pedido (m)	xahiş	[χa'hiʃ]
pedir (ex. ~ ajuda)	xahiş etmək	[χa'hiʃ ɛt'mæk]
exigência (f)	tələb	[tæ'læp]
exigir (vt)	tələb etmək	[tæ'læp ɛt'mæk]
chamar nomes (vt)	cırnatmaq	[dʒɪrnat'mah]
zombar (vt)	rişxənd etmək	[riʃχænd ɛt'mæk]
zombaria (f)	rişxənd	[riʃχænd]
alcunha (f)	ayama	[aja'ma]
insinuação (f)	eyham	[ɛj'ham]
insinuar (vt)	eyham vurmaq	[ɛj'ham vur'mah]
subentender (vt)	nəzərdə tutmaq	[næzær'dæ tut'mah]
descrição (f)	təsvir	[tæs'vir]
descrever (vt)	təsvir etmək	[tæs'vir ɛt'mæk]
elogio (m)	tərif	[tæ'rif]
elogiar (vt)	tərifləmək	[tæriflæ'mæk]
desapontamento (m)	məyusluq	[mæys'lʲuh]
desapontar (vt)	məyus etmək	[mæ'jus ɛt'mæk]
desapontar-se (vr)	məyus olmaq	[mæ'jus ol'mah]
suposição (f)	fərziyyə	[færzi'æ]
supor (vt)	fərz etmək	['færz ɛt'mæk]
advertência (f)	xəbərdarlıq	[χæbærdar'lıh]
advertir (vt)	xəbərdar etmək	[χæbær'dar ɛt'mæk]

67. Discussão, conversação. Parte 3

| convencer (vt) | yola gətirmək | [jo'la gætir'mæk] |
| acalmar (vt) | sakitləşdirmək | [sakitlæʃdir'ʀæk] |

silêncio (o ~ é de ouro)	susma	[sus'ma]
ficar em silêncio	susmaq	[sus'mah]
sussurrar (vt)	pıçıldamaq	[pɪtʃɪlda'mah]
sussurro (m)	pıçıltı	[pɪtʃɪl'tɪ]

| francamente | açıq | [a'tʃɪh] |
| a meu ver ... | mənim fikrimcə ... | [mæ'nim fik'rimdʒʲæ ...] |

detalhe (~ da história)	təfərrüat	[tæfærry'at]
detalhado	ətraflı	[ætraf'lɪ]
detalhadamente	təfərrüatı ilə	[tæfærrya'tɪ i'læ]

| dica (f) | xəlvətçə söyləmə | [χæl'vætʃæ søjlæ'mæ] |
| dar uma dica | xəlvətçə söyləmək | [χæl'vætʃæ søjlæ'mæk] |

olhar (m)	baxış	[ba'χɪʃ]
dar uma vista de olhos	baxmaq	[baχ'mah]
fixo (olhar ~)	durğun	[dur'ɣun]
piscar (vi)	göz qırpmaq	[gøz gɪrp'mah]
pestanejar (vt)	kirpik çalmaq	[kir'pik tʃal'mɛh]
acenar (com a cabeça)	başı ilə razılıq bildirmək	[ba'ʃɪ i'læ razɪ'lɪh bildir'mæk]

suspiro (m)	nəfəs alma	[næ'fæs al'ma]
suspirar (vi)	nəfəs almaq	[næ'fæs al'mah]
estremecer (vi)	diksinmək	[diksin'mæk]
gesto (m)	əl-qol hərəkəti	['æl 'gol hærækæ'ti]
tocar (com as mãos)	toxunmaq	[toχun'mah]
agarrar (~ pelo braço)	tutmaq	[tut'mah]
bater de leve	vurmaq	[vur'mah]

Cuidado!	Diqqətli ol!	[dikkæt'li 'ol]
A sério?	Mümkünmü?	[mym'kynmy]
Tem certeza?	Bundan əminsən?	[bun'dan æ'mɪnsæn]
Boa sorte!	Uğurlar olsun!	[uɣur'lar ol'sun]
Compreendi!	Aydındır!	[aj'dɪndɪr]
Que pena!	Heyf!	['hɛjf]

68. Acordo. Recusa

consentimento (~ mútuo)	razılıq	[razɪ'lɪh]
consentir (vi)	razı olmaq	[ra'zɪ ol'mah]
aprovação (f)	təqdir etmə	[tæg'dir ɛt'mæ]
aprovar (vt)	təqdir etmək	[tæg'dir ɛt'mæk]
recusa (f)	imtina	[imti'na]
negar-se (vt)	imtina etmək	[imti'na ɛt'mæk]
Está ótimo!	Əla!	[æ'la]
Muito bem!	Yaxşı!	['jaχʃɪ]

Está bem! De acordo!	Oldu!	[ol'du]
proibido	qadağan olmuş	[gada'ɣan ol'muʃ]
é proibido	olmaz	[ol'maz]
é impossível	mümkün deyil	[mym'kyn 'dɛjıl]
incorreto	yanlış	[jan'lıʃ]

rejeitar (~ um pedido)	rədd etmək	['rædd ɛt'mæk]
apoiar (vt)	dəstəkləmək	[dæstæklæ'mæk]
aceitar (desculpas, etc.)	qəbul etmək	[gæ'bul ɛt'mæk]

confirmar (vt)	təsdiq etmək	[tæs'dih ɛt'mæk]
confirmação (f)	təsdiq etmə	[tæs'dih ɛt'mæ]
permissão (f)	icazə	[idʒ'a'zæ]
permitir (vt)	icazə vermək	[idʒ'a'zæ vɛr'mæk]
decisão (f)	qərar	[gæ'rar]
não dizer nada	susmaq	[sus'mah]

condição (com uma ~)	şərt	['ʃært]
pretexto (m)	bəhanə	[bæha'næ]
elogio (m)	tərif	[tæ'rif]
elogiar (vt)	tərifləmək	[tæriflæ'mæk]

69. Sucesso. Boa sorte. Insucesso

êxito, sucesso (m)	müvəffəqiyyət	[myvæffægi'æt]
com êxito	müvəffəqiyyətlə	[myvæffægi'ætlæ]
bem sucedido	müvəffəqiyyətli	[myvæffægiæt'li]

sorte (fortuna)	bəxtin getirməsi	[bæχ'tin gætirmæ'si]
Boa sorte!	Uğurlar olsun!	[uɣur'lar ol'sun]
de sorte	uğurlu	[uɣur'lʲu]
sortudo, felizardo	uğurlu	[uɣur'lʲu]
fracasso (m)	müvəffəqiyyətsizlik	[myvæffægiætsiz'lik]
pouca sorte (f)	uğursuzluq	[uɣursuz'lʲuh]
azar (m), má sorte (f)	uğursuzluq	[uɣursuz'lʲuh]
mal sucedido	uğursuz	[uɣur'suz]
catástrofe (f)	fəlakət	[fæla'kæt]

orgulho (m)	fəxr	['fæχr]
orgulhoso	məğrur	[mæ'ɣrur]
estar orgulhoso	fəxr etmək	['fæχr ɛt'mæk]
vencedor (m)	qalib	[ga'lip]
vencer (vi)	qalib gəlmək	[ga'lip gæl'mæk]
perder (vt)	məğlubiyyətə uğramaq	[mæɣlʲubiæ'tæ uɣra'mah]
tentativa (f)	təşəbbüs	[tæʃæb'bys]
tentar (vt)	cəhd göstərmək	['dʒ'æhd gøstær'mæk]
chance (m)	şans	['ʃans]

70. Conflitos. Emoções negativas

grito (m)	çığırtı	[ʧ'ıɣır'tı]
gritar (vi)	çığırmaq	[ʧ'ıɣır'mah]

começar a gritar	çığırmaq	[ʧɪɣɪr'mah]
discussão (f)	dalaşma	[dalaʃ'ma]
discutir (vt)	dalaşmaq	[dalaʃ'mah]
escândalo (m)	qalmaqal	[galma'gal]
criar escândalo	qalmaqal salmaq	[galma'gal sal'mah]
conflito (m)	münaqişə	[mynagi'ʃæ]
mal-entendido (m)	anlaşmazlıq	[anlaʃmaz'lıh]

insulto (m)	təhkir	[tæh'kir]
insultar (vt)	təhkir etmək	[tæh'kir ɛt'mæk]
insultado	təhkir olunmuş	[tæh'kir olʲun'muʃ]
ofensa (f)	inciklik	[indʒʲik'lik]
ofender (vt)	incitmək	[indʒʲit'mæk]
ofender-se (vr)	incimək	[indʒʲi'mæk]

indignação (f)	hiddət	[hid'dæt]
indignar-se (vr)	hiddətlənmək	[hiddætlæn'mæk]
queixa (f)	şikayət	[ʃika'jæt]
queixar-se (vr)	şikayət etmək	[ʃika'jæt ɛt'mæk]

desculpa (f)	bağışlama	[baɣıʃla'ma]
desculpar-se (vr)	üzr istəmək	['juzr istæ'mæk]
pedir perdão	əfv diləmək	['æfv dilæ'mæk]

crítica (f)	tənqid	[tæn'gid]
criticar (vt)	tənqid etmək	[tæn'gid ɛt'ᴦæk]
acusação (f)	ittiham	[itti'ham]
acusar (vt)	ittiham etmək	[itti'ham ɛt'mæk]

vingança (f)	intiqam	[inti'gam]
vingar (vt)	intiqam almaq	[inti'gam al'mah]
vingar-se (vr)	əvəzini çıxmaq	[ævæzi'ni ʧɪχ'mah]

desprezo (m)	xor baxılma	['χor baχıl'ma]
desprezar (vt)	xor baxmaq	['χor baχ'mah]
ódio (m)	nifrət	[nif'ræt]
odiar (vt)	nifrət etmək	[nif'ræt ɛt'mæk]

nervoso	əsəbi	[æsæ'bi]
estar nervoso	əsəbiləşmək	[æsæbilæʃ'mæk]
zangado	hirsli	[hirs'li]
zangar (vt)	hirsləndirmək	[hirslændir'mæk]

humilhação (f)	alçaltma	[altʃalt'ma]
humilhar (vt)	alçaltmaq	[altʃalt'mah]
humilhar-se (vr)	alçalmaq	[altʃal'mah]

| choque (m) | şok | ['ʃok] |
| chocar (vt) | şok vəziyyətinə salmaq | ['ʃok væziæti'ᴧæ sal'mah] |

| aborrecimento (m) | xoşagəlməz hadisə | [χoʃagæl'mæz hadi'sæ] |
| desagradável | nifrət oyadan | [nif'ræt oja'dən] |

medo (m)	qorxu	[gor'χu]
terrível (tempestade, etc.)	şiddətli	[ʃiddæt'li]
assustador (ex. história ~a)	qorxulu	[gorχu'lʲu]

| horror (m) | dəhşət | [dæh'ʃæt] |
| horrível (crime, etc.) | dəhşətli | [dæhʃæt'li] |

chorar (vi)	ağlamaq	[aɣla'mah]
começar a chorar	ağlamaq	[aɣla'mah]
lágrima (f)	göz yaşı	[gøz ja'ʃɪ]

falta (f)	qəbahət	[gæba'hæt]
culpa (f)	taqsır	[tag'sɪr]
desonra (f)	biabırçılıq	[biabɪrtʃɪ'lɪh]
protesto (m)	etiraz	[ɛti'raz]
stresse (m)	stres	['strɛs]

perturbar (vt)	mane olmaq	[ma'nɛ ol'mah]
zangar-se com ...	hirslənmək	[hirslæn'mæk]
zangado	hirsli	[hirs'li]
terminar (vt)	kəsmək	[kæs'mæk]
praguejar	söyüş söymək	[sø'juʃ søj'mæk]

assustar-se	qorxmaq	[gorχ'mah]
golpear (vt)	vurmaq	[vur'mah]
brigar (na rua, etc.)	dalaşmaq	[dalaʃ'mah]

resolver (o conflito)	nizama salmaq	[niza'ma sal'mah]
descontente	narazı	[nara'zɪ]
furioso	qəzəbli	[gæzæb'li]

| Não está bem! | Bu, heç də yaxşı iş deyil! | ['bu 'hɛtʃ 'dæ jaχ'ʃɪ 'iʃ 'dɛjɪl] |
| É mau! | Bu, pisdir! | ['bu 'pisdir] |

Medicina

71. Doenças

doença (f)	xəstəlik	[xæstæ'lik]
estar doente	xəstə olmaq	[xæs'tæ ol'mah]
saúde (f)	sağlamlıq	[saɣlam'lıh]

nariz (m) a escorrer	zökəm	[zø'kæm]
amigdalite (f)	angina	[a'ngina]
constipação (f)	soyuqdəymə	[sojugdæj'mæ]
constipar-se (vr)	özünü soyuğa vermək	[øzy'ny soju'ɣa vɛr'mæk]

bronquite (f)	bronxit	[bron'xit]
pneumonia (f)	sətəlcəm	[sætæl'dʒɟæm]
gripe (f)	qrip	['grip]

míope	uzağı görməyən	[uza'ɣı 'gørmæjæn]
presbita	uzağı yaxşı görən	[uza'ɣı jaχ'ʃı gø'ræn]
estrabismo (m)	çəpgözlük	[ʧæpgøz'lyk]
estrábico	çəpgöz	[ʧæp'gøz]
catarata (f)	katarakta	[kata'rakta]
glaucoma (m)	qlaukoma	[glau'koma]

AVC (m), apoplexia (f)	insult	[in'sulʲt]
ataque (m) cardíaco	infarkt	[in'farkt]
enfarte (m) do miocárdio	miokard infarktı	[mio'kard infark'tı]
paralisia (f)	iflic	[if'lidʒɟ]
paralisar (vt)	iflic olmaq	[if'lidʒɟ ol'mah]

alergia (f)	allergiya	[allɛr'gija]
asma (f)	astma	['astma]
diabetes (f)	diabet	[dia'bɛt]

dor (f) de dentes	diş ağrısı	['diʃ aɣrı'sı]
cárie (f)	kariyes	['kariɛs]

diarreia (f)	diareya	[dia'rɛja]
prisão (f) de ventre	qəbizlik	[gæbiz'lik]
desarranjo (m) intestinal	mədə pozuntusu	[mæ'dæ pozuntu'su]
intoxicação (f) alimentar	zəhərlənmə	[zæhærlæn'mæ]
intoxicar-se	qidadan zəhərlənmək	[gida'dan zæhærlæn'mæk]

artrite (f)	artrit	[art'rit]
raquitismo (m)	raxit	[ra'xit]
reumatismo (m)	revmatizm	[rɛvma'tizm]
arteriosclerose (f)	ateroskleroz	[atɛrosklɛ'roz]

gastrite (f)	qastrit	[gast'rit]
apendicite (f)	appendisit	[appɛndi'sit]

| colecistite (f) | xolesistit | [ҳolɛsis'tit] |
| úlcera (f) | xora | [ҳo'ra] |

sarampo (m)	qızılca	[gɪzɪl'dʒ¡a]
rubéola (f)	məxmərək	[mæҳmæ'ræk]
iterícia (f)	sarılıq	[sarɪ'lɪh]
hepatite (f)	hepatit	[hɛpa'tit]

esquizofrenia (f)	şizofreniya	[ʃizofrɛ'nija]
raiva (f)	quduzluq	[guduz'l¡uh]
neurose (f)	nevroz	[nɛv'roz]
comoção (f) cerebral	beyin sarsıntısı	[bɛ'jın sarsıntı'sı]

cancro (m)	rak	['rak]
esclerose (f)	skleroz	[sklɛ'roz]
esclerose (f) múltipla	dağınıq skleroz	[daɣı'nıh sklɛ'roz]

alcoolismo (m)	əyyaşlıq	[æjaʃ'lıh]
alcoólico (m)	əyyaş	[æ'jaʃ]
sífilis (f)	sifilis	['sifilis]
SIDA (f)	QİÇS	['gitʃs]

tumor (m)	şiş	['ʃiʃ]
maligno	bədxassəli	['bædҳas'sæli]
benigno	xoşxassəli	[ҳoʃҳas'sæli]

febre (f)	qızdırma	[gɪzdır'ma]
malária (f)	malyariya	[mal¡a'rija]
gangrena (f)	qanqrena	[gang'rɛna]
enjoo (m)	dəniz xəstəliyi	[dæ'niz ҳæstæli'jı]
epilepsia (f)	epilepsiya	[ɛpi'lɛpsija]

epidemia (f)	epidemiya	[ɛpi'dɛmija]
tifo (m)	yatalaq	[jata'lah]
tuberculose (f)	vərəm	[væ'ræm]
cólera (f)	vəba	[væ'ba]
peste (f)	taun	[ta'un]

72. Sintomas. Tratamentos. Parte 1

sintoma (m)	əlamət	[æla'mæt]
temperatura (f)	qızdırma	[gɪzdır'ma]
febre (f)	yüksək qızdırma	[jyk'sæk gɪzdır'ma]
pulso (m)	nəbz	['næbz]

vertigem (f)	başgicəllənməsi	[baʃgidʒ¡ællænmæ'si]
quente (testa, etc.)	isti	[is'ti]
calafrio (m)	titrəmə	[titræ'mæ]
pálido	rəngi ağarmış	[ræ'ngi aɣar'mıʃ]

tosse (f)	öskürək	[øsky'ræk]
tossir (vi)	öskürmək	[øskyr'mæk]
espirrar (vi)	asqırmaq	[asgır'mah]
desmaio (m)	bihuşluq	[bihuʃ'l¡uh]

desmaiar (vi)	huşunu itirmək	['huʃunu itir'mæk]
nódoa (f) negra	qançır	[gan'tʃır]
galo (m)	şiş	['ʃiʃ]
magoar-se (vr)	dəymək	[dæj'mæk]
pisadura (f)	zədələmə	[zædælæ'mæ]
aleijar-se (vr)	zədələnmək	[zædælæn'mæk]

coxear (vi)	axsamaq	[aχsa'mah]
deslocação (f)	burxulma	[burχul'ma]
deslocar (vt)	burxutmaq	[burχut'mah]
fratura (f)	sınıq	[sı'nıh]
fraturar (vt)	sındırmaq	[sındır'mah]

corte (m)	kəsik	[kæ'sik]
cortar-se (vr)	kəsmək	[kæs'mæk]
hemorragia (f)	qanaxma	[ganaχ'ma]

queimadura (f)	yanıq	[ja'nıh]
queimar-se (vr)	yanmaq	[jan'mah]

picar (vt)	batırmaq	[batır'mah]
picar-se (vr)	batırmaq	[batır'mah]
lesionar (vt)	zədələmək	[zædælæ'mæk]
lesão (m)	zədə	[zæ'dæ]
ferida (f), ferimento (m)	yara	[ja'ra]
trauma (m)	travma	['travma]

delirar (vi)	sayıqlamaq	[sajıgla'mah]
gaguejar (vi)	kəkələmək	[kækælæ'mæk]
insolação (f)	gün vurması	['gyn vurma'sı]

73. Sintomas. Tratamentos. Parte 2

dor (f)	ağrı	[a'ɣrı]
farpa (no dedo)	tikan	[ti'kan]

suor (m)	tər	['tær]
suar (vi)	tərləmək	[tærlæ'mæk]
vómito (m)	qusma	[gus'ma]
convulsões (f pl)	qıc	['gıdʒi]

grávida	hamilə	[hami'læ]
nascer (vi)	anadan olmaq	[ana'dan ol'mah]
parto (m)	doğuş	[do'ɣuʃ]
dar à luz	doğmaq	[do'ɣmah]
aborto (m)	uşaq saldırma	[u'ʃah saldır'ma]

respiração (f)	tənəffüs	[tænæf'fys]
inspiração (f)	nəfəs alma	[næ'fæs al'mɑ]
expiração (f)	nəfəs vermə	[næ'fæs vɛr'mæ]
expirar (vi)	nəfəs vermək	[næ'fæs vɛr'mæk]
inspirar (vi)	nəfəs almaq	[næ'fæs al'mah]
inválido (m)	əlil	[æ'lil]
aleijado (m)	şikəst	[ʃi'kæst]

toxicodependente (m)	narkoman	[narko'man]
surdo	kar	['kar]
mudo	lal	['lal]
surdo-mudo	lal-kar	['lal 'kar]

louco (adj.)	dəli	[dæ'li]
louco (m)	dəli	[dæ'li]
louca (f)	dəli	[dæ'li]
ficar louco	dəli olmaq	[dæ'li ol'mah]

gene (m)	gen	['gɛn]
imunidade (f)	immunitet	[immuni'tɛt]
hereditário	irsi	[ir'si]
congénito	anadangəlmə	[anadangæl'mæ]

vírus (m)	virus	['virus]
micróbio (m)	mikrob	[mik'rop]
bactéria (f)	bakteriya	[bak'tɛrija]
infeção (f)	infeksiya	[in'fɛksija]

74. Sintomas. Tratamentos. Parte 3

hospital (m)	xəstəxana	[χæstæχa'na]
paciente (m)	pasiyent	[pasi'ɛnt]

diagnóstico (m)	diaqnoz	[di'agnoz]
cura (f)	müalicə	[myali'dʒʲæ]
curar-se (vr)	müalicə olunmaq	[myali'dʒʲæ olʲun'mah]
tratar (vt)	müalicə etmək	[myali'dʒʲæ ɛt'mæk]
cuidar (pessoa)	xəstəyə qulluq etmək	[χæstæ'jæ gul'lʲuh ɛt'mæk]
cuidados (m pl)	xəstəyə qulluq	[χæstæ'jæ gul'lʲuh]

operação (f)	əməliyyat	[æmæli'at]
enfaixar (vt)	sarğı bağlamaq	[sar'ɣɪ baɣla'mah]
enfaixamento (m)	sarğı	[sar'ɣɪ]

vacinação (f)	peyvənd	[pɛj'vænd]
vacinar (vt)	peyvənd etmək	[pɛj'vænd æt'mæk]
injeção (f)	iynə	[ij'næ]
dar uma injeção	iynə vurmaq	[ij'næ vur'mah]

amputação (f)	amputasiya	[ampu'tasija]
amputar (vt)	amputasiya etmək	[ampu'tasija ɛt'mæk]
coma (f)	koma	['koma]
estar em coma	komaya düşmək	['komaja dyʃ'mæk]
reanimação (f)	reanimasiya	[rɛani'masija]

recuperar-se (vr)	sağalmaq	[saɣal'mah]
estado (~ de saúde)	vəziyyət	[væzi'æt]
consciência (f)	huş	['huʃ]
memória (f)	yaddaş	[jad'daʃ]

tirar (vt)	çəkdirmək	[ʧækdir'mæk]
chumbo (m), obturação (f)	plomb	['plomp]

chumbar, obturar (vt)	plomblamaq	[plombla'mah]
hipnose (f)	hipnoz	[hip'noz]
hipnotizar (vt)	hipnoz etmək	[hip'noz ɛt'mæk]

75. Médicos

médico (m)	həkim	[hæ'kim]
enfermeira (f)	tibb bacısı	['tibp badʒɨ'sɨ]
médico (m) pessoal	şəxsi həkim	[ʃæχ'si hæ'kim]
dentista (m)	diş həkimi	['diʃ hæki'mi̅]
oculista (m)	göz həkimi	[gøz hæki'ᵮi]
terapeuta (m)	terapevt	[tɛra'pɛvt]
cirurgião (m)	cərrah	[dʒ'ær'rah]
psiquiatra (m)	psixiatr	[psiχi'atr]
pediatra (m)	pediatr	[pɛdi'atr]
psicólogo (m)	psixoloq	[psi'χoloh]
ginecologista (m)	ginekoloq	[ginɛ'koloh]
cardiologista (m)	kardioloq	[kardi'oloh]

76. Medicina. Drogas. Acessórios

medicamento (m)	dərman	[dær'man]
remédio (m)	dava	[da'va]
receitar (vt)	yazmaq	[jaz'mah]
receita (f)	resept	[rɛ'sɛpt]
comprimido (m)	həb	['hæp]
pomada (f)	məlhəm	[mæl'hæm]
ampola (f)	ampula	['ampula]
preparado (m)	mikstura	[miks'tura]
xarope (m)	sirop	[si'rop]
cápsula (f)	həb	['hæp]
remédio (m) em pó	toz dərman	['toz dær'man]
ligadura (f)	bint	['bint]
algodão (m)	pambıq	[pam'bɨh]
iodo (m)	yod	['jod]
penso (m) rápido	yapışan məlhəm	[japɨ'ʃan mæl hæm]
conta-gotas (m)	damcıtökən	[damdʒɨtø'kæn]
termómetro (m)	termometr	[tɛr'momɛtr]
seringa (f)	şpris	['ʃpris]
cadeira (f) de rodas	əlil arabası	[æ'lil araba'sɨ]
muletas (f pl)	qoltuqağacı	[goltugaɣa'dʒ ɨ]
analgésico (m)	ağrıkəsici	[aɣrɨkæsi'dʒi]
laxante (m)	işlətmə dərmanı	[iʃlæt'mæ dæ‾ma'nɨ]
álcool (m) etílico	spirt	['spirt]
ervas (f pl) medicinais	bitki	[bit'ki]
de ervas (chá ~)	bitki	[bit'ki]

77. Fumar. Produtos tabágicos

tabaco (m)	tütün	[ty'tyn]
cigarro (m)	siqaret	[siga'rɛt]
charuto (m)	siqara	[si'gara]
cachimbo (m)	tənbəki çubuğu	[tænbæ'ki ʧubu'ɣu]
maço (~ de cigarros)	paçka	[paʧ'ka]
fósforos (m pl)	kibrit	[kib'rit]
caixa (f) de fósforos	kibrit qutusu	[kib'rit gutu'su]
isqueiro (m)	alışqan	[alɪʃ'gan]
cinzeiro (m)	külqabı	['kylʲgabɪ]
cigarreira (f)	portsiqar	[porʦi'gar]
boquilha (f)	müştük	[myʃ'tyk]
filtro (m)	süzgəc	[syz'gæʤʲ]
fumar (vi, vt)	çəkmək	[ʧæk'mæk]
acender um cigarro	çəkmək	[ʧæk'mæk]
tabagismo (m)	çəkmə	[ʧæk'mæ]
fumador (m)	çəkən	[ʧæ'kæn]
beata (f)	siqaret kötüyü	[siga'rɛt køty'ju]
fumo (m)	tüstü	[tys'ty]
cinza (f)	kül	['kylʲ]

HABITAT HUMANO

Cidade

78. Cidade. Vida na cidade

cidade (f)	şəhər	[ʃæ'hær]
capital (f)	paytaxt	[paj'taχt]
aldeia (f)	kənd	['kænd]
mapa (m) da cidade	şəhərin planı	[ʃæhæ'rin pla'nı]
centro (m) da cidade	şəhərin mərkəzi	[ʃæhæ'rin mærkæ'zi]
subúrbio (m)	şəhərətrafı qəsəbə	[ʃæhærætra'fı gæsæ'bæ]
suburbano	şəhərətrafı	[ʃæhærætra'fı]
periferia (f)	kənar	[kæ'nar]
arredores (m pl)	ətraf yerlər	[æt'raf ɛr'lɛr]
quarteirão (m)	məhəllə	[mæhæl'læ]
quarteirão (m) residencial	yaşayış məhəlləsi	[jaʃa'jıʃ mæhællæ'si]
tráfego (m)	hərəkət	[hæræ'kæt]
semáforo (m)	svetofor	[svɛto'for]
transporte (m) público	şəhər nəqliyyatı	[ʃæ'hær næglia'tı]
cruzamento (m)	dörd yol ağzı	[dørd 'jol a'ɣzı]
passadeira (f)	keçid	[kɛ'tʃid]
passagem (f) subterrânea	yeraltı keçid	[ɛral'tı kɛ'tʃid]
cruzar, atravessar (vt)	keçmək	[kɛtʃ'mæk]
peão (m)	piyada gedən	[pija'da gɛ'dæn]
passeio (m)	küçə səkisi	[ky'tʃæ sæki'si]
ponte (f)	körpü	[kør'py]
margem (f) do rio	sahil küçəsi	[sa'hil kytʃæ'sı]
fonte (f)	fəvvarə	['fævva'ræ]
alameda (f)	xiyaban	[χija'ban]
parque (m)	park	['park]
bulevar (m)	bulvar	[bul'var]
praça (f)	meydan	[mɛj'dan]
avenida (f)	prospekt	[pros'pɛkt]
rua (f)	küçə	[ky'tʃæ]
travessa (f)	döngə	[dø'ngæ]
beco (m) sem saída	dalan	[da'lan]
casa (f)	ev	['ɛv]
edifício, prédio (m)	bina	[bi'na]
arranha-céus (m)	göydələn	[gøjdæ'læn]
fachada (f)	fasad	[fa'sad]
telhado (m)	dam	['dam]

janela (f)	pəncərə	[pænʤ'æ'ræ]
arco (m)	arka	['arka]
coluna (f)	sütun	[sy'tun]
esquina (f)	tin	['tin]

montra (f)	vitrin	[vit'rin]
letreiro (m)	lövhə	[løv'hæ]
cartaz (m)	afişa	[a'fiʃa]
cartaz (m) publicitário	reklam plakatı	[rɛk'lam plaka'tı]
painel (m) publicitário	reklam lövhəsi	[rɛk'lam løvhæ'si]

lixo (m)	tullantılar	[tullantı'lar]
cesta (f) do lixo	urna	['urna]
jogar lixo na rua	zibilləmək	[zibillæ'mæk]
aterro (m) sanitário	zibil tökülən yer	[zi'bil tøky'læn 'ɛr]

cabine (f) telefónica	telefon budkası	[tɛlɛ'fon budka'sı]
candeeiro (m) de rua	fənərli dirək	[fænær'li di'ræk]
banco (m)	skamya	[skam'ja]

polícia (m)	polis işçisi	[po'lis iʧʧi'si]
polícia (instituição)	polis	[po'lis]
mendigo (m)	dilənçi	[dilæn'ʧi]
sem-abrigo (m)	evsiz-eşiksiz	[ɛv'siz æʃik'siz]

79. Instituições urbanas

loja (f)	mağaza	[ma'ɣaza]
farmácia (f)	aptek	[ap'tɛk]
ótica (f)	optik cihazlar	[op'tik ʤ'ihaz'lar]
centro (m) comercial	ticarət mərkəzi	[tiʤa'ræt mærkæ'zi]
supermercado (m)	supermarket	[supɛr'markɛt]

padaria (f)	çörəkçixana	[ʧœræktʃiχa'na]
padeiro (m)	çörəkçi	['ʧœræk'ʧi]
pastelaria (f)	şirniyyat mağazası	[ʃirni'at ma'ɣazası]
mercearia (f)	bakaleya mağazası	[baka'lɛja ma'ɣazası]
talho (m)	ət dükanı	['æt dyka'nı]

| loja (f) de legumes | tərəvəz dükanı | [tæræ'væz dyka'nı] |
| mercado (m) | bazar | [ba'zar] |

café (m)	kafe	[ka'fɛ]
restaurante (m)	restoran	[rɛsto'ran]
bar (m), cervejaria (f)	pivexana	[pivæχa'na]
pizzaria (f)	pitseriya	[pitsɛ'rija]

salão (m) de cabeleireiro	bərbərxana	[bærbærχa'na]
correios (m pl)	poçt	['poʧt]
lavandaria (f)	kimyəvi təmizləmə	[kimjæ'vi tæmizlæ'mæ]
estúdio (m) fotográfico	fotoatelye	[fotoatɛ'ljɛ]

| sapataria (f) | ayaqqabı mağazası | [ajakka'bı ma'ɣazası] |
| livraria (f) | kitab mağazası | [ki'tap ma'ɣazası] |

loja (f) de artigos de desporto	idman malları mağazası	[id'man malla'rı ma'ɣazası]
reparação (f) de roupa	paltarların təmiri	[paltarla'rın tæmi'ri]
aluguer (m) de roupa	paltarların kirayəsi	[paltarla'rın kirajæ'si]
aluguer (m) de filmes	filmlərin kirayəsi	[filmlæ'rin kirajæ'si]

circo (m)	sirk	['sirk]
jardim (m) zoológico	heyvanat parkı	[hɛjva'nat par'kı]
cinema (m)	kinoteatr	[kinotɛ'atr]
museu (m)	muzey	[mu'zɛj]
biblioteca (f)	kitabxana	[kitapχa'na]

teatro (m)	teatr	[tɛ'atr]
ópera (f)	opera	['opɛra]
clube (m) noturno	gecə klubu	[gɛ'dʒʲæ klʲu'bu]
casino (m)	kazino	[kazi'no]

mesquita (f)	məsçid	[mæs'tʃid]
sinagoga (f)	sinaqoq	[sina'goh]
catedral (f)	baş kilsə	['baʃ kil'sæ]
templo (m)	məbəd	[mæ'bæd]
igreja (f)	kilsə	[kil'sæ]

instituto (m)	institut	[insti'tut]
universidade (f)	universitet	[univɛrsi'tɛt]
escola (f)	məktəb	[mæk'tæp]

prefeitura (f)	prefektura	[prɛfɛk'tura]
câmara (f) municipal	bələdiyyə	[bælædi'æ]
hotel (m)	mehmanxana	[mɛhmanχa'na]
banco (m)	bank	['bank]

embaixada (f)	səfirlik	[sæfir'lik]
agência (f) de viagens	turizm agentliyi	[tu'rizm agɛnt i'jı]
agência (f) de informações	məlumat bürosu	[mælʲu'mat byro'su]
casa (f) de câmbio	mübadilə mənteqəsi	[mybadi'læ mæntægæ'si]

| metro (m) | metro | [mɛt'ro] |
| hospital (m) | xəstəxana | [χæstæχa'na] |

| posto (m) de gasolina | yanacaq doldurma mənteqəsi | [jana'dʒʲah do dur'ma mæntægæ'si] |
| parque (m) de estacionamento | avtomobil dayanacağı | [avtomo'bil dajanadʒʲa'ɣı] |

80. Sinais

letreiro (m)	lövhə	[løv'hæ]
inscrição (f)	yazı	[ja'zı]
cartaz, póster (m)	plakat	[pla'kat]
sinal (m) informativo	göstərici	[gøstɛri'dʒʲi]
seta (f)	göstərici əqrəb	[gøstɛri'dʒʲi æg'ræp]

aviso (advertência)	xəbərdarlıq	[χæbærdar'lıh]
sinal (m) de aviso	xəbərdarlıq	[χæbærdar'lıh]
avisar, advertir (vt)	xəbərdarlıq etmək	[χæbærdar'lıh ɛt'mæk]

dia (m) de folga	istirahət günü	[istira'hæt gy'ny]
horário (m)	cədvəl	[dʒ'æd'væl]
horário (m) de funcionamento	iş saatları	['iʃ saatla'rı]

BEM-VINDOS!	XOŞ GƏLMİŞSİNİZ!	['xoʃ gæl'miʃsiniz]
ENTRADA	GİRİŞ	[gi'riʃ]
SAÍDA	ÇIXIŞ	[ʧı'xıʃ]

EMPURRE	ÖZÜNDƏN	[øzyn'dæn]
PUXE	ÖZÜNƏ TƏRƏF	[øzy'næ tæ'ræf]
ABERTO	AÇIQDIR	[a'ʧıgdır]
FECHADO	BAĞLIDIR	[ba'ɣlıdır]

| MULHER | QADINLAR ÜÇÜN | [gadın'lar ju'ʧun] |
| HOMEM | KİŞİLƏR ÜÇÜN | [kiʃi'lær ju'ʧun] |

DESCONTOS	ENDİRİMLƏR	[ɛndirim'lær]
SALDOS	ENDİRİMLİ SATIŞ	[ɛndirim'li sa'tıʃ]
NOVIDADE!	YENİ MAL!	[ɛ'ni 'mal]
GRÁTIS	PULSUZ	[pul'suz]

ATENÇÃO!	DİQQƏT!	[dik'kæt]
NÃO HÁ VAGAS	BOŞ YER YOXDUR	['boʃ 'ɛr 'joxdur]
RESERVADO	SİFARİŞ EDİLİB	[sifa'riʃ ɛdi'lip]

ADMINISTRAÇÃO	MÜDİRİYYƏT	[mydiri'æt]
SOMENTE PESSOAL	YALNIZ İŞÇİLƏR ÜÇÜN	['jalnız iʃʧi'lær ju'ʧun]
AUTORIZADO		

CUIDADO CÃO FEROZ	TUTAĞAN İT	[tuta'ɣan 'it]
PROIBIDO FUMAR!	SİQARET ÇƏKMƏYİN!	[siga'rɛt 'ʧækmæjın]
NÃO TOCAR	ƏL VURMAYIN!	['æl 'vurmajın]

PERIGOSO	TƏHLÜKƏLİDİR	[tæhlykæ'lidir]
PERIGO	TƏHLÜKƏ	[tæhly'kæ]
ALTA TENSÃO	YÜKSƏK GƏRGİNLİK	[jyk'sæk gærgin'lik]
PROIBIDO NADAR	ÇİMMƏK QADAĞANDIR	[ʧim'mæk gada'ɣandır]
AVARIADO	İŞLƏMİR	[iʃ'læmir]

INFLAMÁVEL	ODDAN TƏHLÜKƏLİDİR	[od'dan tæhlykæ'lidir]
PROIBIDO	QADAĞANDIR	[gada'ɣandır]
ENTRADA PROIBIDA	KEÇMƏK QADAĞANDIR	[kɛʧ'mæk gada'ɣandır]
CUIDADO TINTA FRESCA	RƏNGLƏNİB	[rænglæ'nip]

81. Transportes urbanos

autocarro (m)	avtobus	[av'tobus]
elétrico (m)	tramvay	[tram'vaj]
troleicarro (m)	trolleybus	[trol'lɛjbus]
itinerário (m)	marşrut	[marʃ'rut]
número (m)	nömrə	[nøm'ræ]

| ir de ... (carro, etc.) | getmək | [gɛt'mæk] |
| entrar (~ no autocarro) | minmək | [min'mæk] |

descer de ...	enmək	[ɛn'mæk]
paragem (f)	dayanacaq	[dajana'dʒʲah]
próxima paragem (f)	növbəti dayanacaq	[nøvbæ'ti dajana'dʒʲah]
ponto (m) final	axırıncı dayanacaq	[aχırın'dʒʲı dajana'dʒʲah]
horário (m)	hərəkət cədvəli	[hæræ'kæt dʒʲædvæ'li]
esperar (vt)	gözləmək	[gøzlæ'mæk]

| bilhete (m) | bilet | [bi'lɛt] |
| custo (m) do bilhete | biletin qiyməti | [bilɛ'tin gijmæ'ti] |

bilheteiro (m)	kassir	[kas'sir]
controlo (m) dos bilhetes	nəzarət	[næza'ræt]
revisor (m)	nəzarətçi	[næzaræ'tʃi]

atrasar-se (vr)	gecikmək	[gɛdʒʲik'mæk]
perder (o autocarro, etc.)	gecikmək	[gɛdʒʲik'mæk]
estar com pressa	tələsmək	[tælæs'mæk]

táxi (m)	taksi	[tak'si]
taxista (m)	taksi sürücüsü	[tak'si syrydʒy'sy]
de táxi (ir ~)	taksi ilə	[tak'si i'læ]
praça (f) de táxis	taksi dayanacağı	[tak'si dajanadʒʲa'ɣı]
chamar um táxi	taksi sifariş etmək	[tak'si sifa'riʃ ɛt'mæk]
apanhar um táxi	taksi tutmaq	[tak'si tut'mah]

tráfego (m)	küçə hərəkəti	[ky'tʃæ hærækæ'ti]
engarrafamento (m)	tıxac	[tı'χadʒʲ]
horas (f pl) de ponta	pik saatları	['pik saatla'rı]
estacionar (vi)	park olunmaq	['park olʲun'm ah]
estacionar (vt)	park etmək	['park ɛt'mæk]
parque (m) de estacionamento	avtomobil dayanacağı	[avtomo'bil dajanadʒʲa'ɣı]

metro (m)	metro	[mɛt'ro]
estação (f)	stansiya	['stansija]
ir de metro	metro ilə getmək	[mɛt'ro i'læ gɛt'mæk]
comboio (m)	qatar	[ga'tar]
estação (f)	dəmiryol vağzalı	[dæ'mirjol vaɣza'lı]

82. Turismo

monumento (m)	abidə	[abi'dæ]
fortaleza (f)	qala	[ga'la]
palácio (m)	saray	[sa'raj]
castelo (m)	qəsr	['gæsr]
torre (f)	qüllə	[gylʲ'læ]
mausoléu (m)	məqbərə	[mæɡbæ'ræ]

arquitetura (f)	memarlıq	[mɛmar'lıh]
medieval	orta əsrlərə aid	[or'ta æsrlæ'ræ a'id]
antigo	qədimi	[gædi'mi]
nacional	milli	[mil'li]
conhecido	məşhur	[mæʃ'hur]
turista (m)	turist	[tu'rist]
guia (pessoa)	bələdçi	[bælæd'tʃi]

excursão (f)	gəzinti	[gæzin'ti]
mostrar (vt)	göstərmək	[gøstær'mæk]
contar (vt)	söyləmək	[søjlæ'mæk]

encontrar (vt)	tapmaq	[tap'mah]
perder-se (vr)	itmək	[it'mæk]
mapa (~ do metrô)	sxem	['sχɛm]
mapa (~ da cidade)	plan	['plan]

lembrança (f), presente (m)	suvenir	[suvɛ'nir]
loja (f) de presentes	suvenir mağazası	[suvɛ'nir ma'ɣazası]
fotografar (vt)	fotoşəkil çəkmək	[fotoʃæ'kil ʧæk'mæk]
fotografar-se	fotoşəkil çəkdirmək	[fotoʃæ'kil ʧækdir'mæk]

83. Compras

comprar (vt)	almaq	[al'mah]
compra (f)	satın alınmış şey	[sa'tın alın'mıʃ 'ʃɛj]
fazer compras	alış-veriş etmək	[a'lıʃ vɛ'riʃ æt'mæk]
compras (f pl)	şoppinq	['ʃoppinh]

| estar aberta (loja, etc.) | işləmək | [iʃlæ'mæk] |
| estar fechada | bağlanmaq | [baɣlan'mah] |

calçado (m)	ayaqqabı	[ajakka'bı]
roupa (f)	geyim	[gɛ'jım]
cosméticos (m pl)	kosmetika	[kos'mɛtika]
alimentos (m pl)	ərzaq	[ær'zah]
presente (m)	hədiyyə	[hædi'æ]

| vendedor (m) | satıcı | [satı'ʤɨ] |
| vendedora (f) | satıcı qadın | [satı'ʤɨ ga'dın] |

caixa (f)	kassa	['kassa]
espelho (m)	güzgü	[gyz'gy]
balcão (m)	piştaxta	[piʃtaχ'ta]
cabine (f) de provas	paltarı ölçüb baxmaq üçün yer	[palta'rı øl'ʧup baχ'mah ju'ʧun 'ɛr]

provar (vt)	paltarı ölçüb baxmaq	[palta'rı øl'ʧup baχ'mah]
servir (vi)	münasib olmaq	[myna'sip ol'mah]
gostar (apreciar)	xoşuna gəlmək	[χoʃu'na gæl'mæk]

preço (m)	qiymət	[gij'mæt]
etiqueta (f) de preço	qiymət yazılan birka	[gij'mæt jazı'lan 'birka]
custar (vt)	qiyməti olmaq	[gijmæ'ti ol'mah]
Quanto?	Neçəyedir?	[nɛʧæ'jædir]
desconto (m)	endirim	[ɛndi'rim]

não caro	baha olmayan	[ba'ha 'olmajan]
barato	ucuz	[u'ʤyz]
caro	bahalı	[baha'lı]
É caro	Bu, bahadır.	['bu ba'hadır]
aluguer (m)	kirayə	[kira'jæ]

alugar (vestidos, etc.)	kirayǝyǝ götürmǝk	[kirajæ'jæ gøtyr'mæk]
crédito (m)	kredit	[krɛ'dit]
a crédito	kreditlǝ almaq	[krɛ'ditlæ al'mah]

84. Dinheiro

dinheiro (m)	pul	['pul]
câmbio (m)	mübadilǝ	[mybadi'læ]
taxa (f) de câmbio	kurs	['kurs]
Caixa Multibanco (m)	bankomat	[banko'mat]
moeda (f)	pul	['pul]

| dólar (m) | dollar | ['dollar] |
| euro (m) | yevro | ['ɛvro] |

lira (f)	lira	['lira]
marco (m)	marka	[mar'ka]
franco (m)	frank	['frank]
libra (f) esterlina	funt sterling	['funt 'stɛrlinг]
iene (m)	yena	['jɛna]

dívida (f)	borc	['bordʒⁱ]
devedor (m)	borclu	[bordʒ'lʲu]
emprestar (vt)	borc vermǝk	['bordʒⁱ vɛr'mæk]
pedir emprestado	borc almaq	['bordʒⁱ al'maɦ]

banco (m)	bank	['bank]
conta (f)	hesab	[hɛ'sap]
depositar na conta	hesaba yatırmaq	[hɛsa'ba jatır'mah]
levantar (vt)	hesabdan pul götürmǝk	[hɛsab'dan 'pul gøtyr'mæk]

cartão (m) de crédito	kredit kartı	[krɛ'dit kar'tı]
dinheiro (m) vivo	nǝqd pul	['nægd 'pul]
cheque (m)	çek	['ʧɛk]
passar um cheque	çek yazmaq	['ʧɛk jaz'mah]
livro (m) de cheques	çek kitabçası	['ʧɛk kitapʧa'sı]

carteira (f)	cib kisǝsi	['dʒⁱip kisæ'si]
porta-moedas (m)	pul kisǝsi	['pul kisæ'si]
cofre (m)	seyf	['sɛjf]

herdeiro (m)	vǝrǝsǝ	[væræ'sæ]
herança (f)	miras	[mi'ras]
fortuna (riqueza)	var-dövlǝt	['var døv'læt]

arrendamento (m)	icarǝ	[idʒⁱa'ræ]
renda (f) de casa	mǝnzil haqqı	[mæn'zil hak'kı]
alugar (vt)	kirayǝ etmǝk	[kira'jæ ɛt'mæk]

preço (m)	qiymǝt	[gij'mæt]
custo (m)	qiymǝt	[gij'mæt]
soma (f)	mǝblǝğ	[mæb'læɣ]
gastar (vt)	sǝrf etmǝk	['særf ɛt'mæk]
gastos (m pl)	xǝrclǝr	[χærdʒ'ⁱlær]

| economizar (vi) | qənaət etmək | [gæna'æt ɛt'mæk] |
| económico | qənaətcil | [gænaæt'dʒ'il] |

pagar (vt)	pulunu ödəmək	[pul'u'nu ødæ'mæk]
pagamento (m)	ödəniş	[ødæ'niʃ]
troco (m)	pulun artığı	[pu'l'un artı'ɣı]

imposto (m)	vergi	[vɛr'gi]
multa (f)	cərimə	[dʒ'æri'mæ]
multar (vt)	cərimə etmək	[dʒ'æri'mæ ɛt'mæk]

85. Correios. Serviço postal

correios (m pl)	poçt binası	['potʃt bina'sı]
correio (m)	poçt	['potʃt]
carteiro (m)	poçtalyon	[potʃta'l'on]
horário (m)	iş saatları	['iʃ saatla'rı]

carta (f)	məktub	[mæk'tup]
carta (f) registada	sifarişli məktub	[sifariʃ'li mæk'tup]
postal (m)	poçt kartoçkası	['potʃt kartotʃka'sı]
telegrama (m)	teleqram	[tɛlɛg'ram]
encomenda (f) postal	bağlama	[baɣla'ma]
remessa (f) de dinheiro	pul köçürməsi	['pul køtʃurmæ'si]

receber (vt)	almaq	[al'mah]
enviar (vt)	göndərmək	[gøndær'mæk]
envio (m)	göndərilmə	[gøndæril'mæ]

endereço (m)	ünvan	[yn'van]
código (m) postal	indeks	['indɛks]
remetente (m)	göndərən	[gøndæ'ræn]
destinatário (m)	alan	[a'lan]

| nome (m) | ad | ['ad] |
| apelido (m) | soyadı | ['sojadı] |

tarifa (f)	tarif	[ta'rif]
ordinário	adi	[a'di]
económico	qənaətə imkan verən	[gænaæ'tæ im'kan vɛ'ræn]

peso (m)	çəki	[tʃæ'ki]
pesar (estabelecer o peso)	çəkmək	[tʃæk'mæk]
envelope (m)	zərf	['zærf]
selo (m)	marka	[mar'ka]

Moradia. Casa. Lar

86. Casa. Habitação

casa (f)	ev	['ɛv]
em casa	evdə	[ɛv'dæ]
pátio (m)	həyət	[hæ'jæt]
cerca (f)	çəpər	[ʧæ'pær]

tijolo (m)	kərpic	[kær'piʤⁱ]
de tijolos	kərpicdən olan	[kærpiʤⁱ'dæn o'lan]
pedra (f)	daş	['daʃ]
de pedra	daşdan olan	[daʃ'dan o'lan]
betão (m)	beton	[bɛ'ton]
de betão	betondan olan	[bɛton'dan oⁿan]

novo	təzə	[tæ'zæ]
velho	köhnə	[køh'næ]
decrépito	uçuq-sökük	[u'ʧuh sø'kykⅼ]
moderno	müasir	[mya'sir]
de muitos andares	çoxmərtəbəli	[ʧoˌxmærtæbæ'li]
alto	hündür	[hyn'dyr]

| andar (m) | mərtəbə | [mærtæ'bæ] |
| de um andar | birmərtəbəli | [birmærtæbæ'li] |

| andar (m) de baixo | alt mərtəbə | ['alt mærtæ'bæ] |
| andar (m) de cima | üst mərtəbə | ['just mærtæ'bæ] |

| telhado (m) | dam | ['dam] |
| chaminé (f) | boru | [bo'ru] |

telha (f)	kirəmit	[kiræ'mit]
de telha	kirəmitdən olan	[kiræmit'dæn o'lan]
sótão (m)	çardaq	[ʧar'dah]

| janela (f) | pəncərə | [pænʤⁱæ'ræ] |
| vidro (m) | şüşə | [ʃy'ʃæ] |

| parapeito (m) | pəncərə altı | [pænʤⁱæ'ræ al'tı] |
| portadas (f pl) | pəncərə qapaqları | [pænʤⁱæ'ræ gapagla'rı] |

parede (f)	divar	[di'var]
varanda (f)	balkon	[bal'kon]
tubo (m) de queda	nov borusu	['nov boru'su]

em cima	yuxarıda	[juxarı'da]
subir (~ as escadas)	qalxmaq	[galx'mah]
descer (vi)	aşağı düşmək	[aʃa'ɣı dyʃ'mækⅼ]
mudar-se (vr)	köçmək	[køʧ'mækⅼ]

87. Casa. Entrada. Elevador

entrada (f)	giriş yolu	[gi'riʃ jo'lʲu]
escada (f)	pilləkən	[pillæ'kæn]
degraus (m pl)	pilləlar	[pillæ'lær]
corrimão (m)	məhəccər	[mæhæ'dʒʲær]
hall (m) de entrada	xoll	['χoll]
caixa (f) de correio	poçt qutusu	['potʃt gutu'su]
caixote (m) do lixo	zibil qabı	[zi'bil ga'bı]
conduta (f) do lixo	zibil borusu	[zi'bil boru'su]
elevador (m)	lift	['lift]
elevador (m) de carga	yük lifti	['juk lif'ti]
cabine (f)	kabina	[ka'bina]
pegar o elevador	liftə minmək	[lif'tæ min'mæk]
apartamento (m)	mənzil	[mæn'zil]
moradores (m pl)	sakinlər	[sakin'lær]
vizinho (m)	qonşu	[gon'ʃu]
vizinha (f)	qonşu	[gon'ʃu]
vizinhos (pl)	qonşular	[gonʃu'lar]

88. Casa. Eletricidade

eletricidade (f)	elektrik	[ɛlɛkt'rik]
lâmpada (f)	elektrik lampası	[ɛlɛkt'rik lampa'sı]
interruptor (m)	elektrik açarı	[ɛlɛkt'rik atʃa'rı]
fusível (m)	elektrik mantarı	[ɛlɛkt'rik manta'rı]
fio, cabo (m)	məftil	[mæf'til]
instalação (f) elétrica	şəbəkə	[ʃæbæ'kæ]
contador (m) de eletricidade	sayğac	[saj'γadʒʲ]
indicação (f), registo (m)	sayğac göstəricisi	[saj'γadʒʲ gøstɛridʒʲi'si]

89. Casa. Portas. Fechaduras

porta (f)	qapı	[ga'pı]
portão (m)	darvaza	[darva'za]
maçaneta (f)	qapı dəstəyi	[ga'pı dæstæ'jı]
destrancar (vt)	açmaq	[atʃ'mah]
abrir (vt)	açmaq	[atʃ'mah]
fechar (vt)	bağlamaq	[baγla'mah]
chave (f)	açar	[a'tʃar]
molho (m)	bağlama	[baγla'ma]
ranger (vi)	cırıldamaq	[dʒʲırılda'mah]
rangido (m)	cırıltı	[dʒʲırıl'tı]
dobradiça (f)	rəzə	[ræ'zæ]
tapete (m) de entrada	xalça	[χal'tʃa]
fechadura (f)	qıfıl	[gı'fıl]

buraco (m) da fechadura	açar yeri	[a'tʃar ɛ'ri]
ferrolho (m)	siyirmə	[sijɪr'mæ]
fecho (ferrolho pequeno)	siyirtmə	[sijɪrt'mæ]
cadeado (m)	asma qıfıl	[as'ma gɪ'fɪl]

tocar (vt)	zəng etmək	['zæng ɛt'mæk]
toque (m)	zəng	['zænh]
campainha (f)	zəng	['zænh]
botão (m)	düymə	[dyj'mæ]
batida (f)	taqqıltı	[takkɪl'tɪ]
bater (vi)	taqqıldatmaq	[takkɪldat'mah]

código (m)	kod	['kod]
fechadura (f) de código	kodlu qıfıl	[kod'lʲu gɪ'fɪl]
telefone (m) de porta	domofon	[domo'fon]
número (m)	nömrə	[nøm'ræ]
placa (f) de porta	lövhəcik	[løvhæ'dʒʲik]
vigia (f), olho (m) mágico	qapının deşiyi	[gapɪ'nın dɛʃi'jɪ]

90. Casa de campo

aldeia (f)	kənd	['kænd]
horta (f)	bostan	[bos'tan]
cerca (f)	hasar	[ha'sar]
paliçada (f)	çəpər	[tʃæ'pær]
cancela (f) do jardim	kiçik qapı	[ki'tʃik ga'pɪ]

celeiro (m)	anbar	[an'bar]
adega (f)	zirzəmi	[zirzæ'mi]
galpão, barracão (m)	dam	['dam]
poço (m)	quyu	[gu'ju]

fogão (m)	soba	[so'ba]
atiçar o fogo	qalamaq	[gala'mah]
lenha (carvão ou ~)	odun	[o'dun]
acha (lenha)	odun parçası	[o'dun partʃa'sɪ]

varanda (f)	şüşəbənd	[ʃyʃæ'bænd]
alpendre (m)	terras	[tɛr'ras]
degraus (m pl) de entrada	artırma	[artɪr'ma]
balouço (m)	yellənçək	[ɛllæn'tʃæk]

91. Moradia. Mansão

casa (f) de campo	şəhər kənarında olan ev	[ʃæ'hær kænarın'da o'lan 'ɛv]
vila (f)	villa	['villa]
ala (~ do edifício)	cinah	[dʒi'nah]

jardim (m)	bağ	['baɣ]
parque (m)	park	['park]
estufa (f)	oranjereya	[oranʒɛ'rɛja]

cuidar de ...	baxmaq	[baχ'mah]
piscina (f)	hovuz	[ho'vuz]
ginásio (m)	idman zalı	[id'man za'lı]
campo (m) de ténis	tennis meydançası	['tɛnnis mɛjdantʃa'sı]
cinema (m)	kinoteatr	[kinotɛ'atr]
garagem (f)	qaraj	[ga'raʒ]
propriedade (f) privada	xüsusi mülkiyyet	[χysu'si mylki'æt]
terreno (m) privado	xüsusi malikane	[χysu'si malika'næ]
advertência (f)	xeberdarlıq	[χæbærdar'lıh]
sinal (m) de aviso	xeberdarlıq yazısı	[χæbærdar'lıh jazı'sı]
guarda (f)	mühafize	[myhafi'zæ]
guarda (m)	mühafizeçi	[myhafizæ'tʃi]
alarme (m)	siqnalizasiya	[signali'zasija]

92. Castelo. Palácio

castelo (m)	qesr	['gæsr]
palácio (m)	saray	[sa'raj]
fortaleza (f)	qala	[ga'la]
muralha (f)	divar	[di'var]
torre (f)	gülle	[gyl'læ]
calabouço (m)	esas gülle	[æ'sas gyl'læ]
grade (f) levadiça	qaldırılan darvaza	[galdırı'lan darva'za]
passagem (f) subterrânea	yeraltı yol	[ɛral'tı 'jol]
fosso (m)	xendek	[χæn'dæk]
corrente, cadeia (f)	zencir	[zæn'dʒir]
seteira (f)	qala bacası	[ga'la badʒia'sı]
magnífico	temteraqlı	[tæmtærag'lı]
majestoso	ezemetli	[æzæmæt'li]
inexpugnável	yenilmez	[ɛnil'mæz]
medieval	orta esrlere aid	[or'ta æsrlæ'ræ a'id]

93. Apartamento

apartamento (m)	menzil	[mæn'zil]
quarto (m)	otaq	[o'tah]
quarto (m) de dormir	yataq otağı	[ja'tah ota'ɣı]
sala (f) de jantar	yemek otağı	[ɛ'mæk ota'ɣı]
sala (f) de estar	qonaq otağı	[go'nah ota'ɣı]
escritório (m)	iş otağı	['iʃ ota'ɣı]
antessala (f)	dehliz	[dæh'liz]
quarto (m) de banho	vanna otağı	[van'na ota'ɣı]
toilette (lavabo)	tualet	[tua'lɛt]
teto (m)	tavan	[ta'van]
chão, soalho (m)	döşeme	[døʃæ'mæ]
canto (m)	künc	['kyndʒi]

94. Apartamento. Limpeza

arrumar, limpar (vt)	yığışdırmaq	[jɪɣɪʃdɪr'mah]
guardar (no armário, etc.)	aparmaq	[apar'mah]
pó (m)	toz	['toz]
empoeirado	tozlu	[toz'lʲu]
limpar o pó	toz almaq	['toz al'mah]
aspirador (m)	tozsoran	[tozso'ran]
aspirar (vt)	tozsoranla toz almaq	[tozso'ranla 'toz al'mah]
varrer (vt)	süpürmək	[sypyr'mæk]
sujeira (f)	zibil	[zi'bil]
arrumação (f), ordem (f)	səliqə-sahman	[sæli'gæ sahʲ'man]
desordem (f)	səliqəsizlik	[sæligæsiz'liˈ]
esfregão (m)	lif süpürgə	['lif sypyr'gæ]
pano (m), trapo (m)	əski	[æs'ki]
vassoura (f)	süpürgə	[sypyr'gæ]
pá (f) de lixo	xəkəndaz	[xækæn'daz]

95. Mobiliário. Interior

mobiliário (m)	mebel	['mɛbɛl]
mesa (f)	masa	[ma'sa]
cadeira (f)	stul	['stul]
cama (f)	çarpayı	[ʧarpa'jɪ]
divã (m)	divan	[di'van]
cadeirão (m)	kreslo	['krɛslo]
estante (f)	kitab şkafı	[ki'tap ʃka'fɪ]
prateleira (f)	kitab rəfi	[ki'tap ræ'fi]
guarda-vestidos (m)	paltar üçün şkaf	[pal'tar ju'ʧun ʃ'kaf]
cabide (m) de parede	paltarasan	[paltara'san]
cabide (m) de pé	dik paltarasan	['dik paltara'san]
cómoda (f)	kamod	[ka'mod]
mesinha (f) de centro	jurnal masası	[ʒur'nal masa'sɪ]
espelho (m)	güzgü	[gyz'gy]
tapete (m)	xalı	[xa'lɪ]
tapete (m) pequeno	xalça	[xal'ʧa]
lareira (f)	kamin	[ka'min]
vela (f)	şam	['ʃam]
castiçal (m)	şamdan	[ʃam'dan]
cortinas (f pl)	pərdə	[pær'dæ]
papel (m) de parede	divar kağızı	[di'var kʲaɣɪ'zɪ]
estores (f pl)	jalyuzi	[ʒalʲu'zi]
candeeiro (m) de mesa	stol lampası	['stol lamp'sɪ]
candeeiro (m) de parede	çıraq	[ʧɪ'rah]

| candeeiro (m) de pé | torşer | [tor'ʃɛr] |
| lustre (m) | çilçıraq | [tʃiltʃɪ'rah] |

pé (de mesa, etc.)	ayaq	[a'jah]
braço (m)	qoltuqaltı	[goltuɣal'tɪ]
costas (f pl)	söykənəcək	['søjkænæ'dʒʲæk]
gaveta (f)	siyirtmə	[sijɪrt'mæ]

96. Quarto de dormir

roupa (f) de cama	yataq dəyişəyi	[ja'tah dæiʃæ'jɪ]
almofada (f)	yastıq	[jas'tɪh]
fronha (f)	yastıqüzü	[jastɪɡy'zy]
cobertor (m)	yorğan	[jor'ɣan]
lençol (m)	mələfə	[mælæ'fæ]
colcha (f)	örtük	[ør'tyk]

97. Cozinha

cozinha (f)	mətbəx	[mæt'bæχ]
gás (m)	qaz	['gaz]
fogão (m) a gás	qaz plitəsi	['gaz plitæ'si]
fogão (m) elétrico	elektrik plitəsi	[ɛlɛkt'rik plitæ'si]
forno (m)	duxovka	[duχov'ka]
forno (m) de micro-ondas	mikrodalğalı soba	[mikrodalɣa'lɪ so'ba]

frigorífico (m)	soyuducu	[sojudu'dʒy]
congelador (m)	dondurucu kamera	[donduru'dʒy 'kamɛra]
máquina (f) de lavar louça	qabyuyan maşın	[gaby'jan ma'ʃɪn]

moedor (m) de carne	ət çəkən maşın	['æt tʃæ'kæn ma'ʃɪn]
espremedor (m)	şirəçəkən maşın	[ʃirætʃæ'kæn ma'ʃɪn]
torradeira (f)	toster	['tostɛr]
batedeira (f)	mikser	['miksɛr]

máquina (f) de café	qəhvə hazırlayan maşın	[gæh'væ hazɪrla'jan ma'ʃɪn]
cafeteira (f)	qəhvədan	[gæhvæ'dan]
moinho (m) de café	qəhvə üyüdən maşın	[gæh'væ yjy'dæn ma'ʃɪn]

chaleira (f)	çaydan	[tʃaj'dan]
bule (m)	dəm çaydanı	['dæm tʃajda'nɪ]
tampa (f)	qapaq	[ga'pah]
coador (m) de chá	kiçik ələk	[ki'tʃik æ'læk]

colher (f)	qaşıq	[ga'ʃɪh]
colher (f) de chá	çay qaşığı	['tʃaj gaʃɪ'ɣɪ]
colher (f) de sopa	xörək qaşığı	[χø'ræk gaʃɪ'ɣɪ]
garfo (m)	çəngəl	[tʃæ'ngæl]
faca (f)	bıçaq	[bɪ'tʃah]

| louça (f) | qab-qacaq | ['gap ga'dʒʲah] |
| prato (m) | boşqab | [boʃ'gap] |

pires (m)	nəlbəki	[nælbæ'ki]
cálice (m)	qədəh	[gæ'dæh]
copo (m)	stəkan	[stæ'kan]
chávena (f)	fincan	[fin'dʒan]

açucareiro (m)	qənd qabı	['gænd ga'b]
saleiro (m)	duz qabı	['duz ga'bı]
pimenteiro (m)	istiot qabı	[isti'ot ga'bı]
manteigueira (f)	yağ qabı	['jaɣ ga'bı]

panela, caçarola (f)	qazan	[ga'zan]
frigideira (f)	tava	[ta'va]
concha (f)	çömçə	[tʃœm'tʃæ]
passador (m)	aşsüzən	[aʃsy'zæn]
bandeja (f)	məcməyi	[mædʒ'mæ'jɪ]

garrafa (f)	şüşə	[ʃy'ʃæ]
boião (m) de vidro	şüşə banka	[ʃy'ʃæ ban'ka]
lata (f)	banka	[ban'ka]

abre-garrafas (m)	açan	[a'tʃan]
abre-latas (m)	konserv ağzı açan	[kon'sɛrv a'ɣzɪ a'tʃan]
saca-rolhas (m)	burğu	[bur'ɣu]
filtro (m)	süzgəc	[syz'gædʒ]
filtrar (vt)	süzgəcdən keçirmək	[syzgædʒ'dæn kɛtʃir'mæk]

| lixo (m) | zibil | [zi'bil] |
| balde (m) do lixo | zibil vedrəsi | [zi'bil vɛdræ'si] |

98. Casa de banho

quarto (m) de banho	vanna otağı	[van'na ota'ɣɪ]
água (f)	su	['su]
torneira (f)	kran	['kran]
água (f) quente	isti su	[is'ti 'su]
água (f) fria	soyuq su	[so'juh 'su]

| pasta (f) de dentes | diş məcunu | ['diʃ mædʒy'nu] |
| escovar os dentes | dişləri fırçalamaq | [diʃlæ'ri fɪrtʃalæ'mah] |

barbear-se (vr)	üzünü qırxmaq	[yzy'ny gɪrx'mah]
espuma (f) de barbear	üz qırxmaq üçün köpük	['juz gɪrx'mah ju'tʃun kø'pyk]
máquina (f) de barbear	ülgüc	[yl'gydʒ]

lavar (vt)	yumaq	[ju'mah]
lavar-se (vr)	yuyunmaq	[jujun'mah]
duche (m)	duş	['duʃ]
tomar um duche	duş qəbul etmək	['duʃ gæ'bul ɛt mæk]

banheira (f)	vanna	[van'na]
sanita (f)	unitaz	[uni'taz]
lavatório (m)	su çanağı	['su tʃana'ɣɪ]
sabonete (m)	sabun	[sa'bun]
saboneteira (f)	sabun qabı	[sa'bun ga'bı]

esponja (f)	hamam süngəri	[ha'mam syngæ'ri]
champô (m)	şampun	[ʃam'pun]
toalha (f)	desmal	[dæs'mal]
roupão (m) de banho	hamam xələti	[ha'mam χælæ'ti]

lavagem (f)	paltarın yuyulması	[palta'rın yjulma'sı]
máquina (f) de lavar	paltaryuyan maşın	[paltary'jan ma'ʃın]
lavar a roupa	paltar yumaq	[pal'tar ju'mah]
detergente (m)	yuyucu toz	[juju'ʤy 'toz]

99. Eletrodomésticos

televisor (m)	televizor	[tɛlɛ'vizor]
gravador (m)	maqnitofon	[magnito'fon]
videogravador (m)	videomaqnitofon	[vidɛomagnito'fon]
rádio (m)	qəbuledici	[gæbulɛdi'ʤi]
leitor (m)	pleyer	['plɛjɛr]

projetor (m)	video proyektor	[vidɛo pro'ɛktor]
cinema (m) em casa	ev kinoteatrı	['æv kinotɛat'rı]
leitor (m) de DVD	DVD maqnitofonu	[divi'di magnitofo'nu]
amplificador (m)	səs gücləndiricisi	['sæs gyʤilændiriʤi'si]
console (f) de jogos	oyun əlavəsi	[o'jun ælavæ'si]

câmara (f) de vídeo	videokamera	[vidɛo'kamɛra]
máquina (f) fotográfica	fotoaparat	[fotoapa'rat]
câmara (f) digital	rəqəm fotoaparatı	[ræ'gæm fotoapara'tı]

aspirador (m)	tozsoran	[tozso'ran]
ferro (m) de engomar	ütü	[y'ty]
tábua (f) de engomar	ütü taxtası	[y'ty taχta'sı]

telefone (m)	telefon	[tɛlɛ'fon]
telemóvel (m)	mobil telefon	[mo'bil tɛlɛ'fon]
máquina (f) de escrever	yazı maşını	[ja'zı maʃı'nı]
máquina (f) de costura	tikiş maşını	[ti'kiʃ maʃı'nı]

microfone (m)	mikrofon	[mikro'fon]
auscultadores (m pl)	qulaqlıqlar	[gulaglıg'lar]
controlo remoto (m)	pult	['pult]

CD (m)	SD diski	[si'di dis'ki]
cassete (f)	kasset	[kas'sɛt]
disco (m) de vinil	val	['val]

100. Reparações. Renovação

renovação (f)	təmir	[tæ'mir]
renovar (vt), fazer obras	təmir işləri aparmaq	[tæ'mir iʃlæ'ri apar'mah]
reparar (vt)	təmir etmək	[tæ'mir ɛt'mæk]
consertar (vt)	qaydaya salmaq	[gajda'ja sal'mah]
refazer (vt)	yenidən düzəltmək	[ɛni'dæn dyzælt'mæk]

tinta (f)	boya	[bo'ja]
pintar (vt)	boyamaq	[boja'mah]
pintor (m)	boyaqçı	[bojag'tʃɪ]
pincel (m)	fırça	[fɪr'tʃa]

| cal (f) | ağartma | [aɣart'ma] |
| caiar (vt) | ağartmaq | [aɣart'mah] |

papel (m) de parede	divar kağızı	[di'var kʲaɣɪ'zɪ]
colocar papel de parede	divar kağızı vurmaq	[di'var kaɣɪ'zɪ vur'mah]
verniz (m)	lak	['lak]
envernizar (vt)	lak vurmaq	['lak vur'maˀ]

101. Canalizações

água (f)	su	['su]
água (f) quente	isti su	[is'ti 'su]
água (f) fria	soyuq su	[so'juh 'su]
torneira (f)	kran	['kran]

gota (f)	damcı	[dam'dʒʲɪ]
gotejar (vi)	damcılamaq	[damdʒʲɪla'mah]
vazar (vt)	axmaq	[aχ'mah]
vazamento (m)	axıb getmək	[a'χɪp gɛt'mæk]
poça (f)	gölməçə	[gølmæ'tʃæ]

tubo (m)	boru	[bo'ru]
válvula (f)	ventil	['vɛntil]
entupir-se (vr)	yolu tutulmaq	[jo'lʲu tutul'mah]

ferramentas (f pl)	alətlər	[alæt'lær]
chave (f) inglesa	aralayan açar	[arala'jan a'tʃar]
desenroscar (vt)	açmaq	[atʃ'mah]
enroscar (vt)	bərkitmək	[bærkit'mæk]

desentupir (vt)	təmizləmək	[tæmizlæ'mæk]
canalizador (m)	santexnik	[san'tɛχnik]
cave (f)	zirzəmi	[zirzæ'mi]
sistema (m) de esgotos	kanalizasiya	[kanali'zasija]

102. Fogo. Deflagração

incêndio (m)	od	['od]
chama (f)	alov	[a'lov]
faísca (f)	qığılcım	[gɪɣɪl'dʒʲɪm]
fumo (m)	tüstü	[tys'ty]
tocha (f)	məşəl	[mæ'ʃæl]
fogueira (f)	tonqal	[ton'gal]

gasolina (f)	benzin	[bɛn'zin]
querosene (m)	ağ neft	['aɣ 'nɛft]
inflamável	alışqan	[alɪʃ'gan]

| explosivo | partlama təhlükəsi olan | [partla'ma tæhlykæ'si o'lan] |
| PROIBIDO FUMAR! | SİQARET ÇƏKMƏYİN! | [siga'rɛt 'tʃækmæjın] |

segurança (f)	təhlükəsizlik	[tæhlykæsiz'lik]
perigo (m)	təhlükə	[tæhly'kæ]
perigoso	təhlükəli	[tæhlykæ'li]

incendiar-se (vr)	alışmaq	[alıʃ'mah]
explosão (f)	partlayış	[partla'jıʃ]
incendiar (vt)	yandırmaq	[jandır'mah]
incendiário (m)	qəsdən yandıran	['gæsdæn jandı'ran]
incêndio (m) criminoso	od vurma	['od vur'ma]

arder (vi)	alışıb yanmaq	[alı'ʃıp jan'mah]
queimar (vi)	yanmaq	[jan'mah]
queimar tudo (vi)	yanıb qurtarmaq	[ja'nıp gurtar'mah]

bombeiro (m)	yanğınsöndürən	[janɣınsøndy'ræn]
carro (m) de bombeiros	yanğın maşını	[jan'ɣın maʃı'nı]
corpo (m) de bombeiros	yanğınsöndürmə komandası	[janɣınsøndyr'mæ ko'mandası]
escada (f) extensível	yanğın nərdivanı	[jan'ɣın nærdiva'nı]

mangueira (f)	şlanq	['ʃlanh]
extintor (m)	odsöndürən	[odsøndy'ræn]
capacete (m)	kaska	[kas'ka]
sirene (f)	sirena	[si'rɛna]

gritar (vi)	çığırmaq	[tʃıɣır'mah]
chamar por socorro	köməyə çağırmaq	[kømæ'jæ tʃaɣır'mah]
salvador (m)	xilas edən	[χi'las ɛ'dæn]
salvar, resgatar (vt)	xilas etmək	[χi'las ɛt'mæk]

chegar (vi)	gəlmək	[gæl'mæk]
apagar (vt)	söndürmək	[søndyr'mæk]
água (f)	su	['su]
areia (f)	qum	['gum]

ruínas (f pl)	xarabalıq	[χaraba'lıh]
ruir (vi)	uçmaq	[utʃ'mah]
desmoronar (vi)	uçmaq	[utʃ'mah]
desabar (vi)	dağılmaq	[daɣıl'mah]

| fragmento (m) | qırıntı | [gırın'tı] |
| cinza (f) | kül | ['kylʲ] |

| sufocar (vi) | boğulmaq | [boɣul'mah] |
| perecer (vi) | həlak olmaq | [hæ'lak ol'mah] |

ATIVIDADES HUMANAS

Emprego. Negócios. Parte 1

103. Escritório. O trabalho no escritório

escritório (~ de advogados)	ofis	['ofis]
escritório (do diretor, etc.)	iş otağı	['iʃ ota'ɣɪ]
receção (f)	resepşn	[rɛ'sɛpʃn]
secretário (m)	katibe	[kʲati'bæ]
diretor (m)	direktor	[di'rɛktor]
gerente (m)	menecer	['mɛnɛdʒʲɛr]
contabilista (m)	mühasib	[myha'sip]
empregado (m)	işçi	[iʃ'ʧi]
mobiliário (m)	mebel	['mɛbɛl]
mesa (f)	masa	[ma'sa]
cadeira (f)	kreslo	['krɛslo]
bloco (m) de gavetas	dolabça	[dolab'ʧa]
cabide (m) de pé	dik paltarasan	['dik paltara'san]
computador (m)	bilgisayar	[bilgisa'jar]
impressora (f)	printer	['printɛr]
fax (m)	faks	['faks]
fotocopiadora (f)	surətçıxaran aparat	[suræʧɪχa'rar apa'rat]
papel (m)	kağız	[ka'ɣɪz]
artigos (m pl) de escritório	dəftərxana levazimatı	[dæftærχa'na lævazima'tɪ]
tapete (m) de rato	altlıq	[alt'lɪh]
folha (f) de papel	verəq	[væ'ræh]
pasta (f)	qovluq	[gov'lʲuh]
catálogo (m)	kataloq	[ka'taloh]
diretório (f) telefónico	melumat kitabçası	[mælʲu'mat kitabʧa'sɪ]
documentação (f)	senedler	[sænæd'lær]
brochura (f)	broşür	[bro'ʃyr]
flyer (m)	verəqe	[væræ'gæ]
amostra (f)	nümune	[nymu'næ]
formação (f)	treninq	['trɛninh]
reunião (f)	müşavire	[myʃavi'ræ]
hora (f) de almoço	nahar fasilesi	[na'har fasilæ'si]
fazer uma cópia	surət çıxarmaq	[su'ræt ʧɪχar'mah]
tirar cópias	çoxaltmaq	[ʧoχalt'mah]
receber um fax	faks almaq	['faks al'mah]
enviar um fax	faks göndermek	['faks gøndær'mæk]
fazer uma chamada	zeng etmek	['zæng ɛt'mæk]

| responder (vt) | cavab vermək | [ʤa'vap vɛr'mæk] |
| passar (vt) | bağlamaq | [baɣla'mah] |

marcar (vt)	təyin etmək	[tæ'jın ɛt'mæk]
demonstrar (vt)	nümayiş etdirmək	[nyma'iʃ ɛtdir'mæk]
estar ausente	olmamaq	['olmamah]
ausência (f)	gəlməmə	['gælmæmæ]

104. Processos negociais. Parte 1

ocupação (f)	məşğuliyyət	[mæʃɣuli'æt]
firma, empresa (f)	firma	['firma]
companhia (f)	şirkət	[ʃir'kæt]
corporação (f)	korporasiya	[korpo'rasija]
empresa (f)	müəssisə	[myæssi'sæ]
agência (f)	agentlik	[agɛnt'lik]

acordo (documento)	müqavilə	[mygavi'læ]
contrato (m)	kontrakt	[kon'trakt]
acordo (transação)	sövdə	[søv'dæ]
encomenda (f)	sifariş	[sifa'riʃ]
cláusulas (f pl), termos (m pl)	şərt	['ʃært]

por grosso (adv)	topdan	[top'dan]
por grosso (adj)	topdan satılan	[top'dan satı'lan]
venda (f) por grosso	topdan satış	[top'dan sa'tıʃ]
a retalho	pərakəndə	[pærakæn'dæ]
venda (f) a retalho	pərakəndə satış	[pærakæn'dæ sa'tıʃ]

concorrente (m)	rəqib	[ræ'gip]
concorrência (f)	rəqabət	[ræga'bæt]
competir (vi)	rəqabət aparmaq	[ræga'bæt apar'mah]

| sócio (m) | partnyor | [part'njor] |
| parceria (f) | partnyorluq | [partnjor'lʲuh] |

crise (f)	böhran	[bøh'ran]
bancarrota (f)	müflislik	[myflis'lik]
entrar em falência	müflis olmaq	[myf'lis ol'mah]
dificuldade (f)	çətinlik	[ʧætin'lik]
problema (m)	problem	[prob'lɛm]
catástrofe (f)	fəlakət	[fæla'kæt]

economia (f)	iqtisadiyyat	[igtisadi'at]
económico	iqtisadi	[igtisa'di]
recessão (f) económica	iqtisadi zəifləmə	[igtisa'di zæiflæ'mæ]

| objetivo (m) | məqsəd | [mæg'sæd] |
| tarefa (f) | vəzifə | [væzi'fæ] |

comerciar (vi, vt)	alver etmək	[al'vɛr æt'mæk]
rede (de distribuição)	şəbəkə	[ʃæbæ'kæ]
estoque (m)	anbar	[an'bar]
sortimento (m)	çeşid	[ʧɛ'ʃid]

líder (m)	lider	['lidεr]
grande (~ empresa)	iri	[i'ri]
monopólio (m)	inhisar	[inhi'sar]

teoria (f)	nəzəriyyə	[næzæ'riæ]
prática (f)	praktika	['praktika]
experiência (falar por ~)	təcrübə	[tædʒⁱry'bæ]
tendência (f)	təmayül	[tæma'jul]
desenvolvimento (m)	inkişaf	[inki'ʃaf]

105. Processos negociais. Parte 2

| rentabilidade (f) | mənfəət | [mænfæ'æt] |
| rentável | mənfəətli | [mænfaæt'li] |

delegação (f)	nümayəndəlik	[nymajændæ'lik]
salário, ordenado (m)	əmək haqqı	[æ'mæk hak kı]
corrigir (um erro)	düzəltmək	[dyzælt'mæk]
viagem (f) de negócios	iş səyahəti	['iʃ sæjahæ'ti]
comissão (f)	komissiya	[ko'missija]

controlar (vt)	nəzarət etmək	[næza'ræt εt'mæk]
conferência (f)	konfrans	[kon'frans]
licença (f)	lisenziya	[li'sεnzija]
confiável	etibarlı	[εtibar'lı]

empreendimento (m)	təşəbbüs	[tæʃæb'bys]
norma (f)	norma	['norma]
circunstância (f)	hal	['hal]
dever (m)	vəzifə	[væzi'fæ]

empresa (f)	təşkilat	[tæʃki'lat]
organização (f)	təşkil etmə	[tæʃ'kil εt'mæ]
organizado	təşkil edilmiş	[tæʃ'kil εdil'miʃ]
anulação (f)	ləğv etmə	['læɣv εt'mæ]
anular, cancelar (vt)	ləğv etmək	['læɣv εt'mækǀ]
relatório (m)	hesabat	[hεsa'bat]

patente (f)	patent	[pa'tεnt]
patentear (vt)	patent vermək	[pa'tεnt vεr'mæk]
planear (vt)	planlaşdırmaq	[planlaʃdır'mah]

prémio (m)	mükafat	[myka'fat]
profissional	peşəkar	[pεʃæ'kar]
procedimento (m)	prosedur	[prosε'dur]

examinar (a questão)	baxmaq	[baχ'mah]
cálculo (m)	hesablaşma	[hεsablaʃ'ma]
reputação (f)	ad	['ad]
risco (m)	risk	['risk]

dirigir (~ uma empresa)	idarə etmək	[ida'ræ εt'mæk]
informação (f)	məlumat	[mælⁱu'mat]
propriedade (f)	mülkiyyət	[mylki'æt]

união (f)	ittifaq	[itti'fah]
seguro (m) de vida	heyatın sığortalanması	[hæja'tın sıɣortalanma'sı]
fazer um seguro	sığortalamaq	[sıɣortala'mah]
seguro (m)	sığorta müqavilesi	[sıɣor'ta mygavilæ'si]

leilão (m)	herrac	[hær'radʒ¡]
notificar (vt)	bildirmek	[bildir'mæk]
gestão (f)	idare etme	[ida'ræ ɛt'mæ]
serviço (indústria de ~s)	xidmet	[χid'mæt]

fórum (m)	forum	['forum]
funcionar (vi)	işlemek	[iʃlæ'mæk]
estágio (m)	merhele	[mærhæ'læ]
jurídico	hüquqi	[hygu'gi]
jurista (m)	hüquqşünas	[hygukʃy'nas]

106. Produção. Trabalhos

usina (f)	zavod	[za'vod]
fábrica (f)	fabrik	['fabrik]
oficina (f)	sex	['sɛχ]
local (m) de produção	istehsalat	[istɛhsa'lat]

indústria (f)	senaye	[sæna'jɛ]
industrial	senaye	[sæna'jɛ]
indústria (f) pesada	ağır senaye	[a'ɣır sæna'jɛ]
indústria (f) ligeira	yüngül senaye	[jyn'gyl sæna'jɛ]

produção (f)	mehsul	[mæh'sul]
produzir (vt)	istehsal etmek	[istɛh'sal æt'mæk]
matérias-primas (f pl)	xammal	['χammal]

chefe (m) de brigada	briqadir	[briga'dir]
brigada (f)	briqada	[bri'gada]
operário (m)	fehle	[fæh'læ]

dia (m) de trabalho	iş günü	['iʃ gy'ny]
pausa (f)	fasile	[fasi'læ]
reunião (f)	iclas	[idʒ''las]
discutir (vt)	müzakire etmek	[myzaki'ræ ɛt'mæk]

plano (m)	plan	['plan]
cumprir o plano	planı yerine yetirmek	[pla'nı ɛri'næ ɛtir'mæk]
taxa (f) de produção	norma	['norma]
qualidade (f)	keyfiyyet	[kɛjfi'æt]
controlo (m)	yoxlama	[joχla'ma]
controlo (m) da qualidade	keyfiyyete nezaret etmek	[kɛjfiæ'tæ næza'ræt æt'mæk]

segurança (f) no trabalho	emek tehlükesizliyi	[æ'mæk tæhlykæsizli'jı]
disciplina (f)	nizam-intizam	[ni'zam inti'zam]
infração (f)	pozma	[poz'ma]
violar (as regras)	pozmaq	[poz'mah]
greve (f)	tetil	[tæ'til]
grevista (m)	tetilçi	[tætil'tʃi]

| estar em greve | tətil etmək | [tæ'til ɛt'mək] |
| sindicato (m) | həmkarlar ittifaqı | [hæmkar'lar ittifa'gı] |

inventar (vt)	ixtira etmək	[iχti'ra ɛt'mæk]
invenção (f)	ixtira	[iχti'ra]
pesquisa (f)	araşdırma	[araʃdır'ma]
melhorar (vt)	yaxşılaşdırmaq	[jaχʃılaʃdır'mah]
tecnologia (f)	texnoloqiya	[tɛχno'logijɛ]
desenho (m) técnico	cizgi	[ʤⁱiz'gi]

carga (f)	yük	['jyk]
carregador (m)	malyükləyən	[malⁱyklæ'jæn]
carregar (vt)	yükləmək	[jyklæ'mæk]
carregamento (m)	yükləmə	[jyklæ'mæ]
descarregar (vt)	yük boşaltmaq	['juk boʃalt'mah]
descarga (f)	yük boşaltma	['juk boʃalt'ma]

transporte (m)	nəqliyyat	[nægli'at]
companhia (f) de transporte	nəqliyyat şirkəti	[nægli'at ʃirkæ'ti]
transportar (vt)	nəql etmək	['nægl ɛt'mæk]

vagão (m) de carga	vaqon	[va'gon]
cisterna (f)	sistern	[sis'tɛrn]
camião (m)	yük maşını	['juk maʃi'nı]

| máquina-ferramenta (f) | dəzgah | [dæz'gⁱah] |
| mecanismo (m) | mexanizm | [mɛχa'nizm] |

resíduos (m pl) industriais	tullantılar	[tullantı'lar]
embalagem (f)	qablaşdırma	[gablaʃdır'mɛ]
embalar (vt)	qablaşdırmaq	[gablaʃdır'mɛh]

107. Contrato. Acordo

contrato (m)	kontrakt	[kon'trakt]
acordo (m)	saziş	[sa'ziʃ]
adenda (f), anexo (m)	əlavə	[æla'væ]

assinar o contrato	kontrakt bağlamaq	[kon'trakt baɣla'mah]
assinatura (f)	imza	[im'za]
assinar (vt)	imzalamaq	[imzala'mah]
carimbo (m)	möhür	[mø'hyr]

objeto (m) do contrato	müqavilənin predmeti	[mygavilæ'nin prɛdmɛ'ti]
cláusula (f)	bənd	['bænd]
partes (f pl)	tərəflər	[tæræf'lær]
morada (f) jurídica	hüquqi ünvan	[hygu'gi jun'van]

violar o contrato	kontraktı pozmaq	[kontrak'tı poz'mah]
obrigação (f)	vəzifə	[væzi'fæ]
responsabilidade (f)	məsuliyyət	[mæsuli'æt]
força (f) maior	fors-major	['fors ma'ʒor]
litígio (m), disputa (f)	mübahisə	[mybahi'sæ]
multas (f pl)	cərimə sanksiyaları	[ʤⁱæri'mæ sanksijala'rı]

108. Importação & Exportação

importação (f)	idxal	[id'ɣal]
importador (m)	idxalatçı	[idɣala'ʧı]
importar (vt)	idxal etmək	[id'ɣal ɛt'mæk]
de importação	idxal edilmiş mallar	[id'ɣal ɛdil'miʃ mal'lar]
exportador (m)	ixracatçı	[iɣradʒʲa'ʧı]
exportar (vt)	ixrac etmək	[iɣ'radʒʲ ɛt'mæk]
mercadoria (f)	mal	['mal]
lote (de mercadorias)	partiya	['partija]
peso (m)	çəki	[ʧæ'ki]
volume (m)	hecm	['hædʒʲm]
metro (m) cúbico	kub metr	['kup 'mɛtr]
produtor (m)	istehsalçı	[istɛhsal'ʧı]
companhia (f) de transporte	nəqliyyat şirkəti	[nægli'at ʃirkæ'ti]
contentor (m)	konteyner	[kon'tɛjnɛr]
fronteira (f)	sərhəd	[sær'hæd]
alfândega (f)	gömrük	[gøm'ryk]
taxa (f) alfandegária	gömrük rüsumu	[gøm'ryk rysu'mu]
funcionário (m) da alfândega	gömrük işçisi	[gøm'ryk iʃʧi'si]
contrabando (atividade)	qaçaqçılıq	[gatʃagʧı'lıh]
contrabando (produtos)	qaçaq mal	[ga'ʧah 'mal]

109. Finanças

ação (f)	səhm	['sæhm]
obrigação (f)	istiqraz	[istig'raz]
nota (f) promissória	veksel	['vɛksɛl]
bolsa (f)	birja	['birʒa]
cotação (m) das ações	səhm kursu	['sæhm kur'su]
tornar-se mais barato	ucuzlaşmaq	[udʒyzlaʃ'mah]
tornar-se mais caro	bahalanmaq	[bahalan'mah]
participação (f) maioritária	kontrol paketi	[kon'trol pakɛ'ti]
investimento (m)	investisiyalar	[invɛs'tisijalar]
investir (vt)	investisiya qoymaq	[invɛs'tisija goj'mah]
percentagem (f)	faiz	[fa'iz]
juros (m pl)	faiz	[fa'iz]
lucro (m)	gəlir	[gæ'lir]
lucrativo	gəlirli	[gælir'li]
imposto (m)	vergi	[vɛr'gi]
divisa (f)	valyuta	[va'lʲuta]
nacional	milli	[mil'li]
câmbio (m)	mübadilə	[mybadi'læ]

| contabilista (m) | mühasib | [myha'sip] |
| contabilidade (f) | mühasibat | [myhasi'bat] |

bancarrota (f)	müflislik	[myflis'lik]
falência (f)	iflas	[if'las]
ruína (f)	var-yoxdan çıxma	['var joχ'dan ʧɪχ'ma]
arruinar-se (vr)	var-yoxdan çıxmaq	['var joχ'dan ʧɪχ'mah]
inflação (f)	inflyasiya	[in'flʲasija]
desvalorização (f)	devalvasiya	[dɛvalʲ'vasijɛ]

capital (m)	kapital	[kapi'tal]
rendimento (m)	gəlir	[gæ'lir]
volume (m) de negócios	tədavül	[tæda'vyl]
recursos (m pl)	ehtiyat	[ɛhti'jat]
recursos (m pl) financeiros	pul vəsaiti	['pul væsai'ti]
reduzir (vt)	ixtisara salmaq	[iχtisa'ra sal'nah]

110. Marketing

marketing (m)	marketinq	[mar'kɛtinh]
mercado (m)	bazar	[ba'zar]
segmento (m) do mercado	bazarın segmenti	[baza'rın sɛgmɛn'ti]
produto (m)	məhsul	[mæh'sul]
mercadoria (f)	mal	['mal]

marca (f) comercial	ticarət markası	[tidʒʲa'ræt marka'sı]
logotipo (m)	firma nişanı	['firma niʃa'nı]
logo (m)	loqotip	[logo'tip]

demanda (f)	tələb	[tæ'læp]
oferta (f)	təklif	[tæk'lif]
necessidade (f)	tələbat	[tælæ'bat]
consumidor (m)	istehlakçı	[istɛhlak'ʧı]

análise (f)	təhlil	[tæh'lil]
analisar (vt)	təhlil etmək	[tæh'lil ɛt'mæk]
posicionamento (m)	mövqenin təyin edilməsi	[møvgɛ'nin tæ'jın ædilmæ'si]
posicionar (vt)	mövqeni təyin etmək	[møvgɛ'ni tæ'ʲın æt'mæk]

preço (m)	qiymət	[gij'mæt]
política (f) de preços	qiymət siyasəti	[gij'mæt sijasæ'ti]
formação (f) de preços	qiymət qoyulma	[gij'mæt gojul'ma]

111. Publicidade

publicidade (f)	reklam	[rɛk'lam]
publicitar (vt)	reklam etmək	[rɛk'lam æt'mæk]
orçamento (m)	büdcə	[byd'dʒʲæ]

anúncio (m) publicitário	reklam	[rɛk'lam]
publicidade (f) televisiva	televiziya reklamı	[tɛlɛ'vizija rɛkla'mı]
publicidade (f) na rádio	radio reklamı	['radio rɛkla'mı]

publicidade (f) exterior	küçə-çöl reklamı	[ky'tʃæ tʃœl rɛkla'mı]
comunicação (f) de massa	kütləvi informasiya vasitələri	[kytlæ'vi infor'masija vasitælæ'ri]
periódico (m)	vaxtaşırı neşriyyat	[vaxtaʃı'rı næʃri'at]
imagem (f)	imic	['imidʒi]

slogan (m)	şüar	[ʃy'ar]
mote (m), divisa (f)	şüar	[ʃy'ar]

campanha (f)	kampaniya	[kam'panija]
companha (f) publicitária	reklam kampaniyası	[rɛk'lam kam'panijası]
grupo (m) alvo	məqsədli auditoriya	[mæɡsæd'li audi'torija]

cartão (m) de visita	vizit kartı	[vi'zit kar'tı]
flyer (m)	vereqe	[væræ'ɡæ]
brochura (f)	broşür	[bro'ʃyr]
folheto (m)	buklet	[buk'lɛt]
boletim (~ informativo)	bülleten	[byllɛ'tɛn]

letreiro (m)	lövhə	[løv'hæ]
cartaz, póster (m)	plakat	[pla'kat]
painel (m) publicitário	lövhə	[løv'hæ]

112. Banca

banco (m)	bank	['bank]
sucursal, balcão (f)	şöbə	[ʃo'bæ]

consultor (m)	məsləhətçi	[mæslæhæ'tʃi]
gerente (m)	idare başçısı	[ida'ræ baʃtʃı'sı]

conta (f)	hesab	[hɛ'sap]
número (m) da conta	hesab nömrəsi	[hɛ'sap nømræ'si]
conta (f) corrente	cari hesab	[dʒa'ri hɛ'sap]
conta (f) poupança	yığılma hesabı	[jıɣıl'ma hɛsa'bı]

abrir uma conta	hesab açmaq	[hɛ'sap atʃ'mah]
fechar uma conta	bağlamaq	[baɣla'mah]
depositar na conta	hesaba yatırmaq	[hɛsa'ba jatır'mah]
levantar (vt)	hesabdan pul götürmək	[hɛsab'dan 'pul ɡøtyr'mæk]

depósito (m)	emanet	[æma'næt]
fazer um depósito	emanet qoymaq	[æma'næt ɡoj'mah]
transferência (f) bancária	köçürme	[køtʃur'mæ]
transferir (vt)	köçürme etmek	[køtʃur'mæ ɛt'mæk]

soma (f)	məbləğ	[mæb'læɣ]
Quanto?	Nə qədər?	['næ ɡæ'dær]

assinatura (f)	imza	[im'za]
assinar (vt)	imzalamaq	[imzala'mah]

cartão (m) de crédito	kredit kartı	[krɛ'dit kar'tı]
código (m)	kod	['kod]

| número (m) do cartão de crédito | kredit kartının nömrəsi | [krɛ'dit kartı nın nømræ'si] |
| Caixa Multibanco (m) | bankomat | [banko'mat] |

cheque (m)	çek	['ʧɛk]
passar um cheque	çek yazmaq	['ʧɛk jaz'mah]
livro (m) de cheques	çek kitabçası	['ʧɛk kitapʧa'sı]

empréstimo (m)	kredit	[krɛ'dit]
pedir um empréstimo	kredit üçün müraciət etmək	[krɛ'dit ju'ʧun myradʒi'æt æt'mæk]
obter um empréstimo	kredit götürmək	[krɛ'dit gøtyr'mæk]
conceder um empréstimo	kredit vermək	[krɛ'dit vɛr'mæk]
garantia (f)	qarantiya	[ga'rantija]

113. Telefone. Conversação telefónica

telefone (m)	telefon	[tɛlɛ'fon]
telemóvel (m)	mobil telefon	[mo'bil tɛlɛ'fon]
secretária (f) electrónica	avtomatik cavab verən	[avtoma'tik ʤa'vap vɛ'ræn]

| fazer uma chamada | zəng etmək | ['zæng ɛt'mæk] |
| chamada (f) | zəng | ['zænh] |

marcar um número	nömrəni yığmaq	[nømræ'ni jı'ɣmah]
Alô!	allo!	[al'lo]
perguntar (vt)	soruşmaq	[soruʃ'mah]
responder (vt)	cavab vermək	[ʤa'vap vɛr'mæk]

ouvir (vt)	eşitmək	[ɛʃit'mæk]
bem	yaxşı	[jaχ'ʃı]
mal	pis	['pis]
ruído (m)	maneələr	[manɛæ'lær]

auscultador (m)	dəstək	[dæs'tæk]
pegar o telefone	dəstəyi götürmək	[dæstæ'jı gøtyr'mæk]
desligar (vi)	dəstəyi qoymaq	[dæstæ'jı goj'mah]

ocupado	məşğul	[mæʃ'ɣul]
tocar (vi)	zəng etmək	['zæng ɛt'mæ<]
lista (f) telefónica	telefon kitabçası	[tɛlɛ'fon kitabʧa'sı]

local	yerli	[ɛr'li]
de longa distância	şəhərlərarası	[ʃæhærlærara'sı]
internacional	beynəlxalq	[bɛjnæl'χalh]

114. Telefone móvel

telemóvel (m)	mobil telefon	[mo'bil tɛlɛ'fon]
ecrã (m)	displey	[disp'lɛj]
botão (m)	düymə	[dyj'mæ]
cartão SIM (m)	SİM kart	['sim 'kart]

bateria (f)	batareya	[bata'rɛja]
descarregar-se	boşalmaq	[boʃal'mah]
carregador (m)	elektrik doldurucu cihaz	[ɛlɛkt'rik dolduru'ʤy ʤⁱi'haz]

menu (m)	menyu	[mɛ'nju]
definições (f pl)	sazlamalar	[sazlama'lar]
melodia (f)	melodiya	[mɛ'lodija]
escolher (vt)	seçmək	[sɛtʃ'mæk]

calculadora (f)	kalkulyator	[kalⁱku'lⁱator]
correio (m) de voz	avtomatik cavab verən	[avtoma'tik ʤⁱa'vap vɛ'ræn]
despertador (m)	zəngli saat	[zæng'li sa'at]
contatos (m pl)	telefon kitabçası	[tɛlɛ'fon kitabtʃa'sı]

mensagem (f) de texto	SMS-xəbər	[ɛsɛ'mɛs χæ'bær]
assinante (m)	abunəçi	[abunæ'tʃi]

115. Estacionário

caneta (f)	diyircəkli avtoqələm	[dijırʤⁱæk'li avtogæ'læm]
caneta (f) tinteiro	ucluğu olan qələm	[uʤyⁱu'ɣu o'lan gæ'læm]

lápis (m)	karandaş	[karan'daʃ]
marcador (m)	markyor	[mar'kⁱor]
caneta (f) de feltro	flomaster	[flo'mastɛr]

bloco (m) de notas	bloknot	[blok'not]
agenda (f)	gündəlik	[gyndæ'lik]

régua (f)	xətkeş	[χæt'kɛʃ]
calculadora (f)	kalkulyator	[kalⁱku'lⁱator]
borracha (f)	pozan	[po'zan]
pionés (m)	basmadüymə	[basmadyj'mæ]
clipe (m)	qısqac	[gıs'gaʤⁱ]

cola (f)	yapışqan	[japıʃ'gan]
agrafador (m)	stepler	['stɛplɛr]
furador (m)	deşikaçan	[dɛʃika'tʃan]
afia-lápis (m)	qələm yonan	[gæ'læm jo'nan]

116. Vários tipos de documentos

relatório (m)	hesabat	[hɛsa'bat]
acordo (m)	saziş	[sa'ziʃ]
ficha (f) de inscrição	telebnamə	[tælæbna'mæ]
autêntico	əsil	[æ'sil]
crachá (m)	bec	['bɛʤⁱ]
cartão (m) de visita	vizit kartı	[vi'zit kar'tı]

certificado (m)	sertifikat	[sɛrtifi'kat]
cheque (m)	çek	['tʃɛk]
conta (f)	hesab	[hɛ'sap]

constituição (f)	konstitusiya	[konsti'tusija]
contrato (m)	müqavilə	[mygavi'læ]
cópia (f)	surət	[su'ræt]
exemplar (m)	nüsxə	[nys'χæ]

declaração (f) alfandegária	bəyannamə	[bæjanna'mæ]
documento (m)	sənəd	[sæ'næd]
carta (f) de condução	sürücülük vəsiqəsi	[syrydʒy'lyk væsigæ'si]
adenda (ao contrato)	əlavə	[æla'væ]
questionário (m)	anket	[a'nkɛt]

bilhete (m) de identidade	vəsiqə	[væsi'gæ]
inquérito (m)	sorğu	[sor'ɣu]
convite (m)	dəvətnamə	[dævætna'mæ]
fatura (f)	hesablama	[hɛsabla'mɑ]

lei (f)	qanun	[ga'nun]
carta (correio)	məktub	[mæk'tup]
papel (m) timbrado	blank	['blank]
lista (f)	siyahı	[sija'hı]
manuscrito (m)	əlyazma	[æljaz'ma]
boletim (~ informativo)	bülleten	[byllɛ'tɛn]
bilhete (mensagem breve)	kağız	[ka'ɣız]

passe (m)	buraxılış vərəqəsi	[buraχı'lıʃ værægæ'si]
passaporte (m)	pasport	['pasport]
permissão (f)	icazənamə	[idʒ!azæna'mæ]
CV, currículo (m)	CV	[si'vi]
vale (nota promissória)	qeyd etmə	['gɛjd æt'mæ]
recibo (m)	qəbz	['gæbz]
talão (f)	çek	['ʧɛk]
relatório (m)	raport	['raport]

mostrar (vt)	təqdim etmək	[tæg'dim ɛt'mæk]
assinar (vt)	imzalamaq	[imzala'mah]
assinatura (f)	imza	[im'za]
carimbo (m)	möhür	[mø'hyr]
texto (m)	mətn	['mætn]
bilhete (m)	bilet	[bi'lɛt]

| riscar (vt) | üstündən xətt çəkmək | [ystyn'dæn 'χætt ʧæk'mæk] |
| preencher (vt) | doldurmaq | [doldur'mah] |

| guia (f) de remessa | faktura | [fak'tura] |
| testamento (m) | vəsiyyətnamə | [væsiætna'mæ] |

117. Tipos de negócios

serviços (m pl) de contabilidade	mühasibat xidmətləri	[myhasi'bat χidmætlæ'ri]
publicidade (f)	reklam	[rɛk'lam]
agência (f) de publicidade	reklam agentliyi	[rɛk'lam agɛn:li'jı]
ar (m) condicionado	kondisionerlər	[kondisionɛr'lær]
companhia (f) aérea	hava yolu şirkəti	[ha'va jo'lʲu ʃir<æ'ti]

bebidas (f pl) alcoólicas	spirtli içkilər	[spirt'li itʃki'lær]
comércio (m) de antiguidades	qədimi əşyalar	[gædi'mi æʃʃa'lar]
galeria (f) de arte	qalereya	[galɛ'rɛja]
serviços (m pl) de auditoria	auditor xidmətləri	[au'ditor χidmætlæ'ri]

negócios (m pl) bancários	bank biznesi	['bank 'biznɛsi]
bar (m)	bar	['bar]
salão (m) de beleza	gözəllik salonu	[gøzæl'lik salo'nu]
livraria (f)	kitab mağazası	[ki'tap ma'ɣazası]
cervejaria (f)	pivə zavodu	[pi'væ zavo'du]
centro (m) de escritórios	biznes mərkəzi	['biznɛs mærkæ'zi]
escola (f) de negócios	biznes məktəbi	['biznɛs mæktæ'bi]

casino (m)	kazino	[kazi'no]
construção (f)	inşaat	[inʃa'at]
serviços (m pl) de consultoria	konsaltinq	[kon'saltinh]

estomatologia (f)	stomatologiya	[stomato'logija]
design (m)	dizayn	[di'zajn]
farmácia (f)	aptek	[ap'tɛk]
lavandaria (f)	kimyavi təmizləmə	[kimjæ'vi tæmizlæ'mæ]
agência (f) de emprego	kadrlar agentliyi	['kadrlar agɛntli'jı]

serviços (m pl) financeiros	maliyyə xidmətləri	[mali'æ χidmætlæ'ri]
alimentos (m pl)	ərzaq məhsulları	[ær'zah mæhsulla'rı]
agência (f) funerária	dəfn etmə bürosu	['dæfn ɛt'mæ byro'su]
mobiliário (m)	mebel	['mɛbɛl]
roupa (f)	geyim	[gɛ'jım]
hotel (m)	mehmanxana	[mɛhmanχa'na]

gelado (m)	dondurma	[dondur'ma]
indústria (f)	sənaye	[sæna'jɛ]
seguro (m)	sığorta	[sıɣor'ta]
internet (f)	internet	[intɛr'nɛt]
investimento (m)	investisiyalar	[invɛs'tisijalar]

joalheiro (m)	zərgər	[zær'gær]
joias (f pl)	zərgərlik məmulatı	[zærgær'lik mæmula'tı]
lavandaria (f)	camaşırxana	[dʒ'amaʃırχa'na]
serviços (m pl) jurídicos	hüquqi xidmətlər	[hygu'gi χidmæt'lær]
indústria (f) ligeira	yüngül sənaye	[jyn'gyl sæna'jɛ]

revista (f)	jurnal	[ʒur'nal]
vendas (f pl) por catálogo	kataloq üzrə ticarət	[ka'taloh juz'ræ tidʒ'a'ræt]
medicina (f)	təbabət	[tæba'bæt]
cinema (m)	kinoteatr	[kinotɛ'atr]
museu (m)	muzey	[mu'zɛj]

agência (f) de notícias	məlumat agentliyi	[mælʲu'mat agɛntli'jı]
jornal (m)	qəzet	[gæ'zɛt]
clube (m) noturno	gecə klubu	[gɛ'dʒʲæ klʲu'bu]

petróleo (m)	neft	['nɛft]
serviço (m) de encomendas	kuryer xidməti	[ku'rjɛr χidmætlæ'ri]
indústria (f) farmacêutica	eczaçılıq	[ædʒ'zatʃı'lıh]
poligrafia (f)	mətbəə işləri	[mætbæ'æ iʃlæ'ri]

editora (f)	nəşriyyat	[næʃri'at]
rádio (m)	radio	['radio]
imobiliário (m)	mülk	['mylʲk]
restaurante (m)	restoran	[rɛsto'ran]

empresa (f) de segurança	mühafizə agentliyi	[myhafi'zæ agɛntli'jı]
desporto (m)	idman	[id'man]
bolsa (f)	birja	['birʒa]
loja (f)	mağaza	[ma'ɣaza]
supermercado (m)	supermarket	[supɛr'markɛt]
piscina (f)	hovuz	[ho'vuz]

alfaiataria (f)	atelye	[atɛ'ljɛ]
televisão (f)	televiziya	[tɛlɛ'vizija]
teatro (m)	teatr	[tɛ'atr]
comércio (atividade)	ticarət	[tidʒʲa'ræt]
serviços (m pl) de transporte	daşımalar	[daʃıma'lar]
viagens (f pl)	turizm	[tu'rizm]

veterinário (m)	baytar	[baj'tar]
armazém (m)	anbar	[an'bar]
recolha (f) do lixo	zibilin daşınması	[zibi'lin daʃınma'sı]

Emprego. Negócios. Parte 2

118. Espetáculo. Feira

feira (f)	sərgi	[sær'gi]
feira (f) comercial	ticarət sərgisi	[tidʒa'ræt særgi'si]
participação (f)	iştirak	[iʃti'rak]
participar (vi)	iştirak etmək	[iʃti'rak ɛt'mæk]
participante (m)	iştirakçı	[iʃtirak'ʧı]
diretor (m)	direktor	[di'rɛktor]
direção (f)	müdiriyyət, təşkilat komitəsi	[mydiri'æt], [tæʃki'lat komitæ'si]
organizador (m)	təşkilatçı	[tæʃkila'ʧı]
organizar (vt)	təşkil etmək	[tæʃ'kil ɛt'mæk]
ficha (f) de inscrição	iştirak etmək istəyi	[iʃti'rak ɛt'mæk istæ'jı]
preencher (vt)	doldurmaq	[doldur'mah]
detalhes (m pl)	təfərrüatlar	[tæfærryat'lar]
informação (f)	məlumat	[mælʲu'mat]
preço (m)	qiymət	[gij'mæt]
incluindo	daxil olmaqla	[da'χil ol'magla]
incluir (vt)	daxil olmaq	[da'χil ol'mah]
pagar (vt)	pulunu ödəmək	[pulʲu'nu ødæ'mæk]
taxa (f) de inscrição	qeydiyyat haqqı	[gɛjdi'at hak'kı]
entrada (f)	giriş	[gi'riʃ]
pavilhão (m)	pavilyon	[pavi'ljon]
inscrever (vt)	qeyd etmək	['gɛjd æt'mæk]
crachá (m)	bec	['bɛdʒ']
stand (m)	sərgi	[sær'gi]
reservar (vt)	sifariş etmək	[sifa'riʃ ɛt'mæk]
vitrina (f)	vitrin	[vit'rin]
foco, spot (m)	çıraq	[ʧı'rah]
design (m)	dizayn	[di'zajn]
pôr, colocar (vt)	yerləşdirmək	[ɛrlæʃdir'mæk]
distribuidor (m)	distribütor	[distri'bytor]
fornecedor (m)	tədarükçü	[tædaryk'ʧu]
país (m)	ölkə	[øl'kæ]
estrangeiro	xarici	[χari'dʒi]
produto (m)	məhsul	[mæh'sul]
associação (f)	birlik	[bir'lik]
sala (f) de conferências	konfrans zalı	[kon'frans za'lı]

| congresso (m) | konqress | [kon'grɛss] |
| concurso (m) | müsabiqə | [mysabi'gæ] |

visitante (m)	ziyarətçi	[zijaræ'ʧi]
visitar (vt)	ziyarət etmək	[zija'ræt ɛt'ʲnæk]
cliente (m)	sifarişçi	[sifariʃ'ʧi]

119. Media

jornal (m)	qəzet	[gæ'zɛt]
revista (f)	jurnal	[ʒur'nal]
imprensa (f)	mətbuat	[mætbu'at]
rádio (m)	radio	['radio]
estação (f) de rádio	radio stansiyası	['radio 'stanɜijasɪ]
televisão (f)	televiziya	[tɛlɛ'vizija]

apresentador (m)	aparıcı	[aparɪ'ʤʲɪ]
locutor (m)	diktor	['diktor]
comentador (m)	şərhçi	[ʃærh'ʧi]

jornalista (m)	jurnalist	[ʒurna'list]
correspondente (m)	müxbir	[myχ'bir]
repórter (m) fotográfico	foto müxbir	['foto myχ'bir]
repórter (m)	reportyor	[rɛpor'tʲor]

| redator (m) | redaktor | [rɛ'daktor] |
| redator-chefe (m) | baş redaktor | ['baʃ rɛ'daktor] |

assinar a ...	abunə olmaq	[abu'næ ol'mah]
assinatura (f)	abunə	[abu'næ]
assinante (m)	abunəçi	[abunæ'ʧi]
ler (vt)	oxumaq	[oχu'mah]
leitor (m)	oxucu	[oχu'ʤʲu]

tiragem (f)	tiraj	[ti'raʒ]
mensal	aylıq	[aj'lɪh]
semanal	həftəlik	[hæftæ'lik]
número (jornal, revista)	nömrə	[nøm'ræ]
recente	təzə	[tæ'zæ]

manchete (f)	başlıq	[baʃ'lɪh]
pequeno artigo (m)	kiçik məqalə	[ki'ʧik mæga'læ]
coluna (~ semanal)	rubrika	['rubrika]
artigo (m)	məqalə	[mæga'læ]
página (f)	səhifə	[sæhi'fæ]

reportagem (f)	reportaj	[rɛpor'taʒ]
evento (m)	hadisə	[hadi'sæ]
sensação (f)	sensasiya	[sɛn'sasija]
escândalo (m)	qalmaqal	[galma'gal]
escandaloso	qalmaqallı	[galmagal'lɪ]
grande	böyük	[bø'juk]
programa (m) de TV	veriliş	[vɛri'liʃ]
entrevista (f)	müsahibə	[mysahi'bæ]

| transmissão (f) em direto | birbaşa translyasiya | [birba'ʃa trans'lʲasija] |
| canal (m) | kanal | [ka'nal] |

120. Agricultura

agricultura (f)	kənd təsərrüfatı	['kænd tæsærryfa'tı]
camponês (m)	kəndli	[kænd'li]
camponesa (f)	kəndli qadın	[kænd'li ga'dın]
agricultor (m)	fermer	['fɛrmɛr]

| trator (m) | traktor | ['traktor] |
| ceifeira-debulhadora (f) | kombayn | [kom'bajn] |

arado (m)	kotan	[ko'tan]
arar (vt)	şumlamaq	[ʃumla'mah]
campo (m) lavrado	şum	['ʃum]
rego (m)	şırım	[ʃı'rım]

semear (vt)	əkmək	[æk'mæk]
semeadora (f)	toxumsəpən maşın	[toχumsæ'pæn ma'ʃın]
semeadura (f)	əkin	[æ'kin]

| gadanha (f) | dəryaz | [dær'jaz] |
| gadanhar (vt) | ot biçmək | ['ot biʧ'mæk] |

| pá (f) | bel | ['bɛl] |
| cavar (vt) | belləmək | [bɛllæ'mæk] |

enxada (f)	çapacaq	[ʧapa'dʒʲah]
carpir (vt)	alaq vurmaq	[a'lah vur'mah]
erva (f) daninha	alaq otu	[a'lah oty]

regador (m)	susəpələyən	[susæpælæ'jæn]
regar (vt)	suvarmaq	[suvar'mah]
rega (f)	suvarma	[suvar'ma]

| forquilha (f) | yaba | [ja'ba] |
| ancinho (m) | dırmıq | [dır'mıh] |

fertilizante (m)	gübrə	[gyb'ræ]
fertilizar (vt)	gübrələmək	[gybrælæ'mæk]
estrume (m)	peyin	[pɛ'jın]

campo (m)	tarla	[tar'la]
prado (m)	çəmən	[ʧæ'mæn]
horta (f)	bostan	[bos'tan]
pomar (m)	bağ	['baɣ]

pastar (vt)	otarmaq	[otar'mah]
pastor (m)	çoban	[ʧo'ban]
pastagem (f)	otlaq	[ot'lah]

| pecuária (f) | heyvandarlıq | [hɛjvandar'lıh] |
| criação (f) de ovelhas | qoyunçuluq | [gojunʧu'lʲuh] |

plantação (f)	tarla	[tar'la]
canteiro (m)	lək	['læk]
invernadouro (m)	parnik	[par'nik]

| seca (f) | quraqlıq | [gurag'lıh] |
| seco (verão ~) | quraqlı | [gurag'lı] |

| cereais (m pl) | dənli | [dæn'li] |
| colher (vt) | yığmaq | [jı'ɣmah] |

moleiro (m)	dəyirmançı	[dæjırman'ʧı]
moinho (m)	dəyirman	[dæjır'man]
moer (vt)	dən üyütmək	['dæn yjut'mæk]
farinha (f)	un	['un]
palha (f)	saman	[sa'man]

121. Construção. Processo de construção

canteiro (m) de obras	inşaat yeri	[inʃa'at ɛ'ri]
construir (vt)	inşa etmək	[in'ʃa ɛt'mæ‹]
construtor (m)	inşaatçı	[inʃaa'ʧı]

projeto (m)	layihə	[lai'hæ]
arquiteto (m)	memar	[mɛ'mar]
operário (m)	fəhlə	[fæh'læ]

fundação (f)	bünövrə	[bynøv'ræ]
telhado (m)	dam	['dam]
estaca (f)	dirək	[di'ræk]
parede (f)	divar	[di'var]

| varões (m pl) para betão | armatura | [arma'tura] |
| andaime (m) | taxtabənd | [taχta'bænd] |

betão (m)	beton	[bɛ'ton]
granito (m)	qranit	[gra'nit]
pedra (f)	daş	['daʃ]
tijolo (m)	kərpic	[kær'piʤ']

areia (f)	qum	['gum]
cimento (m)	sement	[sɛ'mɛnt]
emboço (m)	suvaq	[su'vah]
emboçar (vt)	suvaqlamaq	[suvagla'mah]

tinta (f)	boya	[bo'ja]
pintar (vt)	boyamaq	[boja'mah]
barril (m)	çəllək	[ʧæl'læk]

grua (f), guindaste (m)	kran	['kran]
erguer (vt)	qaldırmaq	[galdır'mah]
baixar (vt)	endirmək	[ɛndir'mæk]

| buldózer (m) | buldozer | [bulʲ'dozɛr] |
| escavadora (f) | ekskavator | [ɛkska'vator] |

caçamba (f)	təknə	[tæk'næ]
escavar (vt)	qazmaq	[gaz'mah]
capacete (m) de proteção	kaska	[kas'ka]

122. Ciência. Investigação. Cientistas

ciência (f)	elm	['εlm]
científico	elmi	[εl'mi]
cientista (m)	alim	[a'lim]
teoria (f)	nəzəriyyə	[næzæ'riæ]

axioma (m)	aksioma	[aksi'oma]
análise (f)	təhlil	[tæh'lil]
analisar (vt)	təhlil etmək	[tæh'lil εt'mæk]
argumento (m)	dəlil	[dæ'lil]
substância (f)	maddə	[mad'dæ]

hipótese (f)	fərziyyə	[færzi'æ]
dilema (m)	dilemma	[di'lεmma]
tese (f)	dissertasiya	[dissεr'tasija]
dogma (m)	doqma	['dogma]

doutrina (f)	doktrina	[dokt'rina]
pesquisa (f)	araşdırma	[araʃdır'ma]
pesquisar (vt)	araşdırmaq	[araʃdır'mah]
teste (m)	yoxlama	[joχla'ma]
laboratório (m)	laboratoriya	[labora'torija]

método (m)	metod	['mεtod]
molécula (f)	molekula	[mo'lεkula]
monitoramento (m)	monitoring	[moni'torinh]
descoberta (f)	kəşf	['kæʃf]

postulado (m)	postulat	[postu'lat]
princípio (m)	prinsip	['prinsip]
prognóstico (previsão)	proqnoz	[prog'noz]
prognosticar (vt)	proqnozlaşdırmaq	[prognozlaʃdır'mah]

síntese (f)	sintez	['sintεz]
tendência (f)	təmayül	[tæma'jul]
teorema (m)	teorema	[tεo'rεma]

ensinamentos (m pl)	nəzəriyyə	[næzæ'riæ]
facto (m)	fakt	['fakt]

expedição (f)	ekspedisiya	[εkspε'disija]
experiência (f)	eksperiment	[εkspεri'mεnt]

académico (m)	akademik	[aka'dεmik]
bacharel (m)	bakalavr	[baka'lavr]
doutor (m)	doktor	['doktor]
docente (m)	dosent	[do'sεnt]
mestre (m)	magistr	[ma'gistr]
professor (m) catedrático	professor	[pro'fεssor]

Profissões e ocupações

123. Procura de emprego. Demissão

| trabalho (m) | iş | ['iʃ] |
| equipa (f) | ştat | ['ʃtat] |

carreira (f)	karyera	[kar'jɛra]
perspetivas (f pl)	perspektiv	[pɛrspɛk'tiv]
mestria (f)	ustalıq	[usta'lıh]

seleção (f)	seçme	[sɛʧ'mæ]
agência (f) de emprego	kadrlar agentliyi	['kadrlar agɛntli'jı]
CV, currículo (m)	CV	[si'vi]
entrevista (f) de emprego	müsahibe	[mysahi'bæ]
vaga (f)	vakansiya	[va'kansija]

salário (m)	emek haqqı	[æ'mæk hak'kı]
salário (m) fixo	maaş	[ma'aʃ]
pagamento (m)	haqq	['hagh]

posto (m)	vezife	[væzi'fæ]
dever (do empregado)	vezife	[væzi'fæ]
gama (f) de deveres	daire	[dai'ræ]
ocupado	meşğul	[mæʃ'ɣul]

| despedir, demitir (vt) | azad etmek | [a'zad ɛt'mæk] |
| demissão (f) | azad edilme | [a'zad ɛdil'mæ] |

desemprego (m)	işsizlik	[iʃsiz'lik]
desempregado (m)	işsiz	[iʃ'siz]
reforma (f)	teqaüd	[tæga'jud]
reformar-se	teqaüde çıxmaq	[tægay'dæ ʧıҳ'mah]

124. Gente de negócios

diretor (m)	direktor	[di'rɛktor]
gerente (m)	idare başçısı	[ida'ræ baʃʧı's]
patrão, chefe (m)	rehber	[ræh'bær]

superior (m)	müdir	[my'dir]
superiores (m pl)	rehberlik	[ræhbær'lik]
presidente (m)	prezident	[prɛzi'dɛnt]
presidente (m) de direção	sedr	['sædr]

substituto (m)	müavin	[mya'vin]
assistente (m)	kömekçi	[kømæk'ʧi]
secretário (m)	katibe	[kʲati'bæ]

secretário (m) pessoal	şəxsi katib	[ʃæχ'si ka'tip]
homem (m) de negócios	biznesmen	['biznɛsmɛn]
empresário (m)	sahibkar	[sahib'kʲar]
fundador (m)	təsisçi	[tæsis'ʧi]
fundar (vt)	təsis etmək	[tæ'sis ɛt'mæk]

fundador, sócio (m)	təsisçi	[tæsis'ʧi]
parceiro, sócio (m)	partnyor	[part'nʲor]
acionista (m)	səhmdar	[sæhm'dar]

milionário (m)	milyoner	[miljo'nɛr]
bilionário (m)	milyarder	[miljar'dɛr]
proprietário (m)	sahib	[sa'hip]
proprietário (m) de terras	torpaq sahibi	[tor'pah sahi'bi]

cliente (m)	müştəri	[myʃtæ'ri]
cliente (m) habitual	daimi müştəri	[dai'mi myʃtæ'ri]
comprador (m)	alıcı	[alı'ʤʲı]
visitante (m)	ziyarətçi	[zijaræ'ʧi]

profissional (m)	peşəkar	[pɛʃæ'kar]
perito (m)	ekspert	[ɛks'pɛrt]
especialista (m)	mütəxəssis	[mytæχæs'sis]

| banqueiro (m) | bank sahibi | ['bank sahi'bi] |
| corretor (m) | broker | ['brokɛr] |

caixa (m, f)	kassir	[kas'sir]
contabilista (m)	mühasib	[myha'sip]
guarda (m)	mühafizəçi	[myhafizæ'ʧi]

investidor (m)	investor	[in'vɛstor]
devedor (m)	borclu	[borʤʲ'lʲu]
credor (m)	kreditor	[krɛdi'tor]
mutuário (m)	borc alan	['borʤʲ a'lan]

| importador (m) | idxalatçı | [idχala'ʧı] |
| exportador (m) | ixracatçı | [iχraʤʲa'ʧı] |

produtor (m)	istehsalçı	[istɛhsal'ʧı]
distribuidor (m)	distribütor	[distri'bytor]
intermediário (m)	vasitəçi	[vasitæ'ʧi]

consultor (m)	məsləhətçi	[mæslæhæ'ʧi]
representante (m)	təmsilçi	[tæmsil'ʧi]
agente (m)	agent	[a'gɛnt]
agente (m) de seguros	sığorta agenti	[sıɣor'ta agɛn'ti]

125. Profissões de serviços

cozinheiro (m)	aşpaz	[aʃ'paz]
cozinheiro chefe (m)	baş aşpaz	['baʃ aʃ'paz]
padeiro (m)	çörəkçi	['ʧœræk'ʧi]
barman (m)	barmen	['barmɛn]

| empregado (m) de mesa | ofisiant | [ofisi'ant] |
| empregada (f) de mesa | ofisiant qız | [ofisi'ant 'gız] |

advogado (m)	vəkil	[væ'kil]
jurista (m)	hüquqşünas	[hygukʃy'nas]
notário (m)	notarius	[no'tarius]

eletricista (m)	montyor	[mon'tɪor]
canalizador (m)	santexnik	[san'tɛχnik]
carpinteiro (m)	dülgər	[dylɪ'gær]

massagista (m)	masajçı	[masaʒ'tʃɪ]
massagista (f)	masajçı qadın	[masaʒ'tʃɪ ga'dın]
médico (m)	həkim	[hæ'kim]

taxista (m)	taksi sürücüsü	[tak'si syryʤy'sy]
condutor (automobilista)	sürücü	[syry'ʤy]
entregador (m)	kuryer	[ku'rjɛr]

camareira (f)	otaq qulluqçusu	[o'tah gullɪugtʃu'su]
guarda (m)	mühafizəçi	[myhafizæ'tʃi]
hospedeira (f) de bordo	stüardessa	[styar'dɛssa]

professor (m)	müəllim	[myæl'lim]
bibliotecário (m)	kitabxanaçı	[kitapχana'tʃ]
tradutor (m)	tərcüməçi	[tærdʒymæ'tʃi]
intérprete (m)	tərcüməçi	[tærdʒymæ'tʃi]
guia (pessoa)	bələdçi	[bælæd'tʃi]

cabeleireiro (m)	bərbər	[bær'bær]
carteiro (m)	poçtalyon	[potʃta'lɪon]
vendedor (m)	satıcı	[satɪ'dʒɪ]

jardineiro (m)	bağban	[ba'ɣban]
criado (m)	nökər	[nø'kær]
criada (f)	ev qulluqçusu	['ɛv gullɪugtʃu su]
empregada (f) de limpeza	xadimə	[χadi'mæ]

126. Profissões militares e postos

soldado (m) raso	sıravi	[sıra'vi]
sargento (m)	çavuş	[tʃa'vuʃ]
tenente (m)	leytenant	[lɛjtɛ'nant]
capitão (m)	kapitan	[kapi'tan]

major (m)	mayor	[ma'jor]
coronel (m)	polkovnik	[pol'kovnik]
general (m)	general	[gɛnɛ'ral]
marechal (m)	marşal	['marʃal]
almirante (m)	admiral	[admi'ral]

militar (m)	hərbiçi	[hærbi'tʃi]
soldado (m)	əsgər	[æs'gær]
oficial (m)	zabit	[za'bit]

111

comandante (m)	komandir	[koman'dir]
guarda (m) fronteiriço	sərhəd keşikçisi	[sær'hæd kɛʃiktʃi'si]
operador (m) de rádio	radist	[ra'dist]
explorador (m)	keşfiyyatçı	[kæʃfia'tʃı]
sapador (m)	istehkamçı	[istɛhkam'tʃı]
atirador (m)	atıcı	[atı'dʒı]
navegador (m)	şturman	['ʃturman]

127. Oficiais. Padres

| rei (m) | kral | ['kral] |
| rainha (f) | kraliçə | [kra'litʃæ] |

| príncipe (m) | şahzadə | [ʃahza'dæ] |
| princesa (f) | şahzadə xanım | [ʃahza'dæ χa'nım] |

| czar (m) | çar | ['tʃar] |
| czarina (f) | çariçə | [tʃa'ritʃæ] |

presidente (m)	prezident	[prɛzi'dɛnt]
ministro (m)	nazir	[na'zir]
primeiro-ministro (m)	baş nazir	['baʃ na'zir]
senador (m)	senator	[sɛ'nator]

diplomata (m)	diplomat	[diplo'mat]
cônsul (m)	konsul	['konsul]
embaixador (m)	səfir	[sæ'fir]
conselheiro (m)	müşavir	[myʃa'vir]

funcionário (m)	məmur	[mæ'mur]
prefeito (m)	prefekt	[prɛ'fɛkt]
Presidente (m) da Câmara	şəhər icra hakimiyyətinin başçısı	[ʃæ'hær idʒ''ra hakimiæti'nin baʃtʃı'sı]

| juiz (m) | hakim | [ha'kim] |
| procurador (m) | prokuror | [proku'ror] |

missionário (m)	missioner	[missio'nɛr]
monge (m)	rahib	[ra'hip]
abade (m)	abbat	[ab'bat]
rabino (m)	ravvin	['ravvin]

vizir (m)	vəzir	[væ'zir]
xá (m)	şax	['ʃaχ]
xeque (m)	şeyx	['ʃɛjχ]

128. Profissões agrícolas

apicultor (m)	arıçı	[arı'tʃı]
pastor (m)	çoban	[tʃo'ban]
agrónomo (m)	aqronom	[agro'nom]
criador (m) de gado	heyvandar	[hɛjvan'dar]

veterinário (m)	baytar	[baj'tar]
agricultor (m)	fermer	['fɛrmɛr]
vinicultor (m)	şərabçı	[ʃærap'ʧı]
zoólogo (m)	zooloq	[zo'oloh]
cowboy (m)	kovboy	[kov'boj]

129. Profissões artísticas

ator (m)	aktyor	[ak'tior]
atriz (f)	aktrisa	[akt'risa]

cantor (m)	müğənni	[myɣæn'ni]
cantora (f)	müğənni qadın	[myɣæn'ni ɟa'dın]

bailarino (m)	rəqqas	[ræk'kas]
bailarina (f)	rəqqasə	[rækka'sæ]

artista (m)	artist	[ar'tist]
artista (f)	artist qadın	[ar'tist ga'dın]

músico (m)	musiqiçi	[musigi'ʧi]
pianista (m)	pianoçu	[pi'anoʧu]
guitarrista (m)	qitara çalan	[gi'tara ʧa'lan]

maestro (m)	dirijor	[diri'ʒor]
compositor (m)	bəstəkar	[bæstæ'kar]
empresário (m)	impresario	[imprɛ'sario]

realizador (m)	rejissor	[rɛʒis'sor]
produtor (m)	prodüser	[pro'dysɛr]
argumentista (m)	ssenarist	[ssɛna'rist]
crítico (m)	tənqidçi	[tængid'ʧi]

escritor (m)	yazıçı	[jazı'ʧı]
poeta (m)	şair	[ʃa'ir]
escultor (m)	heykəltəraş	[hɛjkæltæ'raʃ]
pintor (m)	rəssam	[ræs'sam]

malabarista (m)	jonqlyor	[ʒong'lior]
palhaço (m)	təlxək	[tæl'xæk]
acrobata (m)	canbaz	[dʒian'baz]
mágico (m)	fokus göstərən	['fokus gøstæ'ræn]

130. Várias profissões

médico (m)	həkim	[hæ'kim]
enfermeira (f)	tibb bacısı	['tibp badʒiı'sı]
psiquiatra (m)	psixiatr	[psiχi'atr]
estomatologista (m)	stomatoloq	[stoma'toloh]
cirurgião (m)	cərrah	[dʒiær'rah]
astronauta (m)	astronavt	[astro'navt]
astrónomo (m)	astronom	[astro'nom]

motorista (m)	sürücü	[syry'dʒy]
maquinista (m)	maşınsürən	[maʃınsy'ræn]
mecânico (m)	mexanik	[mɛ'xanik]

mineiro (m)	qazmaçı	[gazma'ʧı]
operário (m)	fəhlə	[fæh'læ]
serralheiro (m)	çilinğər	[ʧilin'ɣær]
marceneiro (m)	xarrat	[xar'rat]
torneiro (m)	tornaçı	[torna'ʧı]
construtor (m)	inşaatçı	[inʃaa'ʧı]
soldador (m)	qaynaqçı	[gajnag'ʧı]

professor (m) catedrático	professor	[pro'fɛssor]
arquiteto (m)	memar	[mɛ'mar]
historiador (m)	tarixçi	[tarix'ʧi]
cientista (m)	alim	[a'lim]
físico (m)	fizik	['fizik]
químico (m)	kimyaçı	[kimja'ʧı]

arqueólogo (m)	arxeoloq	[arxɛ'oloh]
geólogo (m)	qeoloq	[gɛ'oloh]
pesquisador (cientista)	tədqiqatçı	[tædgiga'ʧı]

| babysitter (f) | dayə | [da'jæ] |
| professor (m) | pedaqoq | [pɛda'goh] |

redator (m)	redaktor	[rɛ'daktor]
redator-chefe (m)	baş redaktor	['baʃ rɛ'daktor]
correspondente (m)	müxbir	[myx'bir]
datilógrafa (f)	makinaçı	[ma'kinaʧı]

designer (m)	dizayner	[di'zajnɛr]
especialista (m) em informática	bilgisayar ustası	[bilgisa'jar usta'sı]
programador (m)	proqramçı	[program'ʧı]
engenheiro (m)	mühəndis	[myhɛn'dis]

marujo (m)	dənizçi	[dæniz'ʧi]
marinheiro (m)	matros	[mat'ros]
salvador (m)	xilas edən	[xi'las ɛ'dæn]

bombeiro (m)	yanğınsöndürən	[janɣınsøndy'ræn]
polícia (m)	polis	[po'lis]
guarda-noturno (m)	gözətçi	[gøzæ'ʧi]
detetive (m)	xəfiyyə	[xæfi'æ]

funcionário (m) da alfândega	gömrük işçisi	[gøm'ryk iʃʧi'si]
guarda-costas (m)	şəxsi mühafizəçi	[ʃæx'si myhafizæ'ʧi]
guarda (m) prisional	nəzarətçi	[næzaræ'ʧi]
inspetor (m)	inspektor	[in'spɛktor]

desportista (m)	idmançı	[idman'ʧı]
treinador (m)	məşqçi	[mæʃg'ʧi]
talhante (m)	qəssab	[gæs'sap]
sapateiro (m)	çəkməçi	[ʧækmæ'ʧi]
comerciante (m)	ticarətçi	[tidʒ'aræ'ʧi]

carregador (m)	malyükləyən	[malʲyklæ'ʒæn]
estilista (m)	modelçi	[modɛl'ʧi]
modelo (f)	model	[mo'dɛl]

131. Ocupações. Estatuto social

| aluno, escolar (m) | məktəbli | [mæktæb'lʲi] |
| estudante (~ universitária) | tələbə | [tælæ'bæ] |

filósofo (m)	fəlsəfəçi	[fælsæfæ'ʧi]
economista (m)	iqdisadçı	[igtisad'ʧɪ]
inventor (m)	ixtiraçı	[iχtira'ʧɪ]

desempregado (m)	işsiz	[iʃ'siz]
reformado (m)	təqaüdçü	[tægayd'ʧu]
espião (m)	casus	[ʤʲa'sus]

preso (m)	dustaq	[dus'tah]
grevista (m)	tətilçi	[tætil'ʧi]
burocrata (m)	bürokrat	[byrok'rat]
viajante (m)	səyahətçi	[sæjahæ'ʧi]

| homossexual (m) | homoseksualist | [homosɛksuɑ'list] |
| hacker (m) | xaker | ['χakɛr] |

bandido (m)	quldur	[gul'dur]
assassino (m) a soldo	muzdlu qatil	[muzd'lʲu 'gɑtil]
toxicodependente (m)	narkoman	[narko'man]
traficante (m)	narkotik alverçisi	[narko'tik alvɛrʧi'si]
prostituta (f)	fahişə	[fahi'ʃæ]
chulo (m)	qadın alverçisi	[ga'dɪn alvɛrʧi'si]

bruxo (m)	cadugər	[ʤʲadu'gær]
bruxa (f)	cadugər qadın	[ʤʲadu'gær ga'dɪn]
pirata (m)	dəniz qulduru	[dæ'niz guldu'ru]
escravo (m)	kölə	[kø'læ]
samurai (m)	samuray	[samu'raj]
selvagem (m)	vəhşi adam	[væh'ʃi a'dam]

Desportos

132. Tipos de desportos. Desportistas

| desportista (m) | idmançı | [idman'ʧı] |
| tipo (m) de desporto | idman növü | [id'man nø'vy] |

| basquetebol (m) | basketbol | [baskɛt'bol] |
| jogador (m) de basquetebol | basketbolçu | [baskɛtbol'ʧu] |

| beisebol (m) | beysbol | [bɛjs'bol] |
| jogador (m) de beisebol | beysbolçu | [bɛjsbol'ʧu] |

futebol (m)	futbol	[fut'bol]
futebolista (m)	futbolçu	[futbol'ʧu]
guarda-redes (m)	qapıçı	[gapı'ʧı]

| hóquei (m) | xokkey | [χok'kɛj] |
| jogador (m) de hóquei | xokkeyçi | [χokkɛj'ʧi] |

| voleibol (m) | voleybol | [volɛj'bol] |
| jogador (m) de voleibol | voleybolçu | [volɛjbol'ʧu] |

| boxe (m) | boks | ['boks] |
| boxeador, pugilista (m) | boksçu | [boks'ʧu] |

| luta (f) | güləş | [gy'læʃ] |
| lutador (m) | güləşçi | [gylæʃ'ʧi] |

| karaté (m) | karate | [kara'tɛ] |
| karateca (m) | karateçi | [karatɛ'ʧi] |

| judo (m) | dzyudo | [dʣy'do] |
| judoca (m) | dzyudoçu | [dʣydo'ʧu] |

| ténis (m) | tennis | ['tɛnnis] |
| tenista (m) | tennisçi | [tɛnnis'ʧi] |

| natação (f) | üzmə | [yz'mæ] |
| nadador (m) | üzgüçü | [yzgy'ʧu] |

| esgrima (f) | qılınc oynatma | [gı'lındʒʲ ojnat'ma] |
| esgrimista (m) | qılınc oynadan | [gı'lındʒʲ ojna'dan] |

| xadrez (m) | şaxmat | ['ʃaχmat] |
| xadrezista (m) | şaxmatçı | ['ʃaχmatʃı] |

alpinismo (m)	alpinizm	[alpi'nizm]
alpinista (m)	alpinist	[alpi'nist]
corrida (f)	qaçış	[ga'ʧıʃ]

corredor (m)	qaçıcı	[gatʃı'dʒ¹ı]
atletismo (m)	yüngül atletika	[jyn'gyl at'lɛtika]
atleta (m)	atlet	[at'lɛt]

| hipismo (m) | atçılıq idmanı | [atʃı'lıh idma'nı] |
| cavaleiro (m) | at sürən | ['at sy'ræn] |

patinagem (f) artística	fiqurlu konki sürmə	[figur'l¹u kon'ki syr'mæ]
patinador (m)	fiqurist	[figu'rist]
patinadora (f)	fiqurist qadın	[figu'rist ga dın]

halterofilismo (m)	ağır atletika	[a'ɣır at'lɛtika]
corrida (f) de carros	avtomobil yarışları	[avtomo'bil jarıʃla'rı]
piloto (m)	avtomobil yarışçısı	[avtomo'bil jarıʃtʃı'sı]

| ciclismo (m) | velosiped idmanı | [vɛlosi'pɛd idma'nı] |
| ciclista (m) | velosiped sürən | [vɛlosi'pɛd sy'ræn] |

salto (m) em comprimento	uzunluğa tullanma	[uzunl¹u'ya tullan'ma]
salto (m) à vara	çubuqla yüksəyə tullanma	[tʃu'bugla juksæ'jæ tullan'ma]
atleta (m) de saltos	tullanma üzrə idmanşı	[tullan'ma juz'ræ idman'tʃı]

133. Tipos de desportos. Diversos

futebol (m) americano	Amerika futbolu	[a'mɛrika futɔo'l¹u]
badminton (m)	badminton	[badmin'ton]
biatlo (m)	biatlon	[biat'lon]
bilhar (m)	bilyard	[bi'ljard]

bobsled (m)	bobsley	[bobs'lɛj]
musculação (f)	bodibildinq	[bodi'bildinh]
polo (m) aquático	su polosu	['su 'polosu]
andebol (m)	həndbol	[hænd'bol]
golfe (m)	qolf	['golf]

remo (m)	avar çəkmə	[a'var tʃæk'mæ]
mergulho (m)	dayvinq	['dajvinh]
corrida (f) de esqui	xizək yarışması	[ɣi'zæk jarıʃma'sı]
ténis (m) de mesa	stolüstü tennis	[stolys'ty 'tɛnnis]

vela (f)	yelkənli qayıq idmanı	[ɛlkæn'li ga'jıh idma'nı]
rali (m)	ralli	['ralli]
râguebi (m)	reqbi	['rɛgbi]
snowboard (m)	snoubord	['snoubord]
tiro (m) com arco	kamandan oxatma	[kaman'dan oɣat'ma]

134. Ginásio

barra (f)	ştanq	['ʃtanh]
halteres (m pl)	hantel	[han'tɛl]
aparelho (m) de musculaçao	trenajor	[trɛna'ʒor]
bicicleta (f) ergométrica	velotrenajor	[vɛlotrɛna'ʒor]

passadeira (f) de corrida	qaçış zolağı	[ga'ʧıʃ zola'ɣı]
barra (f) fixa	köndələn tir	[køndæ'læn 'tir]
barras (f) paralelas	paralel tirlər	[para'lɛl tir'lær]
cavalo (m)	at	['at]
tapete (m) de ginástica	həsir	[hæ'sir]

| aeróbica (f) | aerobika | [aɛ'robika] |
| ioga (f) | yoqa | ['joga] |

135. Hóquei

hóquei (m)	xokkey	[χok'kɛj]
jogador (m) de hóquei	xokkeyçi	[χokkɛj'ʧi]
jogar hóquei	xokkey oynamaq	[χok'kɛj ojna'mah]
gelo (m)	buz	['buz]

disco (m)	xokkey şaybası	[χok'kɛj ʃajba'sı]
taco (m) de hóquei	xokkey çubuğu	[χok'kɛj ʧubu'ɣu]
patins (m pl) de gelo	konki	[kon'ki]

| muro (m) | kənar | [kæ'nar] |
| tiro (m) | atış | [a'tıʃ] |

guarda-redes (m)	qapıçı	[gapı'ʧı]
golo (m)	qol	['gol]
marcar um golo	qol vurmaq	['gol vur'mah]

| tempo (m) | hissə | [his'sæ] |
| banco (m) de reservas | ehtiyat skamyası | [ɛhti'jat skamja'sı] |

136. Futebol

futebol (m)	futbol	[fut'bol]
futebolista (m)	futbolçu	[futbol'ʧu]
jogar futebol	futbol oynamaq	[fut'bol ojna'mah]

Liga Principal (f)	yüksək liqa	[jyk'sæk 'liga]
clube (m) de futebol	futbol klubu	[fut'bol klʲu'bu]
treinador (m)	məşqçi	[mæʃg'ʧi]
proprietário (m)	sahib	[sa'hip]

equipa (f)	komanda	[ko'manda]
capitão (m) da equipa	komanda kapitanı	[ko'manda kapita'nı]
jogador (m)	oyunçu	[ojun'ʧu]
jogador (m) de reserva	ehtiyat oyunçusu	[ɛhti'jat ojunʧu'su]

atacante (m)	hücumçu	[hyʤʲum'ʧu]
avançado (m) centro	mərkəz hücumçusu	[mær'kæz hyʤʲumʧu'su]
marcador (m)	bombardir	[bombar'dir]
defesa (m)	müdafiəçi	[mydafiæ'ʧi]
médio (m)	yarım müdafiəçi	[ja'rım mydafiæ'ʧi]
jogo (desafio)	matç	['maʧ]

encontrar-se (vr)	görüşmək	[gøryʃ'mæ‹]
final (m)	final	[fi'nal]
meia-final (f)	yarım final	[ja'rım fi'nal]
campeonato (m)	çempionat	[ʧɛmpio'nɛt]
tempo (m)	taym	['tajm]
primeiro tempo (m)	birinci taym	[birin'ʤi 'tajm]
intervalo (m)	fasilə	[fasi'læ]
baliza (f)	qapı	[ga'pı]
guarda-redes (m)	qapıçı	[gapı'ʧı]
trave (f)	ştanqa	['ʃtanga]
barra (f) transversal	köndələn tir	[køndæ'læn 'tir]
rede (f)	tor	['tor]
sofrer um golo	qol buraxmaq	['gol burax'·nah]
bola (f)	top	['top]
passe (m)	pas	['pas]
chute (m)	zərbə	[zær'bæ]
chutar (vt)	zərbə vurmaq	[zær'bæ vur'mah]
tiro (m) livre	cərimə zərbəsi	[ʤæri'mæ zærbæ'si]
canto (m)	küncdən zərbə	[kynʤ'dæn zær'bæ]
ataque (m)	hücum	[hy'ʤum]
contra-ataque (m)	əks hücum	['æks hy'ʤym]
combinação (f)	kombinasiya	[kombi'nasija]
árbitro (m)	arbitr	[ar'bitr]
apitar (vi)	fit vermək	['fit vɛr'mæk]
apito (m)	fit	['fit]
falta (f)	pozma	[poz'ma]
cometer a falta	pozmaq	[poz'mah]
expulsar (vt)	meydançadan xaric etmək	[mɛjdanʧa'dan xa'riʤi æt'mæk]
cartão (m) amarelo	sarı kart	[sa'rı 'kart]
cartão (m) vermelho	qlrmızı kart	[gırmı'zı 'kart]
desqualificação (f)	iştirakdan məhrum etmə	[iʃtirak'dan ·næh'rum ɛt'mæ]
desqualificar (vt)	iştirakdan məhrum etmək	[iʃtirak'dan mæh'rum ɛt'mæk]
penálti (m)	penalti	[pɛ'nalti]
barreira (f)	divar	[di'var]
marcar (vt)	vurmaq	[vur'mah]
golo (m)	qol	['gol]
marcar um golo	qol vurmaq	['gol vur'mah|
substituição (f)	dəyişmə	[dæjɪʃ'mæ]
substituir (vt)	dəyişmək	[dæiʃ'mæk]
regras (f pl)	qaydalar	[gajda'lar]
tática (f)	taktika	['taktika]
estádio (m)	stadion	[stadi'on]
bancadas (f pl)	tribuna	[tri'buna]
fã, adepto (m)	azarkeş	[azar'kɛʃ]
gritar (vi)	çığırmaq	[ʧɪɣɪr'mah]
marcador (m)	lövhə	[løv'hæ]

resultado (m)	hesab	[hɛ'sap]
derrota (f)	məğlubiyyət	[mæɣlʲubi'æt]
perder (vt)	məğlubiyyətə uğramaq	[mæɣlʲubiæ'tæ uɣra'mah]
empate (m)	heç-heçə oyun	['hɛʧ hɛ'ʧæ o'jun]
empatar (vi)	heç-heçə oynamaq	['hɛʧ hɛ'ʧæ ojna'mah]

vitória (f)	qələbə	[gælæ'bæ]
ganhar, vencer (vi, vt)	qalib gəlmək	[ga'lip gæl'mæk]
campeão (m)	çempion	[ʧɛmpi'on]
melhor	ən yaxşı	['æn jaχ'ʃı]
felicitar (vt)	təbrik etmək	[tæb'rik ɛt'mæk]

comentador (m)	şərhçi	[ʃærh'ʧi]
comentar (vt)	şərh etmək	['ʃærh ɛt'mæk]
transmissão (f)	translyasiya	[trans'lʲasija]

137. Esqui alpino

esqui (m)	xizək	[χi'zæk]
esquiar (vi)	xizək sürmək	[χi'zæk syr'mæk]
estância (f) de esqui	dağ xizəyi kurortu	[daɣ χizæ'ji kuror'tu]
teleférico (m)	qaldırıcı mexanizm	[galdırı'ʤı mɛχa'nizm]

bastões (m pl) de esqui	çubuqlar	[ʧubug'lar]
declive (m)	yamac	[ja'madʒʲ]
slalom (m)	slalom	['slalom]

138. Ténis. Golfe

golfe (m)	qolf	['golf]
clube (m) de golfe	qolf klubu	['golf klʲu'bu]
jogador (m) de golfe	qolf oyunçusu	['golf ojunʧu'su]

buraco (m)	çuxur	[ʧu'χur]
taco (m)	qolf çubuğu	['golf ʧubu'ɣu]
trolley (m)	çubuqlar üçün araba	[ʧubug'lar ju'ʧun ara'ba]

ténis (m)	tennis	['tɛnnis]
quadra (f) de ténis	tennis meydançası	['tɛnnis mɛjdanʧa'sı]
saque (m)	ötürülmə	[øtyryl'mæ]
sacar (vi)	ötürmək	[øtyr'mæk]
raquete (f)	raketka	[rakɛt'ka]
rede (f)	tor	['tor]
bola (f)	top	['top]

139. Xadrez

xadrez (m)	şahmat	['ʃahmat]
peças (f pl) de xadrez	figurlar	[figur'lar]
xadrezista (m)	şahmatçı	['ʃahmatʃı]

| tabuleiro (m) de xadrez | şahmat taxtası | ['ʃahmat taχta'sı] |
| peça (f) de xadrez | figur | [fi'gur] |

| brancas (f pl) | ağlar | [a'ɣlar] |
| pretas (f pl) | qaralar | [gara'lar] |

peão (m)	piyada	[pija'da]
bispo (m)	fil	['fil]
cavalo (m)	at	['at]
torre (f)	top	['top]
dama (f)	vezir	[væ'zir]
rei (m)	kral	['kral]

vez (m)	oyun	[o'jun]
mover (vt)	oynamaq	[ojna'mah]
sacrificar (vt)	qurban vermək	[gur'ban vɛr'mæk]
roque (m)	rokirovka	[roki'rovka]
xeque (m)	şah	['ʃah]
xeque-mate (m)	mat	['mat]

torneio (m) de xadrez	şahmat turniri	['ʃahmat turni'ri]
grão-mestre (m)	qrossmeyster	[gros'mɛjstɛr]
combinação (f)	kombinasiya	[kombi'nasija]
partida (f)	partiya	['partija]
jogo (m) de damas	dama	[da'ma]

140. Boxe

boxe (m)	boks	['boks]
combate (m)	döyüş	[dø'juʃ]
duelo (m)	döyüş	[dø'juʃ]
round (m)	raund	['raund]

| ringue (m) | rinq | ['rinh] |
| gongo (m) | qonq | ['gonh] |

murro, soco (m)	zerbe	[zær'bæ]
knockdown (m)	nokdaun	[nok'daun]
nocaute (m)	nokaut	[no'kaut]
nocautear (vt)	nokaut etmək	[no'kaut ɛt'mæk]

| luva (f) de boxe | boksçu elceyi | ['boks ældʒ'æ'jı] |
| árbitro (m) | referi | ['rɛfɛri] |

peso-leve (m)	yüngül çeki	[jyn'gyl ʧæ'ki]
peso-médio (m)	orta çeki	[or'ta ʧæ'ki]
peso-pesado (m)	ağır çeki	[a'ɣır ʧæ'ki]

141. Desportos. Diversos

| Jogos (m pl) Olímpicos | Olimpiya oyunları | [o'limpija ojunla'rı] |
| vencedor (m) | qalib | [ga'lip] |

vencer (vi)	qalib gəlmək	[ga'lip gæl'mæk]
vencer, ganhar (vi)	udmaq	[ud'mah]
líder (m)	lider	['lidɛr]
liderar (vt)	irəlidə getmək	[iræli'dæ gɛt'mæk]
primeiro lugar (m)	birinci yer	[birin'dʒⁱi 'ɛr]
segundo lugar (m)	ikinci yer	[ikin'dʒⁱi 'ɛr]
terceiro lugar (m)	üçüncü yer	[ytʃⁱun'dʒⁱu 'ɛr]
medalha (f)	medal	[mɛ'dal]
troféu (m)	trofey	[tro'fɛj]
taça (f)	kubok	['kubok]
prémio (m)	mükafat	[myka'fat]
prémio (m) principal	baş mükafat	['baʃ myka'fat]
recorde (m)	rekord	[rɛ'kord]
estabelecer um recorde	rekord qazanmaq	[rɛ'kord gazan'mah]
final (m)	final	[fi'nal]
final	final	[fi'nal]
campeão (m)	çempion	[ʧɛmpi'on]
campeonato (m)	çempionat	[ʧɛmpio'nat]
estádio (m)	stadion	[stadi'on]
bancadas (f pl)	tribuna	[tri'buna]
fã, adepto (m)	azarkeş	[azar'kɛʃ]
adversário (m)	rəqib	[ræ'gip]
partida (f)	start	['start]
chegada, meta (f)	finiş	['finiʃ]
derrota (f)	məğlubiyyət	[mæɣlⁱubi'æt]
perder (vt)	məğlubiyyətə uğramaq	[mæɣlⁱubiæ'tæ uɣra'mah]
árbitro (m)	hakim	[ha'kim]
júri (m)	jüri	[ʒy'ri]
resultado (m)	hesab	[hɛ'sap]
empate (m)	heç-heçə oyun	['hɛʧ hɛ'ʧæ o'jun]
empatar (vi)	heç-heçə oynamaq	['hɛʧ hɛ'ʧæ ojna'mah]
ponto (m)	xal	['χal]
resultado (m) final	nəticə	[næti'dʒⁱæ]
intervalo (m)	fasilə	[fasi'læ]
doping (m)	dopinq	['dopinh]
penalizar (vt)	cərimə etmək	[dʒⁱæri'mæ ɛt'mæk]
desqualificar (vt)	iştirakdan məhrum etmək	[iʃtirak'dan mæh'rum ɛt'mæk]
aparelho (m)	alət	[a'læt]
dardo (m)	nizə	[ni'zæ]
peso (m)	qumbara	[gumba'ra]
bola (f)	şar	['ʃar]
alvo, objetivo (m)	hədəf	[hæ'dæf]
alvo (~ de papel)	nişan	[ni'ʃan]

atirar, disparar (vi)	ateş açmaq	[a'tæʃ atʃ'mah]
preciso (tiro ~)	serrast	[sær'rast]
treinador (m)	meşqçi	[mæʃg'tʃi]
treinar (vt)	meşq keçmek	['mæʃh kɛtʃmæk]
treinar-se (vr)	meşq etmek	['mæʃh ɛt'mæk]
treino (m)	meşq	['mæʃh]
ginásio (m)	idman zalı	[id'man za'lı]
exercício (m)	meşğele	[mæʃɣæ'læ]
aquecimento (m)	isinme hereketleri	[isin'mæ hærækætlæ'ri]

Educação

142. Escola

escola (f)	məktəb	[mæk'tæp]
diretor (m) de escola	məktəb direktoru	[mæk'tæp di'rɛktoru]

aluno (m)	şagird	[ʃa'gird]
aluna (f)	şagird qız	[ʃa'gird 'gız]
escolar (m)	məktəbli	[mæktæb'li]
escolar (f)	məktəbli qız	[mæktæb'li 'gız]

ensinar (vt)	öyrətmək	[øjræt'mæk]
aprender (vt)	öyrənmək	[øjræn'mæk]
aprender de cor	əzbər öyrənmək	[æz'bær øjræn'mæk]

estudar (vi)	öyrənmək	[øjræn'mæk]
andar na escola	oxumaq	[oχu'mah]
ir à escola	məktəbə getmək	[mæktæ'bæ gɛt'mæk]

alfabeto (m)	əlifba	[ælif'ba]
disciplina (f)	fənn	['fænn]

sala (f) de aula	sinif	[si'nif]
lição (f)	dərs	['dærs]
recreio (m)	tənəffüs	[tænæf'fys]

toque (m)	zəng	['zænh]
carteira (f)	parta	['parta]
quadro (m) negro	yazı taxtası	[ja'zı taχta'sı]

nota (f)	qiymət	[gij'mæt]
boa nota (f)	yaxşı qiymət	[jaχ'ʃı gij'mæt]
nota (f) baixa	pis qiymət	['pis gij'mæt]
dar uma nota	qiymət yazmaq	[gij'mæt jaz'mah]

erro (m)	səhv	['sæhv]
fazer erros	səhv etmək	['sæhv ɛt'mæk]
corrigir (vt)	düzəltmək	[dyzælt'mæk]
cábula (f)	şparqalka	[ʃpar'galka]

dever (m) de casa	ev tapşırığı	['ɛv tapʃırı'ɣı]
exercício (m)	məşğələ	[mæʃɣæ'læ]

estar presente	iştirak etmək	[iʃti'rak ɛt'mæk]
estar ausente	iştirak etməmək	[iʃti'rak 'ɛtmæmæk]

punir (vt)	cəzalandırmaq	[dʒ'æzalandır'mah]
punição (f)	cəza	[dʒ'æ'za]
comportamento (m)	əxlaq	[æχ'lah]

boletim (m) escolar	gündəlik	[gyndæ'lik]
lápis (m)	karandaş	[karan'daʃ]
borracha (f)	pozan	[po'zan]
giz (m)	təbaşir	[tæba'ʃir]
estojo (m)	qələmdan	[gælæm'dan]

pasta (f) escolar	portfel	[port'fɛl]
caneta (f)	qələm	[gæ'læm]
caderno (m)	dəftər	[dæf'tær]
manual (m) escolar	dərslik	[dærs'lik]
compasso (m)	pərgar	[pær'gⁱar]

| traçar (vt) | cızmaq | · [dʒⁱız'mah] |
| desenho (m) técnico | cizgi | [dʒⁱiz'gi] |

poesia (f)	şer	['ʃɛr]
de cor	əzbərdən	[æzbær'dæn]
aprender de cor	əzbər öyrənmək	[æz'bær øjræn'mæk]

| férias (f pl) | tətil | [tæ'til] |
| estar de férias | tətilə çıxmaq | [tæti'læ tʃɪx'mah] |

teste (m)	yoxlama işi	[joχla'ma i'ʃi]
composição, redação (f)	inşa	[in'ʃa]
ditado (m)	imla	[im'la]

exame (m)	imtahan	[imta'han]
fazer exame	imtahan vermək	[imta'han vɛr'mæk]
experiência (~ química)	təcrübə	[tædʒⁱry'bæ]

143. Colégio. Universidade

academia (f)	akademiya	[aka'dɛmija]
universidade (f)	universitet	[univɛrsi'tɛt]
faculdade (f)	fakültə	[fakul'tæ]

estudante (m)	tələbə	[tælæ'bæ]
estudante (f)	tələbə qız	[tælæ'bæ 'gɪz]
professor (m)	müəllim	[myæl'lim]

| sala (f) de palestras | auditoriya | [audi'torija] |
| graduado (m) | məzun | [mæ'zun] |

| diploma (m) | diplom | [dip'lom] |
| tese (f) | dissertasiya | [dissɛr'tasija] |

| estudo (obra) | tədqiqat | [tædgi'gat] |
| laboratório (m) | laboratoriya | [labora'torija] |

| palestra (f) | leksiya | ['lɛksija] |
| colega (m) de curso | kurs yoldaşı | ['kurs jolda'ʃı] |

| bolsa (f) de estudos | təqaüd | [tæga'jud] |
| grau (m) académico | elmi dərəcə | [ɛl'mi dæræ'dʒⁱæ] |

144. Ciências. Disciplinas

matemática (f)	riyaziyyat	[riazi'at]
álgebra (f)	cəbr	['dʒ¡æbr]
geometria (f)	həndəsə	[hændæ'sæ]

astronomia (f)	astronomiya	[astro'nomija]
biologia (f)	biologiya	[bio'logija]
geografia (f)	coğrafiya	[dʒ¡o'ɣrafija]
geologia (f)	qeoloqiya	[gɛo'logija]
história (f)	tarix	[ta'rix]

medicina (f)	təbabət	[tæba'bæt]
pedagogia (f)	pedaqoqika	[pɛda'gogika]
direito (m)	hüquq	[hy'guh]

física (f)	fizika	['fizika]
química (f)	kimya	['kimja]
filosofia (f)	fəlsəfə	[fælsæ'fæ]
psicologia (f)	psixoloqiya	[psixo'logija]

145. Sistema de escrita. Ortografia

gramática (f)	qrammatika	[gram'matika]
vocabulário (m)	leksika	['lɛksika]
fonética (f)	fonetika	[fo'nɛtika]

substantivo (m)	isim	['isim]
adjetivo (m)	sifət	[si'fæt]
verbo (m)	fel	['fɛl]
advérbio (m)	zərf	['zærf]

pronome (m)	əvəzlik	[ævæz'lik]
interjeição (f)	nida	[ni'da]
preposição (f)	önlük	[øn'lyk]

raiz (f) da palavra	sözün kökü	[sø'zyn kø'ky]
terminação (f)	sonluq	[son'lʲuh]
prefixo (m)	önşəkilçi	[ønʃækil'ʧi]
sílaba (f)	heca	[hɛ'dʒ¡a]
sufixo (m)	şəkilçi	[ʃækil'ʧi]

acento (m)	vurğu	[vur'ɣu]
apóstrofo (m)	apostrof	[apost'rof]

ponto (m)	nöqtə	[nøg'tæ]
vírgula (f)	verqül	[vɛr'gyl]
ponto e vírgula (m)	nöqtəli verqül	[nøgtæ'li vɛr'gyl]
dois pontos (m pl)	iki nöqtə	[i'ki nøg'tæ]
reticências (f pl)	nöqtələr	[nøgtæ'lær]

ponto (m) de interrogação	sual işarəsi	[su'al iʃaræ'si]
ponto (m) de exclamação	nida işarəsi	[ni'da iʃaræ'si]

aspas (f pl)	dırnaq	[dır'nah]
entre aspas	dırnaq arası	[dır'nah ara'sı]
parênteses (m pl)	mötərizə	[møtæri'zæ]
entre parênteses	mötərizədə	[møtærizæ'dæ]

hífen (m)	defis	[dɛ'fis]
travessão (m)	tire	[ti'rɛ]
espaço (m)	ara	[a'ra]

| letra (f) | hərf | ['hærf] |
| letra (f) maiúscula | böyük hərf | [bø'juk 'hærf] |

| vogal (f) | sait səs | [sa'it 'sæs] |
| consoante (f) | samit səs | [sa'mit 'sæs] |

frase (f)	cümlə	[dʒym'læ]
sujeito (m)	mübtəda	[myptæ'da]
predicado (m)	xəbər	[χæ'bær]

linha (f)	sətir	[sæ'tir]
em uma nova linha	yeni sətirdən	[ɛ'ni sætir'dæn]
parágrafo (m)	abzas	['abzas]

palavra (f)	söz	['søz]
grupo (m) de palavras	söz birləşməsi	[søz birlæʃmæ'si]
expressão (f)	ifadə	[ifa'dæ]
sinónimo (m)	sinonim	[si'nonim]
antónimo (m)	antonim	[an'tonim]

regra (f)	qayda	[gaj'da]
exceção (f)	istisna	[istis'na]
correto	düzgün	[dyz'gyn]

conjugação (f)	təsrif	[tæs'rif]
declinação (f)	hallanma	[hallan'ma]
caso (m)	hal	['hal]
pergunta (f)	sual	[su'al]
sublinhar (vt)	altından xətt çəkmək	[altın'dan 'χætt tʃæk'mæk]
linha (f) pontilhada	punktir	[punk'tir]

146. Línguas estrangeiras

língua (f)	dil	['dil]
língua (f) estrangeira	xarici dil	[χari'dʒi dil]
estudar (vt)	öyrənmək	[øjræn'mæk]
aprender (vt)	öyrənmək	[øjræn'mæk]

ler (vt)	oxumaq	[oχu'mah]
falar (vi)	danışmaq	[danıʃ'mah]
compreender (vt)	başa düşmək	[ba'ʃa dyʃ'mæk]
escrever (vt)	yazmaq	[jaz'mah]

| rapidamente | cəld | ['dʒæld] |
| devagar | yavaş | [ja'vaʃ] |

fluentemente	sərbəst	[sær'bæst]
regras (f pl)	qaydalar	[gajda'lar]
gramática (f)	qrammatika	[gram'matika]
vocabulário (m)	leksika	['lɛksika]
fonética (f)	fonetika	[fo'nɛtika]

manual (m) escolar	dərslik	[dærs'lik]
dicionário (m)	lüğət	[ly'ɣæt]
manual (m) de autoaprendizagem	rəhbər	[ræh'bær]
guia (m) de conversação	danışıq kitabı	[danı'ʃıh kita'bı]

cassete (f)	kasset	[kas'sɛt]
vídeo cassete (m)	video kasset	['vidɛo kas'sɛt]
CD (m)	SD diski	[si'di dis'ki]
DVD (m)	DVD	[divi'di]

alfabeto (m)	əlifba	[ælif'ba]
soletrar (vt)	hərf-hərf danışmaq	['hærf 'hærf danıʃ'mah]
pronúncia (f)	tələffüz	[tælæf'fyz]

sotaque (m)	aksent	[ak'sɛnt]
com sotaque	aksentlə danışmaq	[ak'sɛntlæ danıʃ'mah]
sem sotaque	aksentsiz danışmaq	[aksɛn'tsiz danıʃ'mah]

| palavra (f) | söz | ['søz] |
| sentido (m) | məna | [mæ'na] |

cursos (m pl)	kurslar	[kurs'lar]
inscrever-se (vr)	yazılmaq	[jazıl'mah]
professor (m)	müəllim	[myæl'lim]

tradução (processo)	tərcümə	[tærdʒy'mæ]
tradução (texto)	tərcümə	[tærdʒy'mæ]
tradutor (m)	tərcüməçi	[tærdʒymæ'ʧi]
intérprete (m)	tərcüməçi	[tærdʒymæ'ʧi]

| poliglota (m) | poliqlot | [polig'lot] |
| memória (f) | yaddaş | [jad'daʃ] |

147. Personagens de contos de fadas

| Pai (m) Natal | Santa Klaus | ['santa 'klaus] |
| sereia (f) | su pərisi | ['su pæri'si] |

mago (m)	sehrbaz	[sɛhr'baz]
fada (f)	sehrbaz qadın	[sɛhr'baz ga'dın]
mágico	sehrli	[sɛhr'li]
varinha (f) mágica	sehrli çubuq	[sɛhr'li ʧu'buh]

conto (m) de fadas	nağıl	[na'ɣıl]
milagre (m)	möcüzə	[mødʒy'zæ]
anão (m)	qnom	['gnom]
transformar-se em ...	... dönmək	[... døn'mæk]

fantasma (m)	kabus	[ka'bus]
espetro (m)	qarabasma	[garabas'ma]
monstro (m)	div	['div]
dragão (m)	əjdaha	[æʒda'ha]
gigante (m)	nəhənk	[næ'hænk]

148. Signos do Zodíaco

Carneiro	Qoç	['goʧ]
Touro	Buğa	[bu'ɣa]
Gémeos	Əkizlər	[ækiz'lær]
Caranguejo	Xərçənk	[xær'ʧænk]
Leão	Şir	['ʃir]
Virgem (f)	Qız	['gɪz]

Balança	Tərəzi	[tæræ'zi]
Escorpião	Əqrəb	[æg'ræp]
Sagitário	Oxatan	[oxa'tan]
Capricórnio	Oğlağ	[o'ɣlaɣ]
Aquário	Dolça	[dol'ʧa]
Peixes	Balıqlar	[balɪg'lar]

caráter (m)	xasiyyət	[xasi'æt]
traços (m pl) do caráter	xasiyyətin cizgiləri	[xasiæ'tin ʤizgilæ'ri]
comportamento (m)	əxlaq	[æx'lah]
predizer (vt)	fala baxmaq	[fa'la bax'mah]
adivinha (f)	falçı	[fal'ʧɪ]
horóscopo (m)	ulduz falı	[ul'duz fa'lɪ]

Artes

149. Teatro

teatro (m)	teatr	[tɛ'atr]
ópera (f)	opera	['opɛra]
opereta (f)	operetta	[opɛ'rɛtta]
balé (m)	balet	[ba'lɛt]
cartaz (m)	afişa	[a'fiʃa]
companhia (f) teatral	truppa	['truppa]
turné (digressão)	qastrol səfəri	[gast'rol sæfæ'ri]
estar em turné	qastrol səfərinə çıxmaq	[gast'rol sæfæri'næ ʧɪx'mah]
ensaiar (vt)	məşq etmək	['mæʃh ɛt'mæk]
ensaio (m)	məşq	['mæʃh]
repertório (m)	repertuar	[rɛpɛrtu'ar]
apresentação (f)	oyun	[o'jun]
espetáculo (m)	teatr tamaşası	[tɛ'atr tamaʃa'sɪ]
peça (f)	pyes	['pjɛs]
bilhete (m)	bilet	[bi'lɛt]
bilheteira (f)	bilet kassası	[bi'lɛt 'kassasɪ]
hall (m)	xoll	['χoll]
guarda-roupa (m)	qarderob	[gardɛ'rop]
senha (f) numerada	nömrə	[nøm'ræ]
binóculo (m)	binokl	[bi'nokl]
lanterninha (m)	nəzarətçi	[næzaræ'ʧi]
plateia (f)	parter	[par'tɛr]
balcão (m)	balkon	[bal'kon]
primeiro balcão (m)	beletaj	[bɛlæ'taʒ]
camarote (m)	loja	['loʒa]
fila (f)	sıra	[sɪ'ra]
assento (m)	yer	['ɛr]
público (m)	tamaşaçılar	[tamaʃaʧɪ'lar]
espetador (m)	tamaşaçı	[tamaʃa'ʧɪ]
aplaudir (vt)	əl çalmaq	['æl ʧal'mah]
aplausos (m pl)	alqışlar	[algɪʃ'lar]
ovação (f)	sürəkli alqışlar	[syrɛk'li algɪʃ'lar]
palco (m)	səhnə	[sæh'næ]
pano (m) de boca	pərdə	[pær'dæ]
cenário (m)	dekorasiya	[dɛko'rasija]
bastidores (m pl)	səhnə arxası	[sæh'næ arχa'sɪ]
cena (f)	səhnə	[sæh'næ]
ato (m)	akt	['akt]
entreato (m)	antrakt	[ant'rakt]

150. Cinema

| ator (m) | aktyor | [ak'tɪor] |
| atriz (f) | aktrisa | [akt'risa] |

cinema (m)	kino	[ki'no]
filme (m)	kino	[ki'no]
episódio (m)	seriya	['sɛrija]

filme (m) policial	detektiv	[dɛtɛk'tiv]
filme (m) de ação	savaş filmi	[sa'vaʃ fil'mi]
filme (m) de aventuras	macəra filmi	[madʒ'æ'ra fil'mi]
filme (m) de ficção científica	fantastik film	[fantas'tik 'film]
filme (m) de terror	vahimə filmi	[vahi'mæ fi 'mi]

comédia (f)	kino komediyası	[ki'no ko'mɛdijası]
melodrama (m)	melodram	[mɛlod'ram]
drama (m)	dram	['dram]

filme (m) ficcional	bədii film	[bædi'i 'film]
documentário (m)	sənədli film	[sænæd'li 'film]
desenho (m) animado	cizgi filmi	[dʒ'iz'gi fil'mi]
cinema (m) mudo	səssiz film	[sæs'siz 'film]

papel (m)	rol	['rol]
papel (m) principal	baş rol	['baʃ 'rol]
representar (vt)	oynamaq	[ojna'mah]

estrela (f) de cinema	kino ulduzu	[ki'no uldu'z ɹ]
conhecido	məşhur	[mæʃ'hur]
famoso	məşhur	[mæʃ'hur]
popular	populyar	[popu'lɪar]

argumento (m)	ssenari	[ssɛ'nari]
argumentista (m)	ssenarist	[ssɛna'rist]
realizador (m)	rejissor	[rɛʒis'sor]
produtor (m)	prodüser	[pro'dysɛr]
assistente (m)	köməkçi	[kømæk'ʧi]
diretor (m) de fotografia	operator	[opɛ'rator]
duplo (m)	kaskadyor	[kaskad'jor]

filmar (vt)	film çəkmək	['film ʧæk'mæk]
audição (f)	sınaqlar	[sınag'lar]
filmagem (f)	çəkiliş	[ʧæki'liʃ]
equipe (f) de filmagem	çəkiliş qrupu	[ʧæki'liʃ gru'pu]
set (m) de filmagem	çəkiliş meydançası	[ʧæki'liʃ mɛjdanʧa'sı]
câmara (f)	kino kamerası	[ki'no 'kamɛrası]

cinema (m)	kinoteatr	[kinotɛ'atr]
ecrã (m), tela (f)	ekran	[ɛk'ran]
exibir um filme	film göstərmək	['film gøstær'mæk]

pista (f) sonora	səs zolağı	['sæs zola'ɣı]
efeitos (m pl) especiais	xüsusi effektlər	[xysu'si ɛffɛkt'lær]
legendas (f pl)	subtitrlər	[sub'titrlær]

| crédito (m) | titrlər | ['titrlær] |
| tradução (f) | tərcümə | [tærdʒy'mæ] |

151. Pintura

arte (f)	incəsənet	[indʒˈæsæ'næt]
belas-artes (f pl)	incə sənətlər	[in'dʒˈæ sænæt'lær]
galeria (f) de arte	qalereya	[galɛ'rɛja]
exposição (f) de arte	rəsm sərgisi	['ræsm særgi'si]

pintura (f)	rəssamlıq	[ræssam'lıh]
arte (f) gráfica	qrafika	['grafika]
arte (f) abstrata	abstraksionizm	[abstraksio'nizm]
impressionismo (m)	impressionizm	[imprɛssio'nizm]

pintura (f), quadro (m)	rəsm	['ræsm]
desenho (m)	şəkil	[ʃæ'kil]
cartaz, póster (m)	plakat	[pla'kat]

ilustração (f)	şəkil	[ʃæ'kil]
miniatura (f)	miniatür	[minia'tyr]
cópia (f)	surət	[su'ræt]
reprodução (f)	reproduksiya	[rɛpro'duksija]

mosaico (m)	mozaika	[mo'zaika]
vitral (m)	vitraj	[vit'raʒ]
fresco (m)	freska	['frɛska]
gravura (f)	qravüra	[gra'vyra]

busto (m)	büst	['byst]
escultura (f)	heykəl	[hɛj'kæl]
estátua (f)	heykəl	[hɛj'kæl]
gesso (m)	qips	['gips]
em gesso	qipsdən	[gips'dæn]

retrato (m)	portret	[port'rɛt]
autorretrato (m)	avtoportret	[avtoport'rɛt]
paisagem (f)	mənzərə	[mænzæ'ræ]
natureza (f) morta	natürmort	[natyr'mort]
caricatura (f)	karikatura	[karika'tura]
esboço (m)	eskiz	[ɛs'kiz]

tinta (f)	boya	[bo'ja]
aguarela (f)	akvarel	[akva'rɛl]
óleo (m)	yağ	['jaɣ]
lápis (m)	karandaş	[karan'daʃ]
tinta da China (f)	tuş	['tuʃ]
carvão (m)	kömür	[kø'myr]

| desenhar (vt) | çəkmək | [ʧæk'mæk] |
| pintar (vt) | çəkmək | [ʧæk'mæk] |

| posar (vi) | poza almaq | ['poza al'mah] |
| modelo (m) | canlı model | [dʒˈan'lı mo'dɛl] |

modelo (f)	canlı model olan qadın	[dʒ¦an'lı mo'dɛl o'lan ga'dın]
pintor (m)	rəssam	[ræs'sam]
obra (f)	əsər	[æ'sær]
obra-prima (f)	şah əsər	['ʃah æ'sær]
estúdio (m)	emalatxana	[ɛmalatχa'ːa]

tela (f)	qalın kətan	[ga'lın kæ'ian]
cavalete (m)	molbert	[mol'bɛrt]
paleta (f)	palitra	[pa'litra]

moldura (f)	çərçivə	[tʃærtʃi'væ]
restauração (f)	bərpa etmə	[bær'pa ɛt'mæ]
restaurar (vt)	bərpa etmək	[bær'pa ɛt'mæk]

152. Literatura & Poesia

literatura (f)	ədəbiyyat	[ædæbi'at]
autor (m)	müəllif	[myæl'lif]
pseudónimo (m)	təxəllüs	[tæχæl'lys]

livro (m)	kitab	[ki'tap]
volume (m)	cild	['dʒ¦ild]
índice (m)	mündəricat	[myndɛri'dʒ¦æt]
página (f)	səhifə	[sæhi'fæ]
protagonista (m)	baş qəhrəman	['baʃ gæhræ'man]
autógrafo (m)	avtoqraf	[av'tograf]

conto (m)	hekayə	[hɛka'jæ]
novela (f)	povest	['povɛst]
romance (m)	roman	[ro'man]
obra (f)	əsər	[æ'sær]
fábula (m)	təmsil	[tæm'sil]
romance (m) policial	detektiv	[dɛtɛk'tiv]

poesia (obra)	şer	['ʃɛr]
poesia (arte)	poeziya	[po'ɛzija]
poema (m)	poema	[po'ɛma]
poeta (m)	şair	[ʃa'ir]

ficção (f)	belletristika	[bɛllɛt'ristika]
ficção (f) científica	elmi fantastika	[ɛl'mi fan'tast.ka]
aventuras (f pl)	macəralar	[madʒ¦æra'lar]
literatura (f) didática	dərs ədəbiyyatı	['dærs ædæbia'tı]
literatura (f) infantil	uşaq ədəbiyyatı	[u'ʃah ædæbia'tı]

153. Circo

circo (m)	sirk	['sirk]
circo (m) ambulante	səyyar sirk	[sæ'jar 'sirk]
programa (m)	proqram	[prog'ram]
apresentação (f)	tamaşa	[tama'ʃa]
número (m)	nömrə	[nøm'ræ]

arena (f)	səhnə	[sæh'næ]
pantomima (f)	pantomima	[panto'mima]
palhaço (m)	təlxək	[tæl'χæk]

acrobata (m)	canbaz	[dʒˡan'baz]
acrobacia (f)	canbazlıq	[dʒˡanbaz'lıh]
ginasta (m)	gimnast	[gim'nast]
ginástica (f)	gimnastika	[gim'nastika]
salto (m) mortal	salto	['salto]

homem forte (m)	atlet	[at'lɛt]
domador (m)	heyvan təlimçisi	[hɛj'van tælimtʃi'si]
cavaleiro (m) equilibrista	at sürən	['at sy'ræn]
assistente (m)	köməkçi	[kømæk'tʃi]

truque (m)	kəndirbaz hoqqası	[kændir'baz hokka'sı]
truque (m) de mágica	fokus	['fokus]
mágico (m)	fokus göstərən	['fokus gøstæ'ræn]

malabarista (m)	jonqlyor	[ʒong'lʲor]
fazer malabarismos	jonqlyorluq etmək	[ʒonglʲor'lʲuh ɛt'mæk]
domador (m)	heyvan təlimçisi	[hɛj'van tælimtʃi'si]
adestramento (m)	heyvan təlimi	[hɛj'van tæli'mi]
adestrar (vt)	heyvanı təlim etmək	[hɛjva'nı tæ'lim æt'mæk]

154. Música. Música popular

música (f)	musiqi	[musi'gi]
músico (m)	musiqiçi	[musigi'tʃi]
instrumento (m) musical	musiqi aləti	[musi'gi alæ'ti]
tocar ...	... çalmaq	[... tʃal'mah]

guitarra (f)	qitara	[gita'ra]
violino (m)	skripka	[sk'ripka]
violoncelo (m)	violonçel	[violon'tʃɛl]
contrabaixo (m)	kontrabas	[kontra'bas]
harpa (f)	arfa	['arfa]

piano (m)	piano	[pi'ano]
piano (m) de cauda	royal	[ro'jal]
órgão (m)	orqan	[or'gan]

instrumentos (m pl) de sopro	nəfəs alətləri	[næ'fæs alætlæ'ri]
oboé (m)	qoboy	[go'boj]
saxofone (m)	saksofon	[sakso'fon]
clarinete (m)	klarnet	[klar'nɛt]
flauta (f)	fleyta	['flɛjta]
trompete (m)	truba	[tru'ba]

| acordeão (m) | akkordeon | [akkordɛ'on] |
| tambor (m) | təbil | [tæ'bil] |

| duo, dueto (m) | duet | [du'ɛt] |
| trio (m) | trio | ['trio] |

quarteto (m)	kvartet	[kvar'tɛt]
coro (m)	xor	['χor]
orquestra (f)	orkestr	[or'kɛstr]

música (f) pop	pop musiqisi	['pop musigi'si]
música (f) rock	rok musiqisi	['rok musigi'si]
grupo (m) de rock	rok qrupu	['rok gru'pu]
jazz (m)	caz	['dʒˈaz]

| ídolo (m) | büt | ['byt] |
| fã, admirador (m) | pərəstişkar | [pæræstiʃˈkˑar] |

concerto (m)	konsert	[kon'sɛrt]
sinfonia (f)	simfoniya	[sim'fonija]
composição (f)	əsər	[æ'sær]
compor (vt)	yaratmaq	[jarat'mah]

canto (m)	oxuma	[oχu'ma]
canção (f)	mahnı	[mah'nɪ]
melodia (f)	melodiya	[mɛ'lodija]
ritmo (m)	ritm	['ritm]
blues (m)	blüz	['blyz]

notas (f pl)	notlar	[not'lar]
batuta (f)	çubuq	[tʃu'buh]
arco (m)	kaman	[ka'man]
corda (f)	sim	['sim]
estojo (m)	qab	['gap]

Descanso. Entretenimento. Viagens

155. Viagens

turismo (m)	turizm	[tu'rizm]
turista (m)	turist	[tu'rist]
viagem (f)	səyahət	[sæja'hæt]
aventura (f)	macəra	[madʒ'æ'ra]
viagem (f)	səfər	[sæ'fær]

férias (f pl)	məzuniyyət	[mæzuni'æt]
estar de férias	məzuniyyətdə olmaq	[mæzuniæt'dæ ol'mah]
descanso (m)	istirahət	[istira'hæt]

comboio (m)	qatar	[ga'tar]
de comboio (chegar ~)	qatarla	[ga'tarla]
avião (m)	təyyarə	[tæja'ræ]
de avião	təyyarə ilə	[tæja'ræ i'læ]
de carro	maşınla	[ma'ʃınla]
de navio	gəmidə	[gæmi'dæ]

bagagem (f)	baqaj	[ba'gaʒ]
mala (f)	çamadan	[ʧama'dan]
carrinho (m)	baqaj üçün araba	[ba'gaʒ ju'ʧun ara'ba]

passaporte (m)	pasport	['pasport]
visto (m)	viza	['viza]
bilhete (m)	bilet	[bi'lɛt]
bilhete (m) de avião	təyyarə bileti	[tæja'ræ bilɛ'ti]

guia (m) de viagem	soraq kitabçası	[so'rah kitabʧa'sı]
mapa (m)	xəritə	[χæri'tæ]
local (m), area (f)	yer	['ɛr]
lugar, sítio (m)	yer	['ɛr]

exotismo (m)	ekzotika	[ɛk'zotika]
exótico	ekzotik	[ɛkzo'tik]
surpreendente	təəccüb doğuran	[taæ'ʤyp doɣu'ran]

grupo (m)	qrup	['grup]
excursão (f)	ekskursiya	[ɛks'kursija]
guia (m)	ekskursiya rəhbəri	[ɛks'kursija ræhbæ'ri]

156. Hotel

hotel (m)	mehmanxana	[mɛhmanχa'na]
motel (m)	motel	[mo'tɛl]
três estrelas	3 ulduzlu	['juʧ ulduz'lʲu]

| cinco estrelas | 5 ulduzlu | ['bɛʃ ulduz'lʲu] |
| ficar (~ num hotel) | qalmaq | [gal'mah] |

quarto (m)	nömrə	[nøm'ræ]
quarto (m) individual	bir nəfərlik nömrə	['bir næfær'lik nøm'ræ]
quarto (m) duplo	iki nəfərlik nömrə	[i'ki næfærlik nøm'ræ]
reservar um quarto	nömrə təxsis etmək	[nøm'ræ tæχ'sis ɛt'mæk]

| meia pensão (f) | yarım pansion | [ja'rım pansi'on] |
| pensão (f) completa | tam pansion | ['tam pansĭon] |

com banheira	vannası olan nömrə	[vanna'sı o'lan nøm'ræ]
com duche	duşu olan nömrə	[du'ʃu o'lan nøm'ræ]
televisão (m) satélite	peyk televiziyası	['pɛjk tɛlɛ'viʒijası]
ar (m) condicionado	kondisioner	[kondisio'nɛr]
toalha (f)	dəsmal	[dæs'mal]
chave (f)	açar	[a'ʧar]

administrador (m)	müdir	[my'dir]
camareira (f)	otaq qulluqçusu	[o'tah gullʲuʒʧu'su]
bagageiro (m)	yükdaşıyan	[jykdaʃı'jan]
porteiro (m)	qapıçı	[gapı'ʧı]

restaurante (m)	restoran	[rɛsto'ran]
bar (m)	bar	['bar]
pequeno-almoço (m)	səhər yeməyi	[sæ'hær ɛmɛ'jı]
jantar (m)	axşam yeməyi	[aχ'ʃam ɛmɛ'jı]
buffet (m)	İsveç masası	[is'vɛʧ masɐ'sı]

| hall (m) de entrada | vestibül | [vɛsti'byl] |
| elevador (m) | lift | ['lift] |

| NÃO PERTURBE | NARAHAT ETMƏYİN! | [nara'hat 'ɛtmæjın] |
| PROIBIDO FUMAR! | SİQARET ÇƏKMƏYİN! | [siga'rɛt 'ʧækmæjın] |

157. Livros. Leitura

livro (m)	kitab	[ki'tap]
autor (m)	müəllif	[myæl'lif]
escritor (m)	yazıçı	[jazı'ʧı]
escrever (vt)	yazmaq	[jaz'mah]

leitor (m)	oxucu	[oχu'ʤʲu]
ler (vt)	oxumaq	[oχu'mah]
leitura (f)	oxuma	[oχu'ma]

| para si | ürəyində | [yræjın'dæ] |
| em voz alta | ucadan | [uʤʲa'dan] |

publicar (vt)	nəşr etmək	['næʃr ɛt'mæk]
publicação (f)	nəşr	['næʃr]
editor (m)	naşir	[na'ʃir]
editora (f)	nəşriyyət	[næʃri'æt]
sair (vi)	çıxmaq	[ʧıχ'mah]

| lançamento (m) | kitabın çıxması | [kita'bın tʃıxma'sı] |
| tiragem (f) | tiraj | [ti'raʒ] |

| livraria (f) | kitab mağazası | [ki'tap ma'ɣazası] |
| biblioteca (f) | kitabxana | [kitapχa'na] |

novela (f)	povest	['povɛst]
conto (m)	hekayə	[hɛka'jæ]
romance (m)	roman	[ro'man]
romance (m) policial	detektiv	[dɛtɛk'tiv]

memórias (f pl)	xatirələr	[χatiræ'lær]
lenda (f)	əfsanə	[æfsa'næ]
mito (m)	əsatir	[æsa'tir]

poesia (f)	şer	['ʃɛr]
autobiografia (f)	tərcümeyi-hal	[tærdʒy'mɛi 'hal]
obras (f pl) escolhidas	seçilmiş əsərlər	[sɛtʃil'miʃ æsær'lær]
ficção (f) científica	elmi fantastika	[ɛl'mi fan'tastika]

título (m)	ad	['ad]
introdução (f)	giriş	[gi'riʃ]
folha (f) de rosto	titul vərəqi	['titul væræ'gi]

capítulo (m)	fəsil	[fæ'sil]
excerto (m)	parça	[par'tʃa]
episódio (m)	epizod	[ɛpi'zod]

tema (m)	süjet	[sy'ʒɛt]
conteúdo (m)	mündəricat	[myndɛri'dʒʲæt]
índice (m)	mündəricat	[myndɛri'dʒʲæt]
protagonista (m)	baş qəhrəman	['baʃ gæhræ'man]

tomo, volume (m)	cild	['dʒʲild]
capa (f)	üz	['yz]
encadernação (f)	cild	['dʒʲild]
marcador (m) de livro	əlfəcin	[ælfæ'dʒʲin]

página (f)	səhifə	[sæhi'fæ]
folhear (vt)	vərəqləmək	[væræglæ'mæk]
margem (f)	kənarlar	[kænar'lar]
anotação (f)	nişan	[ni'ʃan]
nota (f) de rodapé	qeyd	['gɛjd]

texto (m)	mətn	['mætn]
fonte (f)	şrift	['ʃrift]
gralha (f)	səhv	['sæhv]

tradução (f)	tərcümə	[tærdʒy'mæ]
traduzir (vt)	tərcümə etmək	[tærdʒy'mæ ɛt'mæk]
original (m)	əsil	[æ'sil]

famoso	məşhur	[mæʃ'hur]
desconhecido	naməlum	[namæ'lʲum]
interessante	maraqlı	[marag'lı]
best-seller (m)	bestseller	[bɛs'tsɛllɛr]

dicionário (m)	lüğet	[ly'ɣæt]
manual (m) escolar	ders kitabı	['dærs kita'bı]
enciclopédia (f)	ensiklopediya	[ɛnsiklo'pɛdija]

158. Caça. Pesca

caça (f)	ov	['ov]
caçar (vi)	ova çıxmaq	[o'va ʧɪχ'mah]
caçador (m)	ovçu	[ov'ʧu]

atirar (vi)	ateş açmaq	[a'tæʃ aʧ'mah]
caçadeira (f)	tüfeng	[ty'fænh]
cartucho (m)	patron	[pat'ron]
chumbo (m) de caça	qırma	[gır'ma]

armadilha (f)	tele	[tæ'læ]
armadilha (com corda)	tele	[tæ'læ]
pôr a armadilha	tele qurmaq	[tæ'læ gur'mah]
caçador (m) furtivo	brakonyer	[brako'njɛr]
caça (f)	ov quşları ve heyvanları	['ov guʃla'rı 'væ hɛjvanla'rı]
cão (m) de caça	ov iti	['ov i'ti]
safári (m)	safari	[sa'fari]
animal (m) empalhado	müqevva	[mygæv'va]

pescador (m)	balıqçı	[balıg'ʧı]
pesca (f)	balıq ovu	[ba'lıh o'vu]
pescar (vt)	balıq tutmaq	[ba'lıh tut'mah]
cana (f) de pesca	tilov	[ti'lov]
linha (f) de pesca	tilov ipi	[ti'lov i'pi]
anzol (m)	qarmaq	[gar'mah]
boia (f)	qaravul	[gara'vul]
isca (f)	tele yemi	[tæ'læ ɛ'mi]

lançar a linha	tilov atmaq	[ti'lov at'mah]
morder (vt)	tilova gelmek	[tilo'va gæl'mæk]
pesca (f)	ovlanmış balıq	[ovlan'mıʃ ba'lıh]
buraco (m) no gelo	buzda açılmış deşik	[buz'da aʧıl'mıʃ dɛ'ʃik]

rede (f)	tor	['tor]
barco (m)	qayıq	[ga'jıh]
pescar com rede	torla balıq tutmaq	['torla ba'lıh tut'mak]
lançar a rede	toru suya atmaq	[to'ru su'ja at'mah]
puxar a rede	toru çıxarmaq	[to'ru ʧıχar'mah]

baleeiro (m)	balina ovçusu	[ba'lina ovʧu'su]
baleeira (f)	balina ovlayan gemi	[ba'lina ovla'jan gæ'mi]
arpão (m)	iri qarmaq	[i'ri gar'mah]

159. Jogos. Bilhar

bilhar (m)	bilyard	[bi'ljard]
sala (f) de bilhar	bilyard salonu	[bi'ljard salo'nu]

bola (f) de bilhar	bilyard şarı	[bi'ljard ʃa'rı]
embolsar uma bola	şarı luzaya salmaq	[ʃa'rı 'lʲuzaja sal'mah]
taco (m)	kiy	['kij]
caçapa (f)	luza	['lʲuza]

160. Jogos. Jogar cartas

ouros (m pl)	kərpicxallı kart	[kærpidʒ'ʲxal'lı 'kart]
espadas (f pl)	qaratoxmaq	[garatoχ'mah]
copas (f pl)	qırmızı toxmaq	[gırmı'zı toχ'mah]
paus (m pl)	xaç xallı	['χatʃ χal'lı]

ás (m)	tuz	['tuz]
rei (m)	kral	['kral]
dama (f)	xanım	[χa'nım]
valete (m)	valet	[va'lɛt]

carta (f) de jogar	kart	['kart]
cartas (f pl)	kart	['kart]
trunfo (m)	kozır	['kozır]
baralho (m)	bir dəst kart	['bir 'dæst 'kart]

dar, distribuir (vt)	kart paylamaq	['kart pajla'mah]
embaralhar (vt)	kart qarışdırmaq	['kart garıʃdır'mah]
vez, jogada (f)	oyun	[o'jun]
batoteiro (m)	kart fırıldaqçısı	['kart fırıldagtʃı'sı]

161. Casino. Roleta

casino (m)	kazino	[kazi'no]
roleta (f)	ruletka	[ru'lɛtka]
aposta (f)	ortaya qoyulan pul	[orta'ja goju'lan 'pul]
apostar (vt)	ortaya pul qoymaq	[orta'ja 'pul goj'mah]

vermelho (m)	qırmızı	[gırmı'zı]
preto (m)	qara	[ga'ra]
apostar no vermelho	qırmızıya pul qoymaq	[gırmızı'ja 'pul goj'mah]
apostar no preto	qaraya pul qoymaq	[gara'ja 'pul goj'mah]

crupiê (m, f)	krupye	[kru'pjɛ]
girar a roda	barabanı fırlatmaq	[baraba'nı fırlat'mah]
regras (f pl) do jogo	oyun qaydaları	[o'jun gajdala'rı]
ficha (f)	fişka	['fiʃka]

| ganhar (vi, vt) | udmaq | [ud'mah] |
| ganho (m) | uduş | [u'duʃ] |

| perder (dinheiro) | məğlubiyyətə uğramaq | [mæɣlʲubiæ'tæ uɣra'mah] |
| perda (f) | məğlubiyyət | [mæɣlʲubi'æt] |

| jogador (m) | oyunçu | [ojun'tʃu] |
| blackjack (m) | blek cek | ['blæk 'dʒʲɛk] |

| jogo (m) de dados | zər oyunu | ['zær oju'nu] |
| máquina (f) de jogo | oyun avtomatı | [o'jun avtoma'tı] |

162. Descanso. Jogos. Diversos

passear (vi)	gəzmək	[gæz'mæk]
passeio (m)	gəzinti	[gæzin'ti]
viagem (f) de carro	gəzinti	[gæzin'ti]
aventura (f)	macəra	[madʒ'æ'ra]
piquenique (m)	piknik	[pik'nik]

jogo (m)	oyun	[o'jun]
jogador (m)	oyunçu	[ojun'ʧu]
partida (f)	hissə	[his'sæ]

colecionador (m)	kolleksiyaçı	[kol'lɛksijaʧı]
colecionar (vt)	kolleksiya toplamaq	[kol'lɛksija toplamah]
coleção (f)	kolleksiya	[kol'lɛksija]

palavras (f pl) cruzadas	krossvord	[kross'vord]
hipódromo (m)	cıdır meydanı	[dʒ'ı'dır mɛjca'nı]
discoteca (f)	diskoteka	[disko'tɛka]

| sauna (f) | sauna | ['sauna] |
| lotaria (f) | lotereya | [lotɛ'rɛja] |

campismo (m)	yürüş	[jy'ryʃ]
acampamento (m)	düşərgə	[dyʃær'gæ]
tenda (f)	çadır	[ʧa'dır]
bússola (f)	kompas	['kompas]
campista (m)	turist	[tu'rist]

ver (vt), assistir à ...	baxmaq	[baχ'mah]
telespectador (m)	televiziya tamaşaçısı	[tɛlɛ'vizija tamaʃaʧı'sı]
programa (m) de TV	televiziya verilişi	[tɛlɛ'vizija vɛrili'ʃi]

163. Fotografia

| máquina (f) fotográfica | fotoaparat | [fotoapa'rat] |
| foto, fotografia (f) | fotoqrafiya | [foto'grafija] |

fotógrafo (m)	fotoqrafçı	[fotograf'ʧı]
estúdio (m) fotográfico	fotostudiya	[foto'studija]
álbum (m) de fotografias	fotoalbom	[fotoal'bom]

objetiva (f)	obyektiv	[objɛk'tiv]
teleobjetiva (f)	teleobyektiv	[tɛlɛobjɛk'tiv]
filtro (m)	filtr	['filtr]
lente (f)	linza	['linza]

| ótica (f) | optika | ['optika] |
| abertura (f) | diafraqma | [diaf'ragma] |

| exposição (f) | obyektivin açıq qalma müddəti | [objɛkti'vin a'ʧıh gal'ma myddæ'ti] |
| visor (m) | vizir | [vi'zir] |

câmara (f) digital	rəqəm kamerası	[ræ'gæm 'kamɛrası]
tripé (m)	üçayaq	[yʧa'jah]
flash (m)	işartı	[iʃar'tı]

fotografar (vt)	fotoşəkil çəkmək	[fotoʃæ'kil ʧæk'mæk]
tirar fotos	foto çəkmək	['foto ʧæk'mæk]
fotografar-se	fotoşəkil çəkdirmək	[fotoʃæ'kil ʧækdir'mæk]

foco (m)	aydınlıq	[ajdın'lıh]
focar (vt)	aydınlığa yönəltmək	[ajdınlı'ɣa jonælt'mæk]
nítido	aydın	[aj'dın]
nitidez (f)	aydınlıq	[ajdın'lıh]

| contraste (m) | təzad | [tæ'zad] |
| contrastante | təzadlı | [tæzad'lı] |

retrato (m)	fotoşəkil	[fotoʃæ'kil]
negativo (m)	neqativ	[nɛga'tiv]
filme (m)	fotolent	[foto'lɛnt]
fotograma (m)	kadr	['kadr]
imprimir (vt)	şəkil çıxartmaq	[ʃæ'kil ʧıxart'mah]

164. Praia. Natação

praia (f)	plyaj	['plʲaʒ]
areia (f)	qum	['gum]
deserto	adamsız	[adam'sız]

bronzeado (m)	gündən qaralma	[gyn'dæn garal'ma]
bronzear-se (vr)	qaralmaq	[garal'mah]
bronzeado	gündən qaralmış	[gyn'dæn garal'mıʃ]
protetor (m) solar	qaralma kremi	[garal'ma krɛ'mi]

biquíni (m)	bikini	[bi'kini]
fato (m) de banho	çimmə paltarı	[ʧim'mæ palta'rı]
calção (m) de banho	üzgüçü tumanı	[yzgy'ʧu tuma'nı]

piscina (f)	hovuz	[ho'vuz]
nadar (vi)	üzmək	[yz'mæk]
duche (m)	duş	['duʃ]
mudar de roupa	əynini dəyişmək	[æjni'ni dæiʃ'mæk]
toalha (f)	dəsmal	[dæs'mal]

| barco (m) | qayıq | [ga'jıh] |
| lancha (f) | kater | ['katɛr] |

esqui (m) aquático	su xizəyi	['su xizæ'jı]
barco (m) de pedais	su velosipedi	['su vɛlosipɛ'di]
surf (m)	serfinq	['sɛrfinh]
surfista (m)	serfinq idmançısı	['sɛrfinh idmanʧı'sı]

equipamento (m) de mergulho	akvalanq	[akva'lanh]
barbatanas (f pl)	lastlar	[last'lar]
máscara (f)	maska	[mas'ka]
mergulhador (m)	dalğıc	[dal'yıdʒi]
mergulhar (vi)	dalmaq	[dal'mah]
debaixo d'água	suyun altında	[su'jun altın'da]
guarda-sol (m)	çətir	[ʧæ'tir]
espreguiçadeira (f)	şezlonq	[ʃɛz'lonh]
óculos (m pl) de sol	eynək	[ɛj'næk]
colchão (m) de ar	üzmək üçün döşək	[yz'mæk ju ʧun dø'ʃæk]
brincar (vi)	oynamaq	[ojna'mah]
ir nadar	çimmək	[ʧim'mæk]
bola (f) de praia	top	['top]
encher (vt)	doldurmak	[doldur'maç]
inflável, de ar	hava ilə doldurulan	[ha'va i'læ dolduru'lan]
onda (f)	dalğa	[dal'ya]
boia (f)	siqnal üzgəci	[sig'nal juzgæ'dʒi]
afogar-se (pessoa)	boğulub batmaq	[boyu'lʲup bat'mah]
salvar (vt)	xilas etmək	[χi'las ɛt'mæk]
colete (m) salva-vidas	xilas edici jilet	[χi'las ædi'dʒi ʒi'lɛt]
observar (vt)	müşaidə etmək	[myʃai'dæ ɛt'mæk]
nadador-salvador (m)	xilas edən	[χi'las ɛ'dær]

143

EQUIPAMENTO TÉCNICO. TRANSPORTES

Equipamento técnico. Transportes

165. Computador

computador (m)	bilgisayar	[bilgisa'jar]
portátil (m)	noutbuk	['noutbuk]
ligar (vt)	işə salmaq	[i'ʃæ sal'mah]
desligar (vt)	söndürmək	[søndyr'mæk]
teclado (m)	klaviatura	[klavia'tura]
tecla (f)	dil	['dil]
rato (m)	bilgisayar siçanı	[bilgisa'jar siʧa'nɪ]
tapete (m) de rato	altlıq	[alt'lɪh]
botão (m)	düymə	[dyj'mæ]
cursor (m)	kursor	[kur'sor]
monitor (m)	monitor	[moni'tor]
ecrã (m)	ekran	[ɛk'ran]
disco (m) rígido	sərt disk	['sært 'disk]
capacidade (f) do disco rígido	sərt diskin həcmi	['sært dis'kin hæʤ'mi]
memória (f)	yaddaş	[jad'daʃ]
memória RAM (f)	operativ yaddaş	[opɛra'tiv jad'daʃ]
ficheiro (m)	fayl	['fajl]
pasta (f)	qovluq	[gov'lʲuh]
abrir (vt)	açmaq	[aʧ'mah]
fechar (vt)	bağlamaq	[baɣla'mah]
guardar (vt)	saxlamaq	[saχla'mah]
apagar, eliminar (vt)	silmək	[sil'mæk]
copiar (vt)	kopyalamaq	[kopjala'mah]
ordenar (vt)	çeşidləmək	[ʧɛʃidlæ'mæk]
copiar (vt)	yenidən yazmaq	[ɛni'dæn jaz'mah]
programa (m)	proqram	[prog'ram]
software (m)	proqram təminatı	[prog'ram tæmina'tɪ]
programador (m)	proqramçı	[program'ʧɪ]
programar (vt)	proqramlaşdırmaq	[programlaʃdɪr'mah]
hacker (m)	xaker	['χakɛr]
senha (f)	parol	[pa'rol]
vírus (m)	virus	['virus]
detetar (vt)	aşkar etmək	[aʃ'kʲar ɛt'mæk]
byte (m)	bayt	['bajt]

megabyte (m)	meqabayt	[mɛga'bajt]
dados (m pl)	məlumatlar	[mælʲumatˈlar]
base (f) de dados	məlumatlar bazası	[mælʲumatlar 'bazası]

cabo (m)	kabel	['kabɛl]
desconectar (vt)	ayırmaq	[ajır'mah]
conetar (vt)	qoşmaq	[goʃ'mah]

166. Internet. E-mail

internet (f)	internet	[intɛr'nɛt]
browser (m)	brauzer	['brauzɛr]
motor (m) de busca	axtarış mənbəyi	[aχta'rıʃ mænbæ'i]
provedor (m)	provayder	[provaj'dɛr]

webmaster (m)	veb ustası	['vɛp usta'sı]
website, sítio web (m)	veb-sayt	['vɛp 'sajt]
página (f) web	veb-səhifə	['vɛp sæi'fæ]

| endereço (m) | ünvan | [yn'van] |
| livro (m) de endereços | ünvan kitabı | [yn'van kita'ɔı] |

| caixa (f) de correio | poçt qutusu | ['potʃt gutu'sↄ] |
| correio (m) | poçt | ['potʃt] |

mensagem (f)	ismarıc	[isma'rıdʒ]
remetente (m)	göndərən	[gøndæ'ræn]
enviar (vt)	göndərmək	[gøndær'mæk]
envio (m)	göndərilmə	[gøndæril'mæ]

| destinatário (m) | alan | [a'lan] |
| receber (vt) | almaq | [al'mah] |

| correspondência (f) | məktublaşma | [mæktublaʃ'ma] |
| corresponder-se (vr) | məktublaşmaq | [mæktublaʃ'mah] |

ficheiro (m)	fayl	['fajl]
fazer download, baixar	kopyalamaq	[kopjala'mah]
criar (vt)	yaratmaq	[jarat'mah]
apagar, eliminar (vt)	silmək	[sil'mæk]
eliminado	silinmiş	[silin'miʃ]

conexão (f)	bağlantı	[baɣlan'tı]
velocidade (f)	surət	[su'ræt]
modem (m)	modem	[mo'dɛm]

| acesso (m) | yol | ['jol] |
| porta (f) | giriş | [gi'riʃ] |

| conexão (f) | qoşulma | [goʃul'ma] |
| conetar (vi) | qoşulmaq | [goʃul'mah] |

| escolher (vt) | seçmək | [sɛtʃ'mæk] |
| buscar (vt) | axtarmaq | [aχtar'mah] |

145

167. Eletricidade

eletricidade (f)	elektrik	[ɛlɛkt'rik]
elétrico	elektrik	[ɛlɛkt'rik]
central (f) elétrica	elektrik stansiyası	[ɛlɛkt'rik 'stansijası]
energia (f)	enerji	[ɛnɛr'ʒi]
energia (f) elétrica	elektrik enerjisi	[ɛlɛkt'rik ɛnɛrʒi'si]

lâmpada (f)	lampa	[lam'pa]
lanterna (f)	əl fənəri	['æl fænæ'ri]
poste (m) de iluminação	küçə fənəri	[ky'ʧæ fænæ'ri]

luz (f)	işıq	[i'ʃih]
ligar (vt)	qoşmaq	[goʃ'mah]
desligar (vt)	söndürmək	[søndyr'mæk]
apagar a luz	işığı söndürmək	[iʃi'ɣı søndyr'mæk]

fundir (vi)	yanmaq	[jan'mah]
curto-circuito (m)	qısa qapanma	[gı'sa gapan'ma]
rutura (f)	qırılma	[gırıl'ma]
contacto (m)	birləşmə	[birlæʃ'mæ]

interruptor (m)	elektrik açarı	[ɛlɛkt'rik aʧa'rı]
tomada (f)	rozetka	[rozɛt'ka]
ficha (f)	ştepsel	[ʃ'tɛpsɛl]
extensão (f)	uzadıcı	[uzadı'ʤı]

fusível (m)	qoruyucu	[goruy'ʤy]
fio, cabo (m)	məftil	[mæf'til]
instalação (f) elétrica	şəbəkə	[ʃæbæ'kæ]

ampere (m)	amper	[am'pɛr]
amperagem (f)	cərəyən gücü	[ʤ'æræ'jæn gy'ʤy]
volt (m)	volt	['volt]
voltagem (f)	gərginlik	[gærgin'lik]

aparelho (m) elétrico	elektrik cihaz	[ɛlɛkt'rik ʤi'haz]
indicador (m)	indikator	[indi'kator]

eletricista (m)	elektrik	[ɛ'lɛktrik]
soldar (vt)	lehimləmək	[lɛhimlæ'mæk]
ferro (m) de soldar	lehim aləti	[lɛ'him alæ'ti]
corrente (f) elétrica	cərəyan	[ʤ'æræ'jæn]

168. Ferramentas

ferramenta (f)	alət	[a'læt]
ferramentas (f pl)	alətlər	[alæt'lær]
equipamento (m)	avadanlıq	[avadan'lıh]

martelo (m)	çəkic	[ʧæ'kiʤ]
chave (f) de fendas	vintaçan	[vinta'ʧan]
machado (m)	balta	[bal'ta]

serra (f)	mişar	[mi'ʃar]
serrar (vt)	mişarlamaq	[miʃarla'mah]
plaina (f)	rəndə	[ræn'dæ]
aplainar (vt)	rəndələmək	[rændælæ'mæk]
ferro (m) de soldar	lehim aləti	[lɛ'him alæ'ti]
soldar (vt)	lehimləmək	[lɛhimlæ'mæk]

lima (f)	suvand	[su'vand]
tenaz (f)	kəlbətin	[kælbæ'tin]
alicate (m)	yastıağız kəlbətin	[jastıa'ɣız kælbæ'tin]
formão (m)	iskənə	[iskæ'næ]

broca (f)	burğu	[bur'ɣu]
berbequim (f)	burğu	[bur'ɣu]
furar (vt)	deşmək	[dɛʃ'mæk]

faca (f)	bıçaq	[bı'tʃah]
lâmina (f)	uc	['udʒi]

afiado	iti	[i'ti]
cego	küt	['kyt]
embotar-se (vr)	kütləşmək	[kytlæʃ'mæk]
afiar, amolar (vt)	itiləmək	[itilæ'mæk]

parafuso (m)	bolt	['bolt]
porca (f)	qayka	[gaj'ka]
rosca (f)	yiv	['jıv]
parafuso (m) para madeira	şurup	[ʃu'rup]

prego (m)	mismar	[mis'mar]
cabeça (f) do prego	baş	['baʃ]

régua (f)	xətkeş	[χæt'kɛʃ]
fita (f) métrica	ölçü lenti	[øl'tʃu lɛn'ti]
nível (m)	səviyyə ölçən cihaz	[sævi'æ øl'tʃæn dʒi'haz]
lupa (f)	zərrəbin	[zærræ'bin]

medidor (m)	ölçü cihazı	[øl'tʃu dʒiha'zı]
medir (vt)	ölçmək	[øltʃ'mæk]
escala (f)	şkala	[ʃka'la]
indicação (f), registo (m)	göstərici	[gøstɛri'dʒi]

compressor (m)	kompressor	[kom'prɛssor]
microscópio (m)	mikroskop	[mikro'skop]

bomba (f)	nasos	[na'sos]
robô (m)	robot	[ro'bot]
laser (m)	lazer	['lazɛr]

chave (f) de boca	qayka açarı	[gaj'ka atʃa'rı]
fita (f) adesiva	lent-skoç	['lɛnt 'skotʃ]
cola (f)	yapışqan	[japıʃ'gan]

lixa (f)	sumbata kağızı	[sumba'ta kaɣı'zı]
mola (f)	yay	['jaj]
íman (m)	maqnit	[mag'nit]

luvas (f pl)	əlçək	[æl'dʒʲæk]
corda (f)	kəndir	[kæn'dir]
cordel (m)	ip	['ip]
fio (m)	məftil	[mæf'til]
cabo (m)	kabel	['kabɛl]

marreta (f)	ağır çəkic	[a'ɣır tʃæ'kidʒʲ]
pé de cabra (m)	link	['link]
escada (f) de mão	nərdivan	[nærdi'van]
escadote (m)	əl nərdivanı	['æl nærdiva'nı]

enroscar (vt)	bərkitmək	[bærkit'mæk]
desenroscar (vt)	açmaq	[atʃ'mah]
apertar (vt)	sıxmaq	[sıχ'mah]
colar (vt)	yapışdırmaq	[japıʃdır'mah]
cortar (vt)	kəsmək	[kæs'mæk]

falha (mau funcionamento)	nasazlıq	[nasaz'lıh]
conserto (m)	təmir	[tæ'mir]
consertar, reparar (vt)	təmir etmək	[tæ'mir ɛt'mæk]
regular, ajustar (vt)	sazlamaq	[sazla'mah]

verificar (vt)	yoxlamaq	[joχla'mah]
verificação (f)	yoxlanış	[joχla'nıʃ]
indicação (f), registo (m)	sayğac göstəricisi	[saj'ɣadʒʲ gøstɛridʒʲi'si]

| seguro | etibarlı | [ɛtibar'lı] |
| complicado | mürəkkəb | [myræk'kæp] |

enferrujar (vi)	paslanmaq	[paslan'mah]
enferrujado	paslı	[pas'lı]
ferrugem (f)	pas	['pas]

Transportes

169. Avião

avião (m)	təyyarə	[tæja'ræ]
bilhete (m) de avião	təyyarə bileti	[tæja'ræ bilɛ'ti]
companhia (f) aérea	hava yolu şirkəti	[ha'va jo'lʲu ʃirkæ'ti]
aeroporto (m)	hava limanı	[ha'va lima'nɪ]
supersónico	səsdən sürətli	[sæs'dæn ɛyræt'li]
comandante (m) do avião	hava gəmisinin komandiri	[ha'va gænʳisi'nin komandi'ri]
tripulação (f)	heyyət	[hɛ'jæt]
piloto (m)	pilot	[pi'lot]
hospedeira (f) de bordo	stüardessa	[styar'dɛssa]
copiloto (m)	şturman	['ʃturman]
asas (f pl)	qanadlar	[ganad'lar]
cauda (f)	arxa	[ar'χa]
cabine (f) de pilotagem	kabina	[ka'bina]
motor (m)	mühərrik	[myhær'rik]
trem (m) de aterragem	şassi	[ʃas'si]
turbina (f)	turbina	[tur'bina]
hélice (f)	propeller	[pro'pɛllɛr]
caixa-preta (f)	qara qutu	[ga'ra gu'tu]
coluna (f) de controlo	sükan çarxı	[sy'kʲan ʧar'χɪ]
combustível (m)	yanacaq	[jana'ʤʲah]
instruções (f pl) de segurança	təlimat	[tæli'mat]
máscara (f) de oxigénio	oksigen maskası	[oksi'gɛn maska'sɪ]
uniforme (m)	rəsmi paltar	[ræs'mi pal'tar]
colete (m) salva-vidas	xilas edici jilet	[χi'las ædi'ʤ i ʒi'lɛt]
paraquedas (m)	paraşüt	[para'ʃyt]
descolagem (f)	havaya qalxma	[hava'ja galχ'ma]
descolar (vi)	havaya qalxmaq	[hava'ja galχ'mah]
pista (f) de descolagem	qalxma-enmə zolağı	[galχ'ma ɛn'mæ zola'γɪ]
visibilidade (f)	görünmə dərəcəsi	[gøryn'mæ dærædʒʲæ'si]
voo (m)	uçuş	[u'ʧuʃ]
altura (f)	hündürlük	[hyndyr'lyk]
poço (m) de ar	hava boşluğu	[ha'va boʃlʲu'γu]
assento (m)	yer	['ɛr]
auscultadores (m pl)	qulaqlıqlar	[gulaglɪg'lar]
mesa (f) rebatível	qatlanan masa	[gatla'nan ma'sa]
vigia (f)	illüminator	[illymi'nator]
passagem (f)	keçid	[kɛ'ʧid]

170. Comboio

comboio (m)	qatar	[ga'tar]
comboio (m) suburbano	elektrik qatarı	[ɛlɛkt'rik gata'rı]
comboio (m) rápido	sürət qatarı	[sy'ræt gata'rı]
locomotiva (f) diesel	teplovoz	[tɛplo'voz]
locomotiva (f) a vapor	parovoz	[paro'voz]

carruagem (f)	vaqon	[va'gon]
carruagem restaurante (f)	vaqon-restoran	[va'gon rɛsto'ran]

carris (m pl)	relslər	[rɛls'lær]
caminho de ferro (m)	dəmiryolu	[dæmirjo'lʲu]
travessa (f)	şpal	['ʃpal]

plataforma (f)	platforma	[plat'forma]
linha (f)	yol	['jol]
semáforo (m)	semafor	[sɛma'for]
estação (f)	stansiya	['stansija]

maquinista (m)	maşınsürən	[maʃınsy'ræn]
bagageiro (m)	yükdaşıyan	[jykdaʃı'jan]
hospedeiro, -a (da carruagem)	belədçi	[bælæd'ʧi]
passageiro (m)	sərnişin	[særni'ʃin]
revisor (m)	nəzarətçi	[næzaræ'ʧi]

corredor (m)	dəhliz	[dæh'liz]
freio (m) de emergência	stop-kran	['stop 'kran]

compartimento (m)	kupe	[ku'pɛ]
cama (f)	yataq yeri	[ja'tah ɛ'ri]
cama (f) de cima	yuxarı yer	[juχa'rı 'ɛr]
cama (f) de baixo	aşağı yer	[aʃa'ɣı 'ɛr]
roupa (f) de cama	yataq dəyişəyi	[ja'tah dæiʃæ'jı]

bilhete (m)	bilet	[bi'lɛt]
horário (m)	cədvəl	[ʤʲæd'væl]
painel (m) de informação	lövhə	[løv'hæ]

partir (vt)	yola düşmək	[jo'la dyʃ'mæk]
partida (f)	yola düşmə	[jo'la dyʃ'mæ]

chegar (vi)	gəlmək	[gæl'mæk]
chegada (f)	gəlmə	[gæl'mæ]

chegar de comboio	qatarla gəlmək	[ga'tarla gæl'mæk]
apanhar o comboio	qatara minmək	[gata'ra min'mæk]
sair do comboio	qatardan düşmək	[gatar'dan dyʃ'mæk]

acidente (m) ferroviário	qəza	[gæ'za]
locomotiva (f) a vapor	parovoz	[paro'voz]
fogueiro (m)	ocaqçı	[oʤʲag'ʧı]
fornalha (f)	odluq	[od'lʲuh]
carvão (m)	kömür	[kø'myr]

171. Barco

| navio (m) | gəmi | [gæ'mi] |
| embarcação (f) | gəmi | [gæ'mi] |

vapor (m)	paroxod	[paro'χod]
navio (m)	teploxod	[tɛplo'χod]
transatlântico (m)	layner	['lajnɛr]
cruzador (m)	kreyser	['krɛjsɛr]

iate (m)	yaxta	['jaχta]
rebocador (m)	yedək	[ɛ'dæk]
barcaça (f)	barja	['barʒa]
ferry (m)	bərə	[bæ'ræ]

| veleiro (m) | yelkənli qayıq | [ɛlkæn'li ga jıh] |
| bergantim (m) | briqantina | [brigan'tina] |

| quebra-gelo (m) | buzqıran | [buzgı'ran] |
| submarino (m) | sualtı qayıq | [sual'tı ga'jıh] |

bote, barco (m)	qayıq	[ga'jıh]
bote, dingue (m)	şlyupka	['ʃlʲupka]
bote (m) salva-vidas	xilasetmə şlyupkası	[χilasɛt'mæ ʃlʲupka'sı]
lancha (f)	kater	['katɛr]

capitão (m)	kapitan	[kapi'tan]
marinheiro (m)	matros	[mat'ros]
marujo (m)	dənizçi	[dæniz'tʃi]
tripulação (f)	heyyət	[hɛ'jæt]

contramestre (m)	bosman	['bosman]
grumete (m)	gəmi şagirdi	[gæ'mi ʃagir'di]
cozinheiro (m) de bordo	gəmi aşpazı	[gæ'mi aʃpa'zı]
médico (m) de bordo	gəmi həkimi	[gæ'mi hæki'mi]

convés (m)	göyərtə	[gøjær'tæ]
mastro (m)	dirək	[di'ræk]
vela (f)	yelkən	[ɛl'kæn]

porão (m)	anbar	[an'bar]
proa (f)	gəminin qabaq tərəfi	[gæmi'nin ga'bah tæræ'fi]
popa (f)	gəminin arxa tərəfi	[gæmi'nin ar'χa tæræ'fi]
remo (m)	avar	[a'var]
hélice (f)	pərvanə	[pærva'næ]

camarote (m)	kayuta	[ka'juta]
sala (f) dos oficiais	kayut-kompaniya	[ka'jut kom'panija]
sala (f) das máquinas	maşın bölməsi	[ma'ʃın bølmæ'si]
ponte (m) de comando	kapitan körpüsü	[kapi'tan kørpy'sy]
sala (f) de comunicações	radio-rubka	['radio 'rupka]
onda (f) de rádio	radio dalğası	['radio dalχa'sı]
diário (m) de bordo	gəmi jurnalı	[gæ'mi ʒurna'ʟı]
luneta (f)	müşahidə borusu	[myʃai'dæ boru'su]
sino (m)	zəng	['zænh]

bandeira (f)	bayraq	[baj'rah]
cabo (m)	kanat	[ka'nat]
nó (m)	dənizçi düyünü	[dæniz'ʧi dyju'ny]

| corrimão (m) | məhəccər | [mæhæ'ʤ^jær] |
| prancha (f) de embarque | pilləkən | [pillæ'kæn] |

âncora (f)	lövbər	[løv'bær]
recolher a âncora	lövbəri qaldırmaq	[løvbæ'ri galdır'mah]
lançar a âncora	lövbər salmaq	[løv'bær sal'mah]
amarra (f)	lövbər zənciri	[løv'bær zænʤ^ji'ri]

porto (m)	liman	[li'man]
cais, amarradouro (m)	körpü	[kør'py]
atracar (vi)	sahilə yaxınlaşmaq	[sahi'læ jaχınlaʃ'mah]
desatracar (vi)	sahildən ayrılmaq	[sahil'dæn ajrıl'mah]

viagem (f)	səyahət	[sæja'hæt]
cruzeiro (m)	kruiz	[kru'iz]
rumo (m), rota (f)	istiqamət	[istiga'mæt]
itinerário (m)	marşrut	[marʃrut]

canal (m) navegável	farvater	[far'vatɛr]
banco (m) de areia	say	['saj]
encalhar (vt)	saya oturmaq	[sa'ja otur'mah]

tempestade (f)	fırtına	[fırtı'na]
sinal (m)	siqnal	[sig'nal]
afundar-se (vr)	batmaq	[bat'mah]
SOS	SOS	['sos]
boia (f) salva-vidas	xilas edici dairə	[χilas ɛdi'ʤ^ji dai'ræ]

172. Aeroporto

aeroporto (m)	hava limanı	[ha'va lima'nı]
avião (m)	təyyarə	[tæja'ræ]
companhia (f) aérea	hava yolu şirkəti	[ha'va jo'lʲu ʃirkæ'ti]
controlador (m) de tráfego aéreo	dispetçer	[dis'pɛʧɛr]

partida (f)	uçub getmə	[u'ʧup gɛt'mæ]
chegada (f)	uçub gəlmə	[u'ʧup gæl'mæ]
chegar (~ de avião)	uçub gəlmək	[u'ʧup gæl'mæk]

| hora (f) de partida | yola düşmə vaxtı | [jo'la dyʃ'mæ vaχ'tı] |
| hora (f) de chegada | gəlmə vaxtı | [gæl'mæ vaχ'tı] |

| estar atrasado | gecikmək | [gɛʤ^jik'mæk] |
| atraso (m) de voo | uçuşun gecikməsi | [uʧu'ʃun gɛʤ^jikmæ'si] |

painel (m) de informação	məlumat lövhəsi	[mælʲu'mat løvhæ'si]
informação (f)	məlumat	[mælʲu'mat]
anunciar (vt)	elan etmək	[ɛ'lan ɛt'mæk]
voo (m)	reys	['rɛjs]

| alfândega (f) | gömrük | [gøm'ryk] |
| funcionário (m) da alfândega | gömrük işçisi | [gøm'ryk iʧi'si] |

declaração (f) alfandegária	bəyannamə	[bæjanna'mæ]
preencher a declaração	bəyannaməni doldurmaq	[bæjannarræ'ni doldur'mah]
controlo (m) de passaportes	pasport nəzarəti	['pasport næzaræ'ti]

bagagem (f)	baqaj	[ba'gaʒ]
bagagem (f) de mão	əl yükü	['æl ju'ky]
carrinho (m)	araba	[ara'ba]

aterragem (f)	enmə	[ɛn'mæ]
pista (f) de aterragem	enmə zolağı	[ɛn'mæ zola'ɣı]
aterrar (vi)	enmək	[ɛn'mæk]
escada (f) de avião	pilləkən	[pillæ'kæn]

check-in (m)	qeydiyyat	[gɛjdi'at]
balcão (m) do check-in	qeydiyyat yeri	[gɛjdi'at ɛ'ri]
fazer o check-in	qeydiyyatdan keçmək	[gɛjdiat'dan kɛʧ'mæk]
cartão (m) de embarque	minik talonu	[mi'nik talo'nu]
porta (f) de embarque	çıxış	[ʧı'xıʃ]

trânsito (m)	tranzit	[tran'zit]
esperar (vi, vt)	gözləmək	[gøzlæ'mæk]
sala (f) de espera	gözləmə zalı	[gøzlæ'mæ za'lı]
despedir-se de …	yola salmaq	[jo'la sal'mah]
despedir-se (vr)	vidalaşmaq	[vidalaʃ'mah]

173. Bicicleta. Motocicleta

bicicleta (f)	velosiped	[vɛlosi'pɛd]
scotter, lambreta (f)	motoroller	[moto'rollɛr]
mota (f)	motosiklet	[motosik'lɛt]

ir de bicicleta	velosipedlə getmək	[vɛlosi'pɛdlæ gɛt'mæk]
guiador (m)	sükan	[sy'kan]
pedal (m)	pedal	[pɛ'dal]
travões (m pl)	tormoz	['tormoz]
selim (m)	oturmaq yeri	[otur'mah ɛ'ri]

bomba (f) de ar	nasos	[na'sos]
porta-bagagens (m)	baqaj yeri	[ba'gaʒ ɛ'ri]
lanterna (f)	fənər	[fæ'nær]
capacete (m)	dəbilqə	[dæbil'gæ]

roda (f)	təkər	[tæ'kær]
guarda-lamas (m)	qanad	[ga'nad]
aro (m)	çənbər	[ʧæn'bær]
raio (m)	mil	['mil]

Carros

174. Tipos de carros

carro, automóvel (m)	avtomobil	[avtomo'bil]
carro (m) desportivo	idman avtomobili	[id'man avtomobi'li]
limusine (f)	limuzin	[limu'zin]
descapotável (m)	kabriolet	[kabrio'lɛt]
minibus (m)	mikroavtobus	[mikroav'tobus]
ambulância (f)	təcili yardım maşını	[tædʒi'li jar'dım maʃı'nı]
limpa-neve (m)	qar təmizləyən maşın	['gar tæmizlæ'jæn ma'ʃın]
camião (m)	yük maşını	['juk maʃı'nı]
camião-cisterna (m)	benzin daşıyan maşın	[bɛn'zin daʃı'jan ma'ʃın]
carrinha (f)	furqon	[fur'gon]
camião-trator (m)	yedəkçi	[ɛdæk'tʃi]
atrelado (m)	qoşulma araba	[goʃul'ma ara'ba]
confortável	komfortlu	[komfort'lʲu]
usado	işlənmiş	[iʃlæn'miʃ]

175. Carros. Carroçaria

capô (m)	kapot	[ka'pot]
guarda-lamas (m)	qanad	[ga'nad]
tejadilho (m)	üst	['yst]
para-brisa (m)	qabaq şüşəsi	[ga'bah ʃyʃæ'si]
espelho (m) retrovisor	arxa görünüş güzgüsü	[ar'χa gøry'nyʃ gyzgy'sy]
lavador (m)	şüşəyuyanlar	[ʃyʃæyjan'lar]
limpa-para-brisas (m)	şüşə silgəcləri	[ʃy'ʃæ silgædʒʲlæ'ri]
vidro (m) lateral	yan şüşə	['jan ʃy'ʃæ]
elevador (m) do vidro	şüşə qaldırıcı mexanizm	[ʃy'ʃæ galdırı'dʒʲı mɛχa'nizm]
antena (f)	antenna	[an'tɛnna]
teto solar (m)	lyuk	['lʲuk]
para-choques (m pl)	bamper	['bampɛr]
bagageira (f)	baqaj yeri	[ba'gaʒ ɛ'ri]
porta (f)	qapı	[ga'pı]
maçaneta (f)	qapı dəstəyi	[ga'pı dæstæ'jı]
fechadura (f)	qıfıl	[gı'fıl]
matrícula (f)	nömrə	[nøm'ræ]
silenciador (m)	səsboğan	[sæsbo'ɣan]

| tanque (m) de gasolina | benzin bakı | [bɛn'zin ba'kı] |
| tubo (m) de escape | işlənmiş qaz borusu | [iʃlæn'miʃ 'çaz boru'su] |

acelerador (m)	qaz	['gaz]
pedal (m)	pedal	[pɛ'dal]
pedal (m) do acelerador	qaz pedalı	['gaz pɛda' ı]

travão (m)	tormoz	['tormoz]
pedal (m) do travão	tormoz pedalı	['tormoz pɛda'lı]
travar (vt)	tormozlamaq	[tormozla'mah]
travão (m) de mão	dayanacaq tormozu	[dajana'dʒ|ah 'tormozu]

embraiagem (f)	ilişmə	[iliʃ'mæ]
pedal (m) da embraiagem	ilişmə pedalı	[iliʃ'mæ pɛda'lı]
disco (m) de embraiagem	ilişmə diski	[iliʃ'mæ dis'ki]
amortecedor (m)	amortizator	[amorti'zatcr]

roda (f)	təkər	[tæ'kær]
pneu (m) sobresselente	ehtiyat təkəri	[ɛhti'jat tækæ'ri]
pneu (m)	şin	['ʃin]
tampão (m) de roda	qapaq	[ga'pah]

rodas (f pl) motrizes	aparıcı təkərlər	[aparı'dʒ	ı tækær'lær]
de tração dianteira	qabaq ötürücü	[ga'bah øtyry'dʒy]
de tração traseira	arxa ötürücü	[ar'χa øtyry'dʒy]
de tração às 4 rodas	tam ötürücü	['tam øtyry'cʒy]

caixa (f) de mudanças	ötürücü qutusu	[øtyry'dʒy gutu'su]
automático	avtomat	[avto'mat]
mecânico	mexaniki	[mɛχani'ki]
alavanca (f) das mudanças	ötürücü qutusunun qolu	[øtyry'dʒy gʟtusu'nun go'l|u]

| farol (m) | fara | ['fara] |
| faróis, luzes | faralar | ['faralar] |

médios (m pl)	faranın yaxın işığı	['faranın ja'χ n iʃı'χı]
máximos (m pl)	faranın uzaq işığı	['faranın u'zɛh iʃı'χı]
luzes (f pl) de stop	stop-siqnal	['stop sig'nal|

mínimos (m pl)	qabarit işıqları	[gaba'rit iʃıgla'rı]
luzes (f pl) de emergência	qəza işıq siqnalı	[gæ'za i'ʃih s gna'lı]
faróis (m pl) antinevoeiro	dumana qarşı faralar	[duma'na ga⁻'ʃi 'faralar]
pisca-pisca (m)	dönmə işığı	[døn'mæ iʃı'χı]
luz (f) de marcha atrás	arxaya hərəkət	[arχa'ja hæræ'kæt]

176. Carros. Habitáculo

interior (m) do carro	salon	[sa'lon]
de couro, de pele	dəri	[dæ'ri]
de veludo	velyur	[vɛ'l|ur]
estofos (m pl)	üz	['yz]

| indicador (m) | cihaz | [dʒi'haz] |
| painel (m) de instrumentos | cizaz lövhəciyi | [dʒi'haz løvhædʒ|i'jı] |

| velocímetro (m) | spidometr | [spi'domɛtr] |
| ponteiro (m) | ox işarəsi | ['oχ iʃaræ'si] |

conta-quilómetros (m)	sayğac	[saj'ɣadʒʲ]
sensor (m)	göstərici	[gøstɛri'dʒʲi]
nível (m)	səviyyə	[sævi'æ]
luz (f) avisadora	lampa	[lam'pa]

volante (m)	sükan	[sy'kan]
buzina (f)	siqnal	[sig'nal]
botão (m)	düymə	[dyj'mæ]
interruptor (m)	sürətləri dəyişən mexanizm	[syrætlæ'ri dæi'ʃæn mɛχa'nizm]

assento (m)	oturacaq	[otura'dʒʲah]
costas (f pl) do assento	söykənəcək	['søjkænæ'dʒʲæk]
cabeceira (f)	başaltı	[baʃal'tı]
cinto (m) de segurança	təhlükəsizlik kəməri	[tæhlykæsiz'lik kæmæ'ri]
apertar o cinto	kəməri bağlamaq	[kæmæ'ri baɣla'mah]
regulação (f)	sazlama	[sazla'ma]

| airbag (m) | təhlükəsizlik yastığı | [tæhlykæsiz'lik jastı'ɣı] |
| ar (m) condicionado | kondisioner | [kondisio'nɛr] |

rádio (m)	radio	['radio]
leitor (m) de CD	CD səsləndiricisi	[si'di sæslændiridʒʲi'si]
ligar (vt)	qoşmaq	[goʃ'mah]
antena (f)	antenna	[an'tɛnna]
porta-luvas (m)	qutu	[gu'tu]
cinzeiro (m)	külqabı	['kylʲgabı]

177. Carros. Motor

motor (m)	mühərrik	[myhær'rik]
motor (m)	motor	[mo'tor]
diesel	dizel	['dizɛl]
a gasolina	benzin	[bɛn'zin]

cilindrada (f)	mühərriyin həcmi	[myhærri'jın hædʒʲ'mi]
potência (f)	güc	['gydʒʲ]
cavalo-vapor (m)	at gücü	['at gy'dʒy]
pistão (m)	porşen	['porʃɛn]
cilindro (m)	silindr	[si'lindr]
válvula (f)	qapaq	[ga'pah]

injetor (m)	injektor	[in'ʒɛktor]
gerador (m)	generator	[gɛnɛ'rator]
carburador (m)	karbyurator	[karby'rator]
óleo (m) para motor	motor yağı	[mo'tor ja'ɣı]

radiador (m)	radiator	[radi'ator]
refrigerante (m)	soyuducu maye	[sojudu'dʒy ma'jɛ]
ventilador (m)	ventilyator	[vɛnti'lʲator]
bateria (f)	akkumulyator	[akkumu'lʲator]

dispositivo (m) de arranque	starter düyməsi	['startɛr dy͜mæ'si]
ignição (f)	yanma	[jan'ma]
vela (f) de ignição	yanma şamı	[jan'ma ʃa'mı]

borne (m)	klemma	['klɛmma]
borne (m) positivo	plyus	['plʲus]
borne (m) negativo	minus	['minus]
fusível (m)	qoruyucu	[goruy'dʒy]

filtro (m) de ar	hava filtri	[ha'va filt'ri]
filtro (m) de óleo	yağ filtri	['jaɣ filt'ri]
filtro (m) de combustível	yanacaq filtri	[jana'dʒʲah ᵻlt'ri]

178. Carros. Batidas. Reparação

acidente (m) de carro	qəza	[gæ'za]
acidente (m) rodoviário	yol qəzası	['jol gæza'sı]
ir contra ...	toqquşmaq	[tokkuʃ'mah]
sofrer um acidente	əzilmək	[æzil'mæk]
danos (m pl)	xarab etmə	[ɣa'rap ɛt'mæ]
intato	salamat	[sala'mat]

| avariar (vi) | qırılmaq | [gırıl'mah] |
| cabo (m) de reboque | yedək ipi | [ɛ'dæk i'pi] |

furo (m)	deşilmə	[dɛʃil'mæ]
estar furado	buraxmaq	[buraɣ'mah]
encher (vt)	doldurmaq	[doldur'mah]
pressão (f)	təzyiq	[tæz'jıh]
verificar (vt)	yoxlamaq	[joɣla'mah]

reparação (f)	təmir	[tæ'mir]
oficina (f)	təmir emalatxanası	[tæ'mir ɛmalatɣana'sı]
de reparação de carros		
peça (f) sobresselente	ehtiyat hissəsi	[ɛhti'jat hissæ'si]
peça (f)	detal	[dɛ'tal]

parafuso (m)	bolt	['bolt]
parafuso (m)	vint	['vint]
porca (f)	qayka	[gaj'ka]
anilha (f)	şayba	['ʃajba]
rolamento (m)	podşipnik	[pod'ʃipnik]

tubo (m)	borucuq	[boru'dʒyh]
junta (f)	aralıq qat	[ara'lıh 'gat]
fio, cabo (m)	məftil	[mæf'til]

macaco (m)	domkrat	[domk'rat]
chave (f) de boca	qayka açarı	[gaj'ka atʃa'rı]
martelo (m)	çəkic	[tʃæ'kidʒʲ]
bomba (f)	nasos	[na'sos]
chave (f) de fendas	vintaçan	[vinta'tʃan]
extintor (m)	odsöndürən	[odsøndy'rær]
triângulo (m) de emergência	Qəza üçbucağı nişanı	[gæ'za jutʃbudʒʲa'ɣı niʃa'nı]

parar (vi) (motor)	yatmaq	[jat'mah]
paragem (f)	dayanma	[dajan'ma]
estar quebrado	qırılmaq	[gırıl'mah]

superaquecer-se (vr)	həddindən artıq qızmaq	[hæddin'dæn ar'tıh gız'mah]
entupir-se (vr)	yolu tutulmaq	[jo'lʲu tutul'mah]
congelar-se (vr)	donmaq	[don'mah]
rebentar (vi)	partlamaq	[partla'mah]

pressão (f)	təzyiq	[tæz'jıh]
nível (m)	səviyyə	[sævi'æ]
frouxo	zəif	[zæ'if]

mossa (f)	batıq	[ba'tıh]
ruído (m)	səs	['sæs]
fissura (f)	çat	['ʧat]
arranhão (m)	cızıq	[ʤʲı'zıh]

179. Carros. Estrada

estrada (f)	yol	['jol]
autoestrada (f)	avtomobil magistralı	[avtomo'bil magistra'lı]
rodovia (f)	şose	[ʃo'sɛ]
direção (f)	istiqamət	[istiga'mæt]
distância (f)	məsafə	[mæsa'fæ]

ponte (f)	körpü	[kør'py]
parque (m) de estacionamento	park yeri	['park ɛ'ri]
praça (f)	meydan	[mɛj'dan]
nó (m) rodoviário	qovşaq	[gov'ʃah]
túnel (m)	tunel	[tu'nɛl]

posto (m) de gasolina	yanacaq doldurma məntəqəsi	[jana'ʤʲah doldur'ma mæntægæ'si]
parque (m) de estacionamento	avtomobil duracağı	[avtomo'bil duraʤʲa'ɣı]
bomba (f) de gasolina	benzin kolonkası	[bɛn'zin kolonka'sı]
oficina (f) de reparação de carros	maşın təmiri	[ma'ʃın tæmi'ri]
abastecer (vt)	yanacaq doldurmaq	[jana'ʤʲah doldur'mah]
combustível (m)	yanacaq	[jana'ʤʲah]
bidão (m) de gasolina	kanistr	[ka'nistr]

asfalto (m)	asfalt	[as'falt]
marcação (f) de estradas	nişan vurma	[ni'ʃan vur'ma]
lancil (m)	haşiyə	[haʃi'jæ]
proteção (f) guard-rail	hasarlama	[hasarla'ma]
valeta (f)	küvet	[ky'vɛt]
berma (f) da estrada	yolun qırağı	[jo'lʲun gıra'ɣı]
poste (m) de luz	dirək	[di'ræk]

conduzir, guiar (vt)	sürmək	[syr'mæk]
virar (ex. ~ à direita)	döndərmək	[døndær'mæk]
dar retorno	dönmək	[døn'mæk]
marcha-atrás (f)	arxaya hərəkət	[arχa'ja hæræ'kæt]

buzinar (vi)	siqnal vermək	[sig'nal vɛr'mæk]
buzina (f)	səs siqnalı	['sæs signa'lı]
atolar-se (vr)	ilişib qalmaq	[ili'ʃip gal'mɔh]
patinar (na lama)	yerində fırlanmaq	[ɛrin'dæ fırlan'mah]
desligar (vt)	söndürmək	[søndyr'mæk]

velocidade (f)	sürət	[sy'ræt]
exceder a velocidade	sürəti aşmaq	[syræ'ti aʃ'mah]
multar (vt)	cərimə etmək	[dʒˈæri'mæ ɛt'mæk]
semáforo (m)	svetofor	[svɛto'for]
carta (f) de condução	sürücülük vəsiqəsi	[syrydʒy'lyk væsigæ'si]

passagem (f) de nível	keçid	[kɛ'tʃid]
cruzamento (m)	dörd yol ağzı	[dørd 'jol a'ɣzı]
passadeira (f)	piyadalar üçün keçid	[pijada'lar ju'tʃun kɛ'tʃid]
curva (f)	dönmə yeri	[døn'mæ ɛ'r]
zona (f) pedonal	piyadalar zonası	[pijada'lar 'zɔnası]

180. Sinais de trânsito

código (m) da estrada	yol hərəkət qaydaları	['jol hæræ'kæt gajdala'rı]
sinal (m) de trânsito	işarə	[iʃa'ræ]
ultrapassagem (f)	ötüb keçmə	[ø'typ kɛtʃ'mæ]
curva (f)	dönmə	[døn'mæ]
inversão (f) de marcha	döndərmə	[døndær'mæ]
rotunda (f)	dairəvi hərəkət	[dairæ'vi hæ-æ'kæt]

sentido proibido	giriş qadağandır	[gi'riʃ gada'ɣɛndır]
trânsito proibido	hərəkət qadağandır	[hæræ'kæt gada'ɣandır]
proibição de ultrapassar	ötüb keçmə qadağandır	[ø'typ kɛtʃ'mæ gada'ɣandır]
estacionamento proibido	durmaq qadağandır	[dur'mah gada'ɣandır]
paragem proibida	dayanmaq qadağandır	[dajan'mah gada'ɣandır]

curva (f) perigosa	sərt dönmə	['sært døn'mæ]
descida (f) perigosa	sərt eniş	['sært ɛ'niʃ]
trânsito de sentido único	birtərəfli yol	[birtæræf'li 'jcl]
passadeira (f)	piyadalar üçün keçid	[pijada'lar ju'ţun kɛ'tʃid]
pavimento (m) escorregadio	sürüşkən yol	[syryʃ'kæn 'joʃ]
cedência de passagem	başqasına yol ver	[baʃgası'na 'jcl 'vɛr]

PESSOAS. EVENTOS

Eventos

181. Férias. Evento

festa (f)	bayram	[baj'ram]
festa (f) nacional	milli bayram	[mil'li baj'ram]
feriado (m)	bayram günü	[baj'ram gy'ny]
festejar (vt)	bayram etmək	[baj'ram ɛt'mæk]
evento (festa, etc.)	hadisə	[hadi'sæ]
evento (banquete, etc.)	tədbir	[tæd'bir]
banquete (m)	banket	[ban'kɛt]
receção (f)	ziyafət	[zija'fæt]
festim (m)	böyük qonaqlıq	[bø'juk gonag'lıh]
aniversário (m)	ildönümü	[ildøny'my]
jubileu (m)	yubiley	[ybi'lɛj]
celebrar (vt)	qeyd etmək	['gɛjd æt'mæk]
Ano (m) Novo	Yeni il	[ɛ'ni 'il]
Feliz Ano Novo!	Yeni iliniz mübarək!	[ɛ'ni ili'niz myba'ræk]
Natal (m)	Milad	[mi'lad]
Feliz Natal!	Milad bayramınız şən keçsin!	[mi'lad bajramı'nız 'ʃæn kɛʧ'sin]
árvore (f) de Natal	Yeni il yolkası	[ɛ'ni 'il jolka'sı]
fogo (m) de artifício	salam atəşi	[sa'lam atæ'ʃi]
boda (f)	toy	['toj]
noivo (m)	bəy	['bæj]
noiva (f)	nişanlı	[niʃan'lı]
convidar (vt)	dəvət etmək	[dæ'væt ɛt'mæk]
convite (m)	dəvətnamə	[dævætna'mæ]
convidado (m)	qonaq	[go'nah]
visitar (vt)	qonaq getmək	[go'nah gɛt'mæk]
receber os hóspedes	qonaq qarşılamaq	[go'nah garʃıla'mah]
presente (m)	hədiyyə	[hædi'æ]
oferecer (vt)	hədiyyə vermək	[hædi'æ vɛr'mæk]
receber presentes	hədiyyə almaq	[hædi'æ al'mah]
ramo (m) de flores	gül dəstəsi	['gylʲ dæstæ'si]
felicitações (f pl)	təbrik	[tæb'rik]
felicitar (dar os parabéns)	təbrik etmək	[tæb'rik ɛt'mæk]
cartão (m) de parabéns	təbrik açıqçası	[tæb'rik atʃıgtʃa'sı]

enviar um postal	**açıqça göndərmək**	[atʃɪg'tʃa gøndær'mæk]
receber um postal	**açıqça almaq**	[atʃɪg'tʃa al'mah]

brinde (m)	**tost**	['tost]
oferecer (vt)	**qonaq etmək**	[go'nah ɛt'mæk]
champanhe (m)	**şampan şərabı**	[ʃam'pan ʃæra'bɪ]

divertir-se (vr)	**şənlənmək**	[ʃænlæn'mæk]
diversão (f)	**şənlik**	[ʃæn'lik]
alegria (f)	**sevinc**	[sɛ'vindʒɪ]

dança (f)	**rəqs**	['rægs]
dançar (vi)	**rəqs etmək**	['rægs ɛt'mæk]

valsa (f)	**vals**	['vals]
tango (m)	**tanqo**	['tango]

182. Funerais. Enterro

cemitério (m)	**qəbristanlıq**	[gæbristan'l h]
sepultura (f), túmulo (m)	**qəbir**	[gæ'bir]
lápide (f)	**qəbir daşı**	[gæ'bir da'ʃɪ]
cerca (f)	**hasar**	[ha'sar]
capela (f)	**kiçik kilsə**	[ki'tʃik kil'sæ]

morte (f)	**ölüm**	[ø'lym]
morrer (vi)	**ölmək**	[øl'mæk]
defunto (m)	**ölü**	[ø'ly]
luto (m)	**matəm**	[ma'tæm]

enterrar, sepultar (vt)	**dəfn etmək**	['dæfn ɛt'mæk]
agência (f) funerária	**dəfn etmə bürosu**	['dæfn ɛt'mæ byro'su]
funeral (m)	**dəfn etmə mərasimi**	['dæfn ɛt'mæ mærasi'mi]

coroa (f) de flores	**əklil**	[æk'lil]
caixão (m)	**tabut**	[ta'but]
carro (m) funerário	**cənazə arabası**	[dʒɪæna'zæ araba'sɪ]
mortalha (f)	**kəfən**	[kæ'fæn]

urna (f) funerária	**urna**	['urna]
crematório (m)	**meyit yandırılan bina**	[mɛ'it jandɪrɪ'an bi'na]

obituário (m), necrologia (f)	**nekroloq**	[nɛkro'loh]
chorar (vi)	**ağlamaq**	[aɣla'mah]
soluçar (vi)	**hönkür-hönkür ağlamaq**	[hø'nkyr hø'nkyr aɣla'mah]

183. Guerra. Soldados

pelotão (m)	**vzvod**	['vzvod]
companhia (f)	**rota**	['rota]
regimento (m)	**alay**	[a'laj]
exército (m)	**ordu**	[or'du]

divisão (f)	diviziya	[di'vizija]
destacamento (m)	dəstə	[dæs'tæ]
hoste (f)	qoşun	[go'ʃun]

| soldado (m) | əsgər | [æs'gær] |
| oficial (m) | zabit | [za'bit] |

soldado (m) raso	sıravi	[sıra'vi]
sargento (m)	çavuş	[ʧa'vuʃ]
tenente (m)	leytenant	[lɛjtɛ'nant]
capitão (m)	kapitan	[kapi'tan]
major (m)	mayor	[ma'jor]
coronel (m)	polkovnik	[pol'kovnik]
general (m)	general	[gɛnɛ'ral]

marujo (m)	dənizçi	[dæniz'ʧi]
capitão (m)	kapitan	[kapi'tan]
contramestre (m)	bosman	['bosman]

artilheiro (m)	topçu	[top'ʧu]
soldado (m) paraquedista	desantçı	[dɛsan'ʧı]
piloto (m)	təyyarəçi	[tæjaræ'ʧi]
navegador (m)	şturman	['ʃturman]
mecânico (m)	mexanik	[mɛ'χanik]

sapador (m)	istehkamçı	[istɛhkam'ʧı]
paraquedista (m)	paraşütçü	[paraʃy'ʧy]
explorador (m)	kəşfiyyatçı	[kæʃfia'ʧı]
franco-atirador (m)	snayper	['snajpɛr]
patrulha (f)	patrul	[pat'rul]
patrulhar (vt)	patrul çəkmək	[pat'rul ʧæk'mæk]
sentinela (f)	keşikçi	[kɛʃik'ʧi]

guerreiro (m)	döyüşçü	[døyʃ'ʧu]
patriota (m)	vətənpərvər	[vætænpær'vær]
herói (m)	qəhrəman	[gæhræ'man]
heroína (f)	qəhrəman qadın	[gæhræ'man ga'dın]

traidor (m)	satqın	[sat'gın]
desertor (m)	fərari	[færa'ri]
desertar (vt)	fərarilik etmək	[færari'lik ɛt'mæk]

mercenário (m)	muzdla tutulan əsgər	['muzdla tutu'lan æs'gær]
recruta (m)	yeni əsgər	[ɛ'ni æs'gær]
voluntário (m)	könüllü	[kønyl'ly]

morto (m)	öldürülən	[øldyry'læn]
ferido (m)	yaralı	[jara'lı]
prisioneiro (m) de guerra	əsir	[æ'sir]

184. Guerra. Ações militares. Parte 1

| guerra (f) | müharibə | [myhari'bæ] |
| guerrear (vt) | müharibə etmək | [myhari'bæ ɛt'mæk] |

guerra (f) civil	vətəndaş müharibəsi	[vætæn'daʃ myharibæ'si]
perfidamente	xaincəsinə	[χa'indʒ'æsinæ]
declaração (f) de guerra	elan edilmə	[ɛ'lan ɛdil'mæ]
declarar (vt) guerra	elan etmək	[ɛ'lan ɛt'mæk]
agressão (f)	təcavüz	[tædʒ'a'vyz]
atacar (vt)	hücum etmək	[hy'dʒ'um ɛt'mæk]

invadir (vt)	işğal etmək	[iʃ'ɣal ɛt'mæk]
invasor (m)	işğalçı	[iʃɣal'tʃı]
conquistador (m)	istilaçı	[istila'tʃı]

defesa (f)	müdafiyə	[mydafi'jæ]
defender (vt)	müdafiyə etmək	[mydafi'jæ ɛt'mæk]
defender-se (vr)	müdafiyə olunmaq	[mydafi'jæ ol'un'mah]

inimigo (m)	düşmən	[dyʃ'mæn]
adversário (m)	əleyhdar	[ælɛjh'dar]
inimigo	düşmən	[dyʃ'mæn]

estratégia (f)	strategiya	[stra'tɛgija]
tática (f)	taktika	['taktika]

ordem (f)	əmr	['æmr]
comando (m)	əmr	['æmr]
ordenar (vt)	əmr etmək	['æmr ɛt'mæk]
missão (f)	tapşırıq	[tapʃı'rıh]
secreto	məxfi	[mæχ'fi]

batalha (f)	vuruşma	[vuruʃ'ma]
combate (m)	döyüş	[dø'juʃ]

ataque (m)	hücum	[hy'dʒ'um]
assalto (m)	hücum	[hy'dʒ'um]
assaltar (vt)	hücum etmək	[hy'dʒ'um ɛt'mæk]
assédio, sítio (m)	mühasirə	[myhasi'ræ]

ofensiva (f)	hücum	[hy'dʒ'um]
passar à ofensiva	hücum etmək	[hy'dʒ'um ɛt'mæk]

retirada (f)	geri çəkilmə	[gɛ'ri tʃækil'mæ]
retirar-se (vr)	geri çəkilmək	[gɛ'ri tʃækil'mæk]

cerco (m)	mühasirə	[myhasi'ræ]
cercar (vt)	mühasirəyə almaq	[myhasiræ'jæ al'mah]

bombardeio (m)	bombalama	[bombala'ma]
lançar uma bomba	bomba atmaq	[bom'ba at'mah]
bombardear (vt)	bombalamaq	[bombala'maɦ]
explosão (f)	partlayış	[partla'jıʃ]

tiro (m)	atəş	[a'tæʃ]
disparar um tiro	güllə atmaq	[gyl'læ at'mah]
tiroteio (m)	atəş	[a'tæʃ]

apontar para ...	nişan almaq	[ni'ʃan al'mah]
apontar (vt)	tuşlamaq	[tuʃla'mah]

acertar (vt)	sərrast vurmaq	[sær'rast vur'mah]
afundar (um navio)	batırmaq	[batır'mah]
brecha (f)	deşik	[dɛ'ʃik]
afundar-se (vr)	batmaq	[bat'mah]

frente (m)	cəbhə	[dʒ'æb'hæ]
evacuação (f)	təxliyə	[tæχli'jæ]
evacuar (vt)	təxliyə etmək	[tæχli'jæ ɛt'mæk]

trincheira (f)	səngər	[sæ'ngær]
arame (m) farpado	tikanlı məftil	[tik'an'lı mæf'til]
obstáculo (m) anticarro	çəpərləmə	[ʧæpæerlæ'mæ]
torre (f) de vigia	qüllə	[gyl'læ]

hospital (m)	hospital	['hospital]
ferir (vt)	yaralamaq	[jarala'mah]
ferida (f)	yara	[ja'ra]
ferido (m)	yaralı	[jara'lı]
ficar ferido	yara almaq	[ja'ra al'mah]
grave (ferida ~)	ağır	[a'ɣır]

185. Guerra. Ações militares. Parte 2

cativeiro (m)	əsirlik	[æsir'lik]
capturar (vt)	əsir almaq	[æ'sir al'mah]
estar em cativeiro	əsirlikdə olmaq	[æsirlik'dæ ol'mah]
ser aprisionado	əsir düşmək	[æ'sir dyʃ'mæk]

campo (m) de concentração	həbs düşərgəsi	['hæbs dyʃærgæ'si]
prisioneiro (m) de guerra	əsir	[æ'sir]
escapar (vi)	qaçmaq	[gaʧ'mah]

trair (vt)	satmaq	[sat'mah]
traidor (m)	satqın	[sat'gın]
traição (f)	satqınlıq	[satgın'lıh]

| fuzilar, executar (vt) | güllələmək | [gyllælæ'mæk] |
| fuzilamento (m) | güllə cəzası | [gyl'læ dʒ'æza'sı] |

equipamento (m)	rəsmi geyim	[ræs'mi gɛ'jım]
platina (f)	poqon	[po'gon]
máscara (f) antigás	eleyhqaz	[ælɛjh'gaz]

rádio (m)	ratsiya	['ratsija]
cifra (f), código (m)	şifr	['ʃifr]
conspiração (f)	konspirasiya	[konspi'rasija]
senha (f)	parol	[pa'rol]

mina (f)	mina	['mina]
minar (vt)	minalamaq	['minalamah]
campo (m) minado	minalanmış sahə	['minalanmıʃ sa'hæ]

| alarme (m) aéreo | hava həyacanı | [ha'va hæjadʒ'a'nı] |
| alarme (m) | həyacan | [hæja'dʒ'an] |

sinal (m)	signal	[sig'nal]
sinalizador (m)	signal raketi	[sig'nal rakɛ'ti]
estado-maior (m)	qərargah	[gærar'gah]
reconhecimento (m)	kəsfiyyat	[kæʃfi'at]
situação (f)	şərait	[ʃæra'it]
relatório (m)	raport	['raport]
emboscada (f)	pusqu	[pus'gu]
reforço (m)	yardım	[jar'dım]
alvo (m)	hədəf	[hæ'dæf]
campo (m) de tiro	poliqon	[poli'gon]
manobras (f pl)	manevrlər	[ma'nɛvrlær]
pânico (m)	panika	['panika]
devastação (f)	xarabalıq	[χaraba'lıh]
ruínas (f pl)	dağıntı	[daɣın'tı]
destruir (vt)	dağıtmaq	[daɣıt'mah]
sobreviver (vi)	sağ qalmaq	['saɣ gal'maɣ]
desarmar (vt)	tərksilah etmək	[tærksi'lah ɛt'mæk]
manusear (vt)	işlətmək	[iʃlæt'mæk]
Firmes!	Farağat!	[fara'ɣat]
Descansar!	Azad!	[a'zad]
façanha (f)	hünər	[hy'nær]
juramento (m)	and	['and]
jurar (vi)	and içmək	['and itʃ'mæk]
condecoração (f)	mükafat	[myka'fat]
condecorar (vt)	təltif etmək	[tæl'tif ɛt'mæk]
medalha (f)	medal	[mɛ'dal]
ordem (f)	orden	['ordɛn]
vitória (f)	qələbə	[gælæ'bæ]
derrota (f)	məğlubiyyət	[mæɣlʲubi'æt]
armistício (m)	atəşkəs	[atæʃ'kæs]
bandeira (f)	bayraq	[baj'rah]
glória (f)	şərəf	[ʃæ'ræf]
desfile (m) militar	parad	[pa'rad]
marchar (vi)	addımlamaq	[addımla'mah]

186. Armas

arma (f)	silah	[si'lah]
arma (f) de fogo	odlu silah	[od'lʲu si'lah]
arma (f) branca	soyuq silah	[so'juh si'lah]
arma (f) química	kimyəvi silah	[kimjæ'vi si'lah]
nuclear	nüvə	[ny'væ]
arma (f) nuclear	nüvə silahı	[ny'væ sila'hı]
bomba (f)	bomba	[bom'ba]

bomba (f) atómica	atom bombası	['atom bomba'sı]
pistola (f)	tapança	[tapan'ʧa]
caçadeira (f)	tüfəng	[ty'fænh]
pistola-metralhadora (f)	avtomat	[avto'mat]
metralhadora (f)	pulemyot	[pulɛ'mʲot]

boca (f)	ağız	[a'ɣız]
cano (m)	lülə	[ly'læ]
calibre (m)	kalibr	[ka'libr]

gatilho (m)	çaxmaq	[ʧax'mah]
mira (f)	nişangah	[niʃan'gʲah]
carregador (m)	sandıq	[san'dıh]
coronha (f)	qundaq	[gun'dah]

| granada (f) de mão | qumbara | [gumba'ra] |
| explosivo (m) | partlayıcı maddə | [partlajı'ʤʲı mad'dæ] |

bala (f)	güllə	[gyl'læ]
cartucho (m)	patron	[pat'ron]
carga (f)	güllə	[gyl'læ]
munições (f pl)	döyüş sursatı	[dø'juʃ sursa'tı]

bombardeiro (m)	bombardmançı təyyarə	[bombardman'ʧı tæja'ræ]
avião (m) de caça	qırıcı təyyarə	[gırı'ʤʲı tæja'ræ]
helicóptero (m)	vertolyot	[vɛrto'lʲot]

canhão (m) antiaéreo	zenit topu	[zɛ'nit to'pu]
tanque (m)	tank	['tank]
canhão (de um tanque)	top	['top]

| artilharia (f) | top | ['top] |
| fazer a pontaria | tuşlamaq | [tuʃla'mah] |

obus (m)	mərmi	[mær'mi]
granada (f) de morteiro	mina	['mina]
morteiro (m)	minaatan	['minaatan]
estilhaço (m)	qəlpə	[gæl'pæ]

submarino (m)	sualtı qayıq	[sual'tı ga'jıh]
torpedo (m)	torpeda	[tor'pɛda]
míssil (m)	raket	[ra'kɛt]

| carregar (uma arma) | doldurmaq | [doldur'mah] |
| atirar, disparar (vi) | atəş açmaq | [a'tæʃ aʧ'mah] |

| apontar para ... | nişan almaq | [ni'ʃan al'mah] |
| baioneta (f) | süngü | [sy'ngy] |

espada (f)	qılınc	[gı'lınʤʲ]
sabre (m)	qılınc	[gı'lınʤʲ]
lança (f)	nizə	[ni'zæ]
arco (m)	yay	['jaj]
flecha (f)	ox	['ox]
mosquete (m)	muşket	[muʃ'kɛt]
besta (f)	arbalet	[arba'lɛt]

187. Povos da antiguidade

primitivo	ibtidai	[iptida'i]
pré-histórico	tarixdən əvvəlki	[tarix'dæn ævvæl'ki]
antigo	qədim	[gæ'dim]
Idade (f) da Pedra	Daş dövrü	['daʃ døv'ry]
Idade (f) do Bronze	Tunc dövrü	['tundʒ døv ry]
período (m) glacial	buz dövrü	['buz døv'ry]
tribo (f)	tayfa	[taj'fa]
canibal (m)	adamyeyən	[adamjɛ'jæn]
caçador (m)	ovçu	[ov'ʧu]
caçar (vi)	ova çıxmaq	[o'va ʧıx'mɛh]
mamute (m)	mamont	['mamont]
caverna (f)	mağara	[maɣa'ra]
fogo (m)	od	['od]
fogueira (f)	tonqal	[ton'gal]
pintura (f) rupestre	qayaüstü rəsmlər	[gajays'ty ræsm'lær]
ferramenta (f)	iş aləti	['iʃ alæ'ti]
lança (f)	nizə	[ni'zæ]
machado (m) de pedra	daş baltası	['daʃ balta'sı]
guerrear (vt)	müharibə etmək	[myhari'bæ ɛt'mæk]
domesticar (vt)	əhliləşdirmək	[æhlilæʃdir'mæk]
ídolo (m)	büt	['byt]
adorar, venerar (vt)	pərəstiş etmək	[pæræs'tiʃ ɛt'mæk]
superstição (f)	xurafat	[xura'fat]
evolução (f)	təkamül	[tæka'myl]
desenvolvimento (m)	inkişaf	[inki'ʃaf]
desaparecimento (m)	yox olma	['jox ol'ma]
adaptar-se (vr)	uyğunlaşmaq	[ujɣunlaʃ'mah]
arqueologia (f)	arxeoloqiya	[arxɛo'logija]
arqueólogo (m)	arxeoloq	[arxɛ'oloh]
arqueológico	arxeoloji	[arxɛolo'ʒi]
local (m) das escavações	qazıntı	[gazın'tı]
escavações (f pl)	qazıntılar	[gazıntı'lar]
achado (m)	tapıntı	[tapın'tı]
fragmento (m)	parça	[par'ʧa]

188. Idade média

povo (m)	xalq	['xalh]
povos (m pl)	xalqlar	[xalg'lar]
tribo (f)	tayfa	[taj'fa]
tribos (f pl)	tayfalar	[tajfa'lar]
bárbaros (m pl)	barbarlar	[barbar'lar]
gauleses (m pl)	qallar	[gal'lar]

godos (m pl)	qotlar	[got'lar]
eslavos (m pl)	slavyanlar	[slav^jan'lar]
víquingues (m pl)	vikinqlər	['vikinglær]

| romanos (m pl) | romalılar | ['romalılar] |
| romano | Roma | ['roma] |

bizantinos (m pl)	bizanslılar	[bizanslı'lar]
Bizâncio	Bizans	[bi'zans]
bizantino	Bizans	[bi'zans]

imperador (m)	imperator	[impɛ'rator]
líder (m)	rəhbər	[ræh'bær]
poderoso	qüdrətli	[gydræt'li]
rei (m)	kral	['kral]
governante (m)	hökmdar	[høkm'dar]

cavaleiro (m)	rıtsar	['rıtsar]
senhor feudal (m)	mülkədar	[myl^jkæ'dar]
feudal	mülkədar	[myl^jkæ'dar]
vassalo (m)	vassal	[vas'sal]

duque (m)	hersoq	['hɛrsoh]
conde (m)	qraf	['graf]
barão (m)	baron	[ba'ron]
bispo (m)	yepiskop	[ɛ'piskop]

armadura (f)	yaraq-əsləhə	[ja'rah æslæ'hæ]
escudo (m)	qalxan	[gal'χan]
espada (f)	qılınc	[gı'lındʒ^j]
viseira (f)	dəbilqə üzlüyü	[dæbil'gæ juzly'ju]
cota (f) de malha	dəmir geyim	[dæ'mir gɛ'jım]

| cruzada (f) | xaç yürüşü | ['χatʃ jury'ʃy] |
| cruzado (m) | əhl-səlib | ['æhl sæ'lip] |

território (m)	ərazi	[æra'zi]
atacar (vt)	hücum etmək	[hy'dʒ^jum ɛt'mæk]
conquistar (vt)	istila etmək	[isti'la ɛt'mæk]
ocupar, invadir (vt)	işğal etmək	[iʃ'ɣal ɛt'mæk]

assédio, sítio (m)	mühasirə	[myhasi'ræ]
sitiado	mühasirə olunmuş	[myhasi'ræ ol^jun'muʃ]
assediar, sitiar (vt)	mühasirə etmək	[myhasi'ræ ɛt'mæk]

inquisição (f)	inkvizisiya	[inkvi'zisija]
inquisidor (m)	inkvizitor	[inkvi'zitor]
tortura (f)	işgəncə	[iʃgæn'dʒ^jæ]
cruel	qəddar	[gæd'dar]
herege (m)	kafir	[ka'fir]
heresia (f)	küfr	['kyfr]

navegação (f) marítima	gəmiçilik	[gæmitʃi'lik]
pirata (m)	dəniz qulduru	[dæ'niz guldu'ru]
pirataria (f)	dəniz quldurluğu	[dæ'niz guldurl^ju'ɣu]
abordagem (f)	abordaj	[abor'daʒ]

| presa (f), butim (m) | qənimət | [gæni'mæt] |
| tesouros (m pl) | xəzinə | [χæzi'næ] |

descobrimento (m)	kəşf etmə	['kæʃf ɛt'mæ]
descobrir (novas terras)	kəşf etmək	['kæʃf ɛt'mæk]
expedição (f)	ekspedisiya	[ɛkspɛ'disija]

mosqueteiro (m)	muşketyor	[muʃkɛ'tʲor]
cardeal (m)	kardinal	[kardi'nal]
heráldica (f)	heraldika	[hɛ'raldika]
heráldico	heraldik	[hɛral'dik]

189. Líder. Chefe. Autoridades

rei (m)	kral	['kral]
rainha (f)	kraliçə	[kra'litʃæ]
real	kral	['kral]
reino (m)	krallıq	[kral'lıh]

| príncipe (m) | şahzadə | [ʃahza'dæ] |
| princesa (f) | şahzadə xanım | [ʃahza'dæ χa'nım] |

presidente (m)	prezident	[prɛzi'dɛnt]
vice-presidente (m)	vitse-prezident	['vitsɛ prɛzi'dɛnt]
senador (m)	senator	[sɛ'nator]

monarca (m)	padşah	[pad'ʃah]
governante (m)	hökmdar	[høkm'dar]
ditador (m)	diktator	[dik'tator]
tirano (m)	zülmkar	[zylʲm'kar]
magnata (m)	maqnat	[mag'nat]

diretor (m)	direktor	[di'rɛktor]
chefe (m)	rəis	[ræ'is]
dirigente (m)	idarə başçısı	[ida'ræ baʃtʃı'sı]
patrão (m)	boss	['boss]
dono (m)	sahib	[sa'hip]

chefe (~ de delegação)	başçı	[baʃ'tʃı]
autoridades (f pl)	hakimiyyət	[hakimi'æt]
superiores (m pl)	rəhbərlik	[ræhbær'lik]

governador (m)	qubernator	[gubɛr'nator]
cônsul (m)	konsul	['konsul]
diplomata (m)	diplomat	[diplo'mat]

| Presidente (m) da Câmara | şəhər icra hakimiyyətinin başçısı | [ʃæ'hær idʒ'ra hakimiæti'nin baʃtʃı'sı] |
| xerife (m) | şerif | [ʃɛ'rif] |

imperador (m)	imperator	[impɛ'rator]
czar (m)	çar	['tʃar]
faraó (m)	firon	[fi'ron]
cã (m)	xan	['χan]

190. Estrada. Caminho. Direções

estrada (f)	yol	['jol]
caminho (m)	yol	['jol]
rodovia (f)	şose	[ʃo'sɛ]
autoestrada (f)	avtomobil maqistralı	[avtomo'bil magistra'lı]
estrada (f) nacional	milli yol	[mil'li 'jol]
estrada (f) principal	əsas yol	[æ'sas 'jol]
caminho (m) de terra batida	kəndarası yol	[kændara'sı 'jol]
trilha (f)	cığır	[dʒ'ı'ɣır]
vereda (f)	cığır	[dʒ'ı'ɣır]
Onde?	Harada?	['harada]
Para onde?	Haraya?	['haraja]
De onde?	Haradan?	['haradan]
direção (f)	istiqamət	[istiga'mæt]
indicar (orientar)	göstərmək	[gøstær'mæk]
para esquerda	sola	[so'la]
para direita	sağa	[sa'ɣa]
em frente	irəli	[iræ'li]
para trás	geri	[gɛ'ri]
curva (f)	dönmə yeri	[døn'mæ ɛ'ri]
virar (ex. ~ à direita)	döndərmək	[døndær'mæk]
dar retorno	dönmək	[døn'mæk]
estar visível	görünmək	[gøryn'mæk]
aparecer (vi)	görünmək	[gøryn'mæk]
paragem (pausa)	dayanma	[dajan'ma]
descansar (vi)	dincəlmək	[dindʒ'æl'mæk]
descanso (m)	dincəlmə	[dindʒ'æl'mæ]
perder-se (vr)	yolu azmaq	[jo'lʲu az'mah]
conduzir (caminho)	aparmaq	[apar'mah]
chegar a ...	... çıxmaq	[... tʃıχ'mah]
trecho (m)	parça	[par'tʃa]
asfalto (m)	asfalt	[as'falt]
lancil (m)	haşiyə	[haʃi'jæ]
valeta (f)	arx	['arχ]
tampa (f) de esgoto	lyuk	['lʲuk]
berma (f) da estrada	yolun qırağı	[jo'lʲun gıra'ɣı]
buraco (m)	çuxur	[tʃu'χur]
ir (a pé)	getmək	[gɛt'mæk]
ultrapassar (vt)	ötüb keçmək	[ø'typ kɛtʃ'mæk]
passo (m)	addım	[ad'dım]
a pé	piyada	[pija'da]

bloquear (vt)	kəsmək	[kæs'mæk]
cancela (f)	şlaqbaum	[ʃlag'baum]
beco (m) sem saída	dalan	[da'lan]

191. Viloação da lei. Criminosos. Parte 1

bandido (m)	quldur	[gul'dur]
crime (m)	cinayət	[dʒina'jæt]
criminoso (m)	cinayətkar	[dʒinajæt'kar]

ladrão (m)	oğru	[o'ɣru]
roubar (vt)	oğurlamaq	[oɣurla'mah]
furto, roubo (m)	oğurluq	[oɣur'lʲuh]

raptar (ex. ~ uma criança)	qaçırtmaq	[gatʃɪrt'mah]
rapto (m)	qaçırtma	[gatʃɪrt'ma]
raptor (m)	adam oğrusu	[a'dam oɣru su]

| resgate (m) | fidiyə | [fidi'ja] |
| pedir resgate | fidiyə tələb etmək | [fidi'ja tæ'læɔ ɛt'mæk] |

| roubar (vt) | adam soymaq | [a'dam soj'mah] |
| assaltante (m) | soyğunçu | [sojɣun'tʃu] |

extorquir (vt)	zorla pul qoparmaq	['zorla 'pul gopar'mah]
extorsionário (m)	zorla pul qoparan	['zorla 'pul gopa'ran]
extorsão (f)	zorla pul qoparma	['zorla 'pul gopar'ma]

matar, assassinar (vt)	öldürmək	[øldyr'mæk]
homicídio (m)	qətl	['gætl]
homicida, assassino (m)	qatil	[ga'til]

tiro (m)	atəş	[a'tæʃ]
dar um tiro	güllə atmaq	[gyl'læ at'mah]
matar a tiro	güllə ilə vurmaq	[gyl'læ i'læ vur'mah]
atirar, disparar (vi)	atəş açmaq	[a'tæʃ atʃ'mah]
tiroteio (m)	atəş	[a'tæʃ]

incidente (m)	hadisə	[hadi'sæ]
briga (~ de rua)	dava-dalaş	[da'va da'laʃ]
vítima (f)	qurban	[gur'ban]

danificar (vt)	xarab etmək	[χa'rap ɛt'mæk]
dano (m)	ziyan	[zi'jan]
cadáver (m)	meyit	[mɛ'it]
grave	ağır	[a'ɣır]

atacar (vt)	hücum etmək	[hy'dʒum ɛt'mæk]
bater (espancar)	vurmaq	[vur'mah]
espancar (vt)	döymək	[døj'mæk]
tirar, roubar (dinheiro)	əlindən almaq	[ælin'dæn al'mah]
esfaquear (vt)	bıçaqlamaq	[bɪtʃagla'mah]
mutilar (vt)	şikəst etmək	[ʃi'kæst ɛt'mæk]
ferir (vt)	yaralamaq	[jarala'mah]

chantagem (f)	şantaj	[ʃan'taʒ]
chantagear (vt)	şantaj etmək	[ʃan'taʒ ɛt'mæk]
chantagista (m)	şantajçı	[ʃantaʒ'ʧı]

extorsão	reket	['rɛkɛt]
(em troca de proteção)		
extorsionário (m)	reketçi	['rɛkɛʧi]
gângster (m)	qanqster	['gangstɛr]
máfia (f)	mafiya	['mafija]

carteirista (m)	cibgir	[dʒib'gir]
assaltante, ladrão (m)	ev yaran	['ɛv ja'ran]
contrabando (m)	qaçaqçılıq	[gatʃagʧı'lıh]
contrabandista (m)	qaçaqçı	[gatʃag'ʧı]

falsificação (f)	saxtalaşdırma	[saxtalaʃdır'ma]
falsificar (vt)	saxtalaşdırmaq	[saxtalaʃdır'mah]
falsificado	saxta	[sax'ta]

192. Viloação da lei. Criminosos. Parte 2

violação (f)	zorlama	[zorla'ma]
violar (vt)	zorlamaq	[zorla'mah]
violador (m)	qadın zorlayan	[ga'dın zorla'jan]
maníaco (m)	manyak	[ma'njak]

prostituta (f)	fahişə	[fahi'ʃæ]
prostituição (f)	fahişəlik	[fahiʃæ'lik]
chulo (m)	qadın alverçisi	[ga'dın alvɛrʧi'si]

| toxicodependente (m) | narkoman | [narko'man] |
| traficante (m) | narkotik alverçisi | [narko'tik alvɛrʧi'si] |

explodir (vt)	partlatmaq	[partlat'mah]
explosão (f)	partlayış	[partla'jıʃ]
incendiar (vt)	yandırmaq	[jandır'mah]
incendiário (m)	qəsdən yandıran	['gæsdæn jandı'ran]

terrorismo (m)	terrorizm	[tɛrro'rizm]
terrorista (m)	terrorçu	[tɛrror'ʧu]
refém (m)	girov götürülən adam	[gi'rov gøtyry'læn a'dam]

enganar (vt)	yalan satmaq	[ja'lan sat'mah]
engano (m)	yalan	[ja'lan]
vigarista (m)	fırıldaqçı	[fırıldag'ʧı]

subornar (vt)	pulla ələ almaq	['pulla æ'læ al'mah]
suborno (atividade)	pulla ələ alma	['pulla æ'læ al'ma]
suborno (dinheiro)	rüşvət	[ryʃ'væt]

veneno (m)	zəhər	[zæ'hær]
envenenar (vt)	zəhərləmək	[zæhærlæ'mæk]
envenenar-se (vr)	özünü zəhərləmək	[øzy'ny zæhærlæ'mæk]
suicídio (m)	intihar	[inti'har]

suicida (m)	intihar edən adam	[inti'har ɛ'dæn a'dam]
ameaçar (vt)	hədələmək	[hædælæ'mæk]
ameaça (f)	hədə	[hæ'dæ]
atentar contra a vida de ...	birinin canına qəsd etmək	[biri'nin dʒ¹anı'na 'gæsd ɛt'mæk]
atentado (m)	qəsd etmə	['gæsd ɛt'mæ]

| roubar (o carro) | qaçırmaq | [gatʃır'mah] |
| desviar (o avião) | qaçırmaq | [gatʃır'mah] |

| vingança (f) | intiqam | [inti'gam] |
| vingar (vt) | intiqam almaq | [inti'gam al'mah] |

torturar (vt)	işgəncə vermək	[iʃgæn'dʒ¹æ vɛr'mæk]
tortura (f)	işgəncə	[iʃgæn'dʒ¹æ]
atormentar (vt)	əzab vermək	[æ'zab vɛr'mæk]

pirata (m)	dəniz qulduru	[dæ'niz guldu'ru]
desordeiro (m)	xuliqan	[χuli'gan]
armado	silahlı	[silah'lı]
violência (f)	zorakılıq	[zorakı'lıh]

| espionagem (f) | casusluq | [dʒ¹asus'lʲuh] |
| espionar (vi) | casusluq etmək | [dʒ¹asus'lʲuh ɛt'mæk] |

193. Polícia. Lei. Parte 1

| justiça (f) | ədalət | [æda'læt] |
| tribunal (m) | məhkəmə | [mæhkæ'mæ] |

juiz (m)	hakim	[ha'kim]
jurados (m pl)	prisyajnı içlasçıları	[pri'sʲaʒnı idʒ¹lastʃıla'rı]
tribunal (m) do júri	prisyajnılar məhkəməsi	[pri'sʲaʒnılar mæhkæmæ'si]
julgar (vt)	mühakimə etmək	[myhaki'mæ ɛt'mæk]

advogado (m)	vəkil	[væ'kil]
réu (m)	müqəssir	[mygæs'sir]
banco (m) dos réus	müqəssirlər kürsüsü	[mygæssir'lær kyrsy'sy]

| acusação (f) | ittiham | [itti'ham] |
| acusado (m) | müttəhim | [myttæ'him] |

| sentença (f) | hökm | ['høkm] |
| sentenciar (vt) | məhkum etmək | [mæh'kum ɛt'mæk] |

culpado (m)	təqsirkar	[tægsir'kar]
punir (vt)	cəzalandırmaq	[dʒ¹æzalandır mah]
punição (f)	cəza	[dʒ¹æ'za]

multa (f)	cərimə	[dʒ¹æri'mæ]
prisão (f) perpétua	ömürlük həbs cəzası	[ømyr'lyk 'hæɔs dʒ¹æza'sı]
pena (f) de morte	ölüm cəzası	[ø'lym dʒ¹æza'sı]
cadeira (f) elétrica	elektrik stul	[ɛlɛkt'rik 'stul]
forca (f)	dar ağacı	['dar aɣa'dʒ¹ı]

| executar (vt) | edam etmək | [ɛ'dam ɛt'mæk] |
| execução (f) | edam | [ɛ'dam] |

| prisão (f) | həbsxana | [hæbsχa'na] |
| cela (f) de prisão | kamera | ['kamɛra] |

escolta (f)	mühafizə dəstəsi	[myhafi'zæ dæstæ'si]
guarda (m) prisional	gözətçi	[gøzæ'ʧi]
preso (m)	dustaq	[dus'tah]

| algemas (f pl) | əl qandalları | ['æl gandalla'rı] |
| algemar (vt) | əl qandalları vurmaq | ['æl gandalla'rı vur'mah] |

fuga, evasão (f)	qaçış	[ga'ʧıʃ]
fugir (vi)	qaçmaq	[gaʧ'mah]
desaparecer (vi)	yox olmaq	['joχ ol'mah]
soltar, libertar (vt)	azad etmək	[a'zad ɛt'mæk]
amnistia (f)	əhf	['æhf]

polícia (instituição)	polis	[po'lis]
polícia (m)	polis	[po'lis]
esquadra (f) de polícia	polis idarəsi	[po'lis idaræ'si]
cassetete (m)	rezin dəyənək	[rɛ'zin dæjæ'næk]
megafone (m)	rupor	['rupor]

carro (m) de patrulha	patrul maşını	[pat'rul maʃı'nı]
sirene (f)	sirena	[si'rɛna]
ligar a sirene	sirenanı qoşmaq	[si'rɛnanı goʃ'mah]
toque (m) da sirene	sirena səsi	[si'rɛna sæ'si]

cena (f) do crime	hadisə yeri	[hadi'sæ ɛ'ri]
testemunha (f)	şahid	[ʃa'hid]
liberdade (f)	azadlıq	[azad'lıh]
cúmplice (m)	cinayət ortağı	[dʒina'jæt orta'ɣı]
escapar (vi)	gözdən itmək	[gøz'dæn it'mæk]
traço (não deixar ~s)	iz	['iz]

194. Polícia. Lei. Parte 2

procura (f)	axtarış	[aχta'rıʃ]
procurar (vt)	axtarmaq	[aχtar'mah]
suspeita (f)	şübhə	[ʃyb'hæ]
suspeito	şübhəli	[ʃybhæ'li]
parar (vt)	dayandırmaq	[dajandır'mah]
deter (vt)	saxlamaq	[saχla'mah]

caso (criminal)	iş	['iʃ]
investigação (f)	istintaq	[istin'tah]
detetive (m)	detektiv	[dɛtɛk'tiv]
investigador (m)	müstəntiq	[mystæn'tih]
versão (f)	versiya	['vɛrsija]

| motivo (m) | əsas | [æ'sas] |
| interrogatório (m) | dindirilmə | [dindiril'mæ] |

interrogar (vt)	dindirmək	[dindir'mæ‹]
questionar (vt)	sorğulamaq	[sorɣula'mah]
verificação (f)	yoxlama	[joɣla'ma]

batida (f) policial	basqın	[bas'gın]
busca (f)	axtarış	[aɣta'rıʃ]
perseguição (f)	təqib etmə	[tæ'gip ɛt'mæ]
perseguir (vt)	təqib etmək	[tæ'gip ɛt'mæk]
seguir (vt)	izləmək	[izlæ'mæk]

prisão (f)	həbs	['hæbs]
prender (vt)	həbs etmək	['hæbs ɛt'mæk]
pegar, capturar (vt)	tutmaq	[tut'mah]
captura (f)	tutma	[tut'ma]

documento (m)	sənəd	[sæ'næd]
prova (f)	sübut	[sy'but]
provar (vt)	sübut etmək	[sy'but ɛt'mæk]
pegada (f)	iz	['iz]
impressões (f pl) digitais	barmaq izləri	[bar'mah izlæ'ri]
prova (f)	dəlil	[dæ'lil]

álibi (m)	alibi	['alibi]
inocente	günahsız	[gynah'sız]
injustiça (f)	ədalətsizlik	[ædalætsiz'lk]
injusto	ədalətsiz	[ædalæ'tsiz]

criminal	kriminal	[krimi'nal]
confiscar (vt)	müsadirə etmək	[mysadi'ræ ɛt'mæk]
droga (f)	narkotik maddə	[narko'tik mad'dæ]
arma (f)	silah	[si'lah]
desarmar (vt)	tərksilah etmək	[tærksi'lah ɛː'mæk]
ordenar (vt)	əmr etmək	['æmr ɛt'mæk]
desaparecer (vi)	yox olmaq	['joɣ ol'mah]

lei (f)	qanun	[ga'nun]
legal	qanuni	[ganu'ni]
ilegal	qanunsuz	[ganun'suz]

responsabilidade (f)	məsuliyyət	[mæsuli'æt]
responsável	məsul	[mæ'sul]

NATUREZA

A Terra. Parte 1

195. Espaço sideral

cosmos (m)	kosmos	['kosmos]
cósmico	kosmik	[kos'mik]
espaço (m) cósmico	kosmik fəza	[kos'mik fæ'za]

mundo (m)	dünya	[dy'nja]
universo (m)	kainat	[kai'nat]
galáxia (f)	qalaktika	[ga'laktika]

estrela (f)	ulduz	[ul'duz]
constelação (f)	bürc	['byrʤʲ]
planeta (m)	planet	[pla'nɛt]
satélite (m)	peyk	['pɛjk]

meteorito (m)	meteorit	[mɛtɛo'rit]
cometa (m)	kometa	[ko'mɛta]
asteroide (m)	asteroid	[astɛ'roid]

órbita (f)	orbita	[or'bita]
girar (vi)	fırlanmaq	[fɪrlan'mah]
atmosfera (f)	atmosfer	[atmos'fɛr]

Sol (m)	Güneş	[gy'næʃ]
Sistema (m) Solar	Güneş sistemi	[gy'næʃ sistɛ'mi]
eclipse (m) solar	güneşin tutulması	[gynæ'ʃin tutulma'sɪ]

| Terra (f) | Yer | ['ɛr] |
| Lua (f) | Ay | ['aj] |

Marte (m)	Mars	['mars]
Vénus (f)	Venera	[vɛ'nɛra]
Júpiter (m)	Yupiter	[ju'pitɛr]
Saturno (m)	Saturn	[sa'turn]

Mercúrio (m)	Merkuri	[mɛr'kurij]
Urano (m)	Uran	[u'ran]
Neptuno (m)	Neptun	[nɛp'tun]
Plutão (m)	Pluton	[plʲu'ton]

Via Láctea (f)	Ağ Yol	['aɣ 'jol]
Ursa Maior (f)	Böyük ayı bürcü	[bø'juk a'jɪ byr'ʤy]
Estrela Polar (f)	Qütb ulduzu	['gytp uldu'zu]
marciano (m)	marslı	[mars'lɪ]
extraterrestre (m)	başqa planetdən gələn	[baʃga planɛt'dæn gæ'læn]

| alienígena (m) | gəlmə | [gæl'mæ] |
| disco (m) voador | uçan boşqab | [u'tʃan boʃɡap] |

nave (f) espacial	kosmik gəmi	[kos'mik gæ'mi]
estação (f) orbital	orbital stansiya	[orbi'tal 'stansija]
lançamento (m)	start	['start]

motor (m)	mühərrik	[myhær'rik]
bocal (m)	ucluq	[udʒ'lʲuh]
combustível (m)	yanacaq	[jana'dʒʲah]

cabine (f)	kabina	[ka'bina]
antena (f)	antenna	[an'tɛnna]
vigia (f)	illüminator	[illymi'nator]
bateria (f) solar	günəş batareyası	[gy'næʃ bata'rɛjası]
traje (m) espacial	skafandr	[ska'fandr]

| imponderabilidade (f) | çəkisizlik | [tʃækisiz'lik] |
| oxigénio (m) | oksigen | [oksi'gɛn] |

| acoplagem (f) | uc-uca calama | ['udʒʲ u'dʒʲa dʒʲala'ma] |
| fazer uma acoplagem | uc-uca calamaq | ['udʒʲ u'dʒʲa dʒʲala'mah] |

observatório (m)	observatoriya	[obsɛrva'toriˌa]
telescópio (m)	teleskop	[tɛlɛs'kop]
observar (vt)	müşaidə etmək	[myʃai'dæ ɛt'mæk]
explorar (vt)	araşdırmaq	[araʃdɪr'mah]

196. A Terra

Terra (f)	Yer	['ɛr]
globo terrestre (Terra)	yer kürəsi	['ɛr kyræ'si]
planeta (m)	planet	[pla'nɛt]

atmosfera (f)	atmosfer	[atmos'fɛr]
geografia (f)	coğrafiya	[dʒʲo'ɣrafija]
natureza (f)	təbiət	[tæbi'æt]

globo (mapa esférico)	qlobus	['globus]
mapa (m)	xəritə	[χæri'tæ]
atlas (m)	atlas	['atlas]

| Europa (f) | Avropa | [av'ropa] |
| Ásia (f) | Asiya | ['asija] |

| África (f) | Afrika | ['afrika] |
| Austrália (f) | Avstraliya | [av'stralija] |

América (f)	Amerika	[a'mɛrika]
América (f) do Norte	Şimali Amerika	[ʃima'li a'mɛrika]
América (f) do Sul	Cənubi Amerika	[dʒʲænu'bi a'mɛrika]

| Antártida (f) | Antarktida | [antark'tida] |
| Ártico (m) | Arktika | ['arktika] |

197. Pontos cardeais

norte (m)	şimal	[ʃi'mal]
para norte	şimala	[ʃima'la]
no norte	şimalda	[ʃimal'da]
do norte	şimali	[ʃima'li]

sul (m)	cənub	[dʒ'æ'nup]
para sul	cənuba	[dʒ'ænu'ba]
no sul	cənubda	[dʒ'ænub'da]
do sul	cənubi	[dʒ'ænu'bi]

oeste, ocidente (m)	qərb	['gærp]
para oeste	qərbə	[gær'bæ]
no oeste	qərbdə	[gærb'dæ]
ocidental	qərb	['gærp]

leste, oriente (m)	şərq	['ʃærh]
para leste	şərqə	[ʃær'gæ]
no leste	şərqdə	[ʃærg'dæ]
oriental	şərq	['ʃærh]

198. Mar. Oceano

mar (m)	dəniz	[dæ'niz]
oceano (m)	okean	[okɛ'an]
golfo (m)	körfəz	[kør'fæz]
estreito (m)	boğaz	[bo'gaz]

terra (f) firme	quru	[gu'ru]
continente (m)	materik	[matɛ'rik]
ilha (f)	ada	[a'da]
península (f)	yarımada	[jarıma'da]
arquipélago (m)	arxipelaq	[arχipɛ'lah]

baía (f)	buxta	['buχta]
porto (m)	liman	[li'man]
lagoa (f)	laquna	[la'guna]
cabo (m)	burun	[bu'run]

atol (m)	mərcan adası	[mær'dʒ'an ada'sı]
recife (m)	rif	['rif]
coral (m)	mərcan	[mær'dʒ'an]
recife (m) de coral	mərcan rifi	[mær'dʒ'an ri'fi]

profundo	dərin	[dæ'rin]
profundidade (f)	dərinlik	[dærin'lik]
abismo (m)	dərinlik	[dærin'lik]
fossa (f) oceânica	çuxur	[ʧu'χur]

corrente (f)	axın	[a'χın]
banhar (vt)	əhatə etmək	[æha'tæ ɛt'mæk]
litoral (m)	sahil	[sa'hil]

costa (f)	sahilboyu	[sahilbo'ju]
maré (f) alta	yükselme	[jyksæl'mæ]
refluxo (m), maré (f) baixa	çekilme	[ʧækil'mæ]
restinga (f)	dayaz yer	[da'jaz 'ɛr]
fundo (m)	dib	['dip]

onda (f)	dalğa	[dal'ɣa]
crista (f) da onda	lepe beli	[læ'pæ bɛ'li]
espuma (f)	köpük	[kø'pyk]

tempestade (f)	fırtına	[fɪrtɪ'na]
furacão (m)	qasırğa	[gasɪr'ɣa]
tsunami (m)	tsunami	[tsu'nami]
calmaria (f)	tam sakitlik	['tam sakit'lik]
calmo	sakit	[sa'kit]

| polo (m) | polyus | ['polʲus] |
| polar | qütbi | [gyt'bi] |

latitude (f)	en dairesi	['ɛn dairæ'si]
longitude (f)	uzunluq dairesi	[uzun'lʲuh dairæ'si]
paralela (f)	paralel	[para'lɛl]
equador (m)	ekvator	[ɛk'vator]

céu (m)	sema	[sæ'ma]
horizonte (m)	üfüq	[y'fyh]
ar (m)	hava	[ha'va]

farol (m)	mayak	[ma'jak]
mergulhar (vi)	dalmaq	[dal'mah]
afundar-se (vr)	batmaq	[bat'mah]
tesouros (m pl)	xezine	[χæzi'næ]

199. Nomes de Mares e Oceanos

Oceano (m) Atlântico	Atlantik okean	[atlan'tik okɛ an]
Oceano (m) Índico	Hind okeanı	['hind okɛa'nı]
Oceano (m) Pacífico	Sakit okean	[sa'kit okɛ'an]
Oceano (m) Ártico	Şimal buzlu okeanı	[ʃi'mal buz'lʲu okɛ'an]

Mar (m) Negro	Qara deniz	[ga'ra dæ'niz]
Mar (m) Vermelho	Qırmızı deniz	[gɪrmɪ'zɪ dæ'niz]
Mar (m) Amarelo	Sarı deniz	[sa'rɪ dæ'niz]
Mar (m) Branco	Ağ deniz	['aɣ dæ'niz]

Mar (m) Cáspio	Xezer denizi	[χæ'zær dær i'zi]
Mar (m) Morto	Ölü denizi	[ø'ly dæni'zi]
Mar (m) Mediterrâneo	Aralıq denizi	[ara'lıh dæni'zi]

| Mar (m) Egeu | Egey denizi | [æ'gɛj dæni'zi] |
| Mar (m) Adriático | Adriatik denizi | [adria'tik dær i'zi] |

| Mar (m) Arábico | Əreb denizi | [æ'ræp dæni'zi] |
| Mar (m) do Japão | Yapon denizi | [ja'pon dæni'zi] |

| Mar (m) de Bering | Berinq dənizi | ['bɛrinh dæni'zi] |
| Mar (m) da China Meridional | Cənubi Çin dənizi | [dʒ'ænu'bi 'tʃin dæni'zi] |

Mar (m) de Coral	Mərcan dənizi	[mær'dʒ'an dæni'zi]
Mar (m) de Tasman	Tasman dənizi	[tas'man dæni'zi]
Mar (m) do Caribe	Karib dənizi	[ka'rip dæni'zi]

| Mar (m) de Barents | Barens dənizi | ['barɛns dæni'zi] |
| Mar (m) de Kara | Kars dənizi | ['kars dæni'zi] |

Mar (m) do Norte	Şimal dənizi	[ʃi'mal dæni'zi]
Mar (m) Báltico	Baltik dənizi	[bal'tik dæni'zi]
Mar (m) da Noruega	Norveç dənizi	[nor'vɛtʃ dæni'zi]

200. Montanhas

montanha (f)	dağ	['daɣ]
cordilheira (f)	dağ silsiləsi	['daɣ silsilæ'si]
serra (f)	sıra dağlar	[sı'ra da'ɣlar]

cume (m)	baş	['baʃ]
pico (m)	zirvə	[zir'væ]
sopé (m)	ətək	[æ'tæk]
declive (m)	yamac	[ja'madʒ']

vulcão (m)	yanardağ	[janar'daɣ]
vulcão (m) ativo	fəal yanardağ	[fæ'al janar'daɣ]
vulcão (m) extinto	sönmüş yanardağ	[søn'myʃ janar'daɣ]

erupção (f)	püskürmə	[pyskyr'mæ]
cratera (f)	yanardağ ağzı	[janar'daɣ a'ɣzı]
magma (m)	maqma	['magma]
lava (f)	lava	['lava]
fundido (lava ~a)	qızmar	[gız'mar]

desfiladeiro (m)	kanyon	[ka'njon]
garganta (f)	dərə	[dæ'ræ]
fenda (f)	dar dərə	['dar dæ'ræ]

passo, colo (m)	dağ keçidi	['daɣ kɛtʃi'di]
planalto (m)	plato	['plato]
falésia (f)	qaya	[ga'ja]
colina (f)	təpə	[tæ'pæ]

glaciar (m)	buzlaq	[buz'lah]
queda (f) d'água	şəlalə	[ʃæla'læ]
géiser (m)	qeyzer	['gɛjzɛr]
lago (m)	göl	['gølʲ]

planície (f)	düzən	[dy'zæn]
paisagem (f)	mənzərə	[mænzæ'ræ]
eco (m)	əks-səda	['æks sæ'da]
alpinista (m)	alpinist	[alpi'nist]
escalador (m)	qayalara dırmaşan idmançı	[gajala'ra dırma'ʃan idman'tʃı]

| conquistar (vt) | fəth etmək | ['fæth ɛt'mæk] |
| subida, escalada (f) | dırmaşma | [dɪrmaʃ'ma] |

201. Nomes de montanhas

Alpes (m pl)	Alp dağları	['alp daɣla'rı]
monte Branco (m)	Monblan	[mon'blan]
Pirineus (m pl)	Pireney	[pirɛ'nɛj]

Cárpatos (m pl)	Karpat	[kar'pat]
montes (m pl) Urais	Ural dağları	[u'ral daɣla'rı]
Cáucaso (m)	Qafqaz	[gaf'gaz]
Elbrus (m)	Elbrus	[ɛlb'rus]

Altai (m)	Altay	[al'taj]
Tian Shan (m)	Tyan-Şan	['tjan 'ʃan]
Pamir (m)	Pamir	[pa'mir]
Himalaias (m pl)	Himalay	[gima'laj]
monte (m) Everest	Everest	[ævɛ'rɛst]

| Cordilheira (f) dos Andes | And dağları | ['and daɣla'rı] |
| Kilimanjaro (m) | Kilimancaro | [kiliman'dʒ'aro] |

202. Rios

rio (m)	çay	['ʧaj]
fonte, nascente (f)	çeşmə	[ʧɛʃ'mæ]
leito (m) do rio	çay yatağı	['ʧaj jata'ɣı]
bacia (f)	hovuz	[ho'vuz]
desaguar no ...	tökülmək	[tøkyl'mæk]

| afluente (m) | axın | [a'χın] |
| margem (do rio) | sahil | [sa'hil] |

corrente (f)	axın	[a'χın]
rio abaixo	axınla aşağıya doğru	[a'χınla aʃaɣı ja do'ɣru]
rio acima	axınla yuxarıya doğru	[a'χınla juχan'ja do'ɣru]

inundação (f)	daşqın	[daʃ'gın]
cheia (f)	sel	['sɛl]
transbordar (vi)	daşmaq	[daʃ'mah]
inundar (vt)	su basmaq	['su bas'mah]

| banco (m) de areia | say | ['saj] |
| rápidos (m pl) | kandar | [kan'dar] |

barragem (f)	bənd	['bænd]
canal (m)	kanal	[ka'nal]
reservatório (m) de água	su anbarı	['su anba'rı]
eclusa (f)	şlyuz	['ʃlʲuz]
corpo (m) de água	nohur	[no'hur]
pântano (m)	bataqlıq	[batag'lıh]

tremedal (m)	bataq	[ba'tah]
remoinho (m)	qıjov	[gı'ʒov]

arroio, regato (m)	kiçik çay	[ki'ʧik 'ʧaj]
potável	içməli	[iʧmæ'li]
doce (água)	şirin	[ʃi'rin]

gelo (m)	buz	['buz]
congelar-se (vr)	donmaq	[don'mah]

203. Nomes de rios

rio Sena (m)	Sena	['sɛna]
rio Loire (m)	Luara	[lʲu'ara]

rio Tamisa (m)	Temza	['tɛmza]
rio Reno (m)	Reyn	['rɛjn]
rio Danúbio (m)	Dunay	[du'naj]

rio Volga (m)	Volqa	['volga]
rio Don (m)	Don	['don]
rio Lena (m)	Lena	['lɛna]

rio Amarelo (m)	Xuanxe	[χuan'χɛ]
rio Yangtzé (m)	Yanqdzı	[jang'dzı]
rio Mekong (m)	Mekonq	[mɛ'konh]
rio Ganges (m)	Qanq	['ganh]

rio Nilo (m)	Nil	['nil]
rio Congo (m)	Konqo	['kongo]
rio Cubango (m)	Okavanqo	[oka'vango]
rio Zambeze (m)	Zambezi	[zam'bɛzi]
rio Limpopo (m)	Limpopo	[limpo'po]
rio Mississípi (m)	Missisipi	[misi'sipi]

204. Floresta

floresta (f), bosque (m)	meşə	[mɛ'ʃæ]
florestal	meşə	[mɛ'ʃæ]

mata (f) cerrada	sıx meşəlik	['sıχ mɛʃæ'lik]
arvoredo (m)	ağaclıq	[aɣadʒʲ'lıh]
clareira (f)	tala	[ta'la]

matagal (m)	cəngəllik	[dʒʲæŋgæl'lik]
mato (m)	kolluq	[kol'lʲuh]

vereda (f)	cığır	[dʒʲı'ɣır]
ravina (f)	yarğan	[jar'ɣan]

árvore (f)	ağac	[a'ɣadʒʲ]
folha (f)	yarpaq	[jar'pah]

folhagem (f)	yarpaqlar	[jarpag'lar]
queda (f) das folhas	yarpağın tökülməsi	[jarpa'ɣın təkylmæ'si]
cair (vi)	tökülmək	[təkyl'mæk]
topo (m)	baş	['baʃ]

ramo (m)	budaq	[bu'dah]
galho (m)	budaq	[bu'dah]
botão, rebento (m)	tumurcuq	[tumur'dʒyh]
agulha (f)	iynə	[ij'næ]
pinha (f)	qoza	[go'za]

buraco (m) de árvore	oyuq	[o'juh]
ninho (m)	yuva	[ju'va]
toca (f)	yuva	[ju'va]

tronco (m)	gövdə	[gøv'dæ]
raiz (f)	kök	['køk]
casca (f) de árvore	qabıq	[ga'bıh]
musgo (m)	mamır	[ma'mır]

arrancar pela raiz	kötük çıxarmaq	[kø'tyk tʃıxar'mah]
cortar (vt)	kəsmək	[kæs'mæk]
desflorestar (vt)	qırıb qurtarmaq	[gı'rıp gurtar'mah]
toco, cepo (m)	kötük	[kø'tyk]

fogueira (f)	tonqal	[ton'gal]
incêndio (m) florestal	yanğın	[jan'ɣın]
apagar (vt)	söndürmək	[søndyr'mæk]

guarda-florestal (m)	meşəbəyi	[mɛʃæbæ'ji]
proteção (f)	qoruma	[goru'ma]
proteger (a natureza)	mühafizə etmək	[myhafi'zæ ɛt'mæk]
caçador (m) furtivo	brakonyer	[brako'njɛr]
armadilha (f)	tələ	[tæ'læ]

| colher (cogumelos, bagas) | yığmaq | [jı'ɣmah] |
| perder-se (vr) | yolu azmaq | [jo'lʲu az'mah] |

205. Recursos naturais

recursos (m pl) naturais	təbii ehtiyatlar	[tæbi'i ɛhtijat' ar]
minerais (m pl)	yeraltı sərvətlər	[ɛral'tı særvæt'lær]
depósitos (m pl)	yataqlar	[jatag'lar]
jazida (f)	yataq	[ja'tah]

extrair (vt)	hasil etmək	[ha'sil ɛt'mæk]
extração (f)	hasilat	[hasi'lat]
minério (m)	filiz	[fi'liz]
mina (f)	mədən	[mæ'dæn]
poço (m) de mina	quyu	[gu'ju]
mineiro (m)	şaxtaçı	['ʃaxtatʃı]

| gás (m) | qaz | ['gaz] |
| gasoduto (m) | qaz borusu | ['gaz boru'su] |

petróleo (m)	neft	['nɛft]
oleoduto (m)	neft borusu	['nɛft boru'su]
poço (m) de petróleo	neft qüllesi	['nɛft gyllæ'si]
torre (f) petrolífera	neft buruğu	['nɛft buru'ɣu]
petroleiro (m)	tanker	['tankɛr]

areia (f)	qum	['gum]
calcário (m)	ehengdaşı	[æhæ ngda'ʃı]
cascalho (m)	çınqıl	[ʧın'gıl]
turfa (f)	torf	['torf]
argila (f)	gil	['gil]
carvão (m)	kömür	[kø'myr]

ferro (m)	demir	[dæ'mir]
ouro (m)	qızıl	[gı'zıl]
prata (f)	gümüş	[gy'myʃ]
níquel (m)	nikel	['nikɛl]
cobre (m)	mis	['mis]

zinco (m)	sink	['sink]
manganês (m)	manqan	[man'gan]
mercúrio (m)	cive	[ʤ'i'væ]
chumbo (m)	qurğuşun	[gurɣu'ʃun]

mineral (m)	mineral	[minɛ'ral]
cristal (m)	kristal	[kris'tal]
mármore (m)	mermer	[mær'mær]
urânio (m)	uran	[u'ran]

A Terra. Parte 2

206. Tempo

tempo (m)	hava	[ha'va]
previsão (f) do tempo	hava proqnozu	[ha'va progˈɪo'zu]
temperatura (f)	temperatur	[tɛmpɛra'tur]
termómetro (m)	istilik ölçən	[isti'lik øl'ʧæn]
barómetro (m)	barometr	[ba'romɛtr]
humidade (f)	rütubət	[rytu'bæt]
calor (m)	çox isti hava	['ʧoχ is'ti ha va]
cálido	çox isti	['ʧoχ is'ti]
está muito calor	çox istidir	['ʧoχ is'tidir]
está calor	istidir	[is'tidir]
quente	isti	[is'ti]
está frio	soyuqdur	[so'jugdur]
frio	soyuq	[so'juh]
sol (m)	günəş	[gy'næʃ]
brilhar (vi)	işıq saçmaq	[i'ʃih saʧ'mah]
de sol, ensolarado	günəşli	[gynæʃ'li]
nascer (vi)	çıxmaq	[ʧɪχ'mah]
pôr-se (vr)	batmaq	[bat'mah]
nuvem (f)	bulud	[bu'lʲud]
nublado	buludlu	[bulʲud'lʲu]
nuvem (f) preta	qara bulud	[ga'ra bu'lʲud]
escuro, cinzento	tutqun	[tut'gun]
chuva (f)	yağış	[ja'ɣɪʃ]
está a chover	yağır	[ja'ɣɪr]
chuvoso	yağışlı	[jaɣɪʃ'lɪ]
chuviscar (vi)	çiskinləmək	[ʧiskinlæ'mæk]
chuva (f) torrencial	şiddetli yağış	[ʃiddæt'li ja'ɣ]
chuvada (f)	sel	['sɛl]
forte (chuva)	şiddetli	[ʃiddæt'li]
poça (f)	su gölməçəsi	['su gølmæʧæ'si]
molhar-se (vr)	islanmaq	[islan'mah]
nevoeiro (m)	duman	[du'man]
de nevoeiro	dumanlı	[duman'lɪ]
neve (f)	qar	['gar]
está a nevar	qar yağır	['gar ja'ɣɪr]

207. Tempo extremo. Catástrofes naturais

trovoada (f)	tufan	[tu'fan]
relâmpago (m)	şimşək	[ʃim'ʃæk]
relampejar (vi)	çaxmaq	[tʃaχ'mah]

trovão (m)	göy gurultusu	[gøj gyrultu'su]
trovejar (vi)	guruldamaq	[gurulda'mah]
está a trovejar	göy guruldayır	[gøj gyrulda'jır]

granizo (m)	dolu	[do'lʲu]
está a cair granizo	dolu yağır	[do'lʲu ja'ɣır]

inundar (vt)	su basmaq	['su bas'mah]
inundação (f)	daşqın	[daʃ'gın]

terremoto (m)	zəlzələ	[zælzæ'læ]
abalo, tremor (m)	təkan	[tæ'kan]
epicentro (m)	mərkəz	[mær'kæz]

erupção (f)	püskürmə	[pyskyr'mæ]
lava (f)	lava	['lava]

turbilhão (m)	burağan	[bura'ɣan]
tornado (m)	tornado	[tor'nado]
tufão (m)	şiddətli fırtına	[ʃiddæt'li fırtı'na]

furacão (m)	qasırğa	[gasır'ɣa]
tempestade (f)	fırtına	[fırtı'na]
tsunami (m)	tsunami	[tsu'nami]

ciclone (m)	siklon	[sik'lon]
mau tempo (m)	pis hava	['pis ha'va]
incêndio (m)	yanğın	[jan'ɣın]
catástrofe (f)	fəlakət	[fæla'kæt]
meteorito (m)	meteorit	[mɛtɛo'rit]

avalanche (f)	qar uçqunu	['gar utʃgu'nu]
deslizamento (m) de neve	qar uçqunu	['gar utʃgu'nu]
nevasca (f)	çovğun	[tʃov'ɣun]
tempestade (f) de neve	boran	[bo'ran]

208. Ruídos. Sons

silêncio (m)	səssizlik	[sæssiz'lik]
som (m)	səs	['sæs]
ruído, barulho (m)	gurultu	[gurul'tu]
fazer barulho	gurultu salmaq	[gurul'tu sal'mah]
ruidoso, barulhento	gurultulu	[gurultu'lʲu]

alto (adv)	ucadan	[udʒʲa'dan]
alto (adj)	gurultulu	[gurultu'lʲu]
constante (ruído, etc.)	daimi	[dai'mi]

grito (m)	çığırtı	[ʧɪɣɪr'tɪ]
gritar (vi)	çığırmaq	[ʧɪɣɪr'mah]
sussurro (m)	pıçıltı	[pɪʧɪl'tɪ]
sussurrar (vt)	pıçıldamaq	[pɪʧɪlda'maˀ]

| latido (m) | hürmə | [hyr'mæ] |
| latir (vi) | hürmək | [hyr'mæk] |

gemido (m)	inilti	[inil'ti]
gemer (vi)	inildəmək	[inildæ'mæk]
tosse (f)	öskürək	[øsky'ræk]
tossir (vi)	öskürmək	[øskyr'mæk]

assobio (m)	fışqırıq	[fɪʃgɪ'rɪh]
assobiar (vi)	fışqırıq çalmaq	[fɪʃgɪ'rɪh ʧal'mah]
batida (f)	taqqıltı	[takkɪl'tɪ]
bater (vi)	taqqıldatmaq	[takkɪldat'mah]

| estalar (vi) | şaqqıldamak | [ʃakkɪlda'mag] |
| estalido (m) | şaqqıltı | [ʃakkɪl'tɪ] |

sirene (f)	sirena	[si'rɛna]
apito (m)	fit	['fit]
apitar (vi)	fit vermək	['fit vɛr'mæk]
buzina (f)	siqnal	[sig'nal]
buzinar (vi)	siqnal vermək	[sig'nal vɛr'mæk]

209. Inverno

inverno (m)	qış	['gıʃ]
de inverno	qış	['gıʃ]
no inverno	qışda	[gıʃ'da]

neve (f)	qar	['gar]
está a nevar	qar yağır	['gar ja'ɣır]
queda (f) de neve	qar yağması	['gar jaɣma'sı]
amontoado (m) de neve	qar təpəsi	['gar tæpæ's]

floco (m) de neve	qar dənəciyi	['gar dænædʒi'jı]
bola (f) de neve	qartopu	[garto'pu]
boneco (m) de neve	qar heykəl	['gar hɛj'kæl]
sincelo (m)	sallaq buz	[sal'lah 'buz]

dezembro (m)	dekabr	[dɛ'kabr]
janeiro (m)	yanvar	[jan'var]
fevereiro (m)	fevral	[fɛv'ral]

| gelo (m) | şaxta | [ʃaχ'ta] |
| gelado, glacial | şaxtalı | [ʃaχta'lı] |

abaixo de zero	sıfırdan aşağı	['sıfırdan aʃa'ɣı]
geada (f)	səhər şaxtası	[sæ'hær ʃaχtɛ'sı]
geada (f) branca	qırov	[gı'rov]
frio (m)	soyuq	[so'juh]

está frio	soyuqdur	[so'jugdur]
casaco (m) de peles	kürk	['kyrk]
mitenes (f pl)	təkbarmaq əlcək	[tækbar'mah æl'ʤʲæk]

adoecer (vi)	xəstələnmək	[χæstælæn'mæk]
constipação (f)	soyuqdəymə	[sojugdæj'mæ]
constipar-se (vr)	özünü soyuğa vermək	[øzy'ny soju'ɣa vɛr'mæk]

gelo (m)	buz	['buz]
gelo (m) na estrada	yerin buz bağlaması	[ɛ'rin 'buz baɣlama'sı]
congelar-se (vr)	donmaq	[don'mah]
bloco (m) de gelo	buz kütləsi	['buz kytlæ'si]

esqui (m)	xizək	[χi'zæk]
esquiador (m)	xizəkçi	[χizæk'ʧi]
esquiar (vi)	xizək sürmək	[χi'zæk syr'mæk]
patinar (vi)	konki sürmək	[kon'ki syr'mæk]

Fauna

210. Mamíferos. Predadores

predador (m)	yırtıcı	[jɪrtɪ'dʒ⁣ı]
tigre (m)	pələng	[pæ'lænh]
leão (m)	şir	['ʃir]
lobo (m)	canavar	[dʒ⁣ana'var]
raposa (f)	tülkü	[tyl'ky]

jaguar (m)	yaquar	[jagu'ar]
leopardo (m)	leopard	[lɛo'pard]
chita (f)	gepard	[gɛ'pard]

pantera (f)	panter	[pan'tɛr]
puma (m)	puma	['puma]
leopardo-das-neves (m)	qar bəbiri	['gar bæbi'ri]
lince (m)	vaşaq	[va'ʃah]

coiote (m)	koyot	[ko'jot]
chacal (m)	çaqqal	[tʃak'kal]
hiena (f)	kaftar	[kʲaf'tar]

211. Animais selvagens

animal (m)	heyvan	[hɛj'van]
besta (f)	vəhşi heyvan	[væh'ʃi hɛj'van]

esquilo (m)	sincab	[sin'dʒ⁣ap]
ouriço (m)	kirpi	[kir'pi]
lebre (f)	dovşan	[dov'ʃan]
coelho (m)	ev dovşanı	['ɛv dovʃa'nı]

texugo (m)	porsuq	[por'suh]
guaxinim (m)	yenot	[ɛ'not]
hamster (m)	dağsiçanı	['daɣsitʃanı]
marmota (f)	marmot	[mar'mot]

toupeira (f)	köstəbək	[køstæ'bæk]
rato (m)	siçan	[si'tʃan]
ratazana (f)	siçovul	[sitʃo'vul]
morcego (m)	yarasa	[jara'sa]

arminho (m)	sincab	[sin'dʒ⁣ap]
zibelina (f)	samur	[sa'mur]
marta (f)	dələ	[dæ'læ]
doninha (f)	gəlincik	[gɛlin'dʒ⁣ik]
vison (m)	su samuru	['su samu'ru]

| castor (m) | qunduz | [gun'duz] |
| lontra (f) | susamuru | [susamu'ru] |

cavalo (m)	at	['at]
alce (m)	sığın	[sı'ɣın]
veado (m)	maral	[ma'ral]
camelo (m)	dəvə	[dæ'væ]

bisão (m)	bizon	[bi'zon]
auroque (m)	zubr	['zubr]
búfalo (m)	camış	[dʒ'a'mıʃ]

zebra (f)	zebra	['zɛbra]
antílope (m)	antilop	[anti'lop]
corça (f)	cüyür	[dʒy'jur]
gamo (m)	xallı maral	[χal'lı ma'ral]
camurça (f)	dağ keçisi	['daɣ kɛtʃi'si]
javali (m)	qaban	[ga'ban]

baleia (f)	balina	[ba'lina]
foca (f)	suiti	[sui'ti]
morsa (f)	morj	['morʒ]
urso-marinho (m)	dəniz pişiyi	[dæ'niz piʃi'jı]
golfinho (m)	delfin	[dɛl'fin]

urso (m)	ayı	[a'jı]
urso (m) branco	ağ ayı	['aɣ a'jı]
panda (m)	panda	['panda]

macaco (em geral)	meymun	[mɛj'mun]
chimpanzé (m)	şimpanze	[ʃimpan'zɛ]
orangotango (m)	oranqutan	[orangu'tan]
gorila (m)	qorilla	[go'rilla]
macaco (m)	makaka	[ma'kaka]
gibão (m)	gibbon	[gib'bon]

elefante (m)	fil	['fil]
rinoceronte (m)	kərgədən	[kærgæ'dan]
girafa (f)	zürafə	[zyra'fæ]
hipopótamo (m)	begemot	[bɛgɛ'mot]

| canguru (m) | kenquru | [kɛngu'ru] |
| coala (m) | koala | [ko'ala] |

mangusto (m)	manqust	[man'gust]
chinchila (m)	şinşilla	[ʃin'ʃila]
doninha-fedorenta (f)	skuns	['skuns]
porco-espinho (m)	oxlu kirpi	[oχ'lʲu kir'pi]

212. Animais domésticos

gata (f)	pişik	[pi'ʃik]
gato (m) macho	pişik	[pi'ʃik]
cão (m)	it	['it]

cavalo (m)	at	['at]
garanhão (m)	ayğır	[aj'ɣɪr]
égua (f)	madyan	[ma'djan]

vaca (f)	inək	[i'næk]
touro (m)	buğa	[bu'ɣa]
boi (m)	öküz	[ø'kyz]

ovelha (f)	qoyun	[go'jun]
carneiro (m)	qoyun	[go'jun]
cabra (f)	keçi	[kɛ'ʧi]
bode (m)	erkək keçi	[ɛr'kæk kɛ'ʧi]

| burro (m) | eşşək | [ɛ'ʃæk] |
| mula (f) | qatır | [ga'tɪr] |

porco (m)	donuz	[do'nuz]
leitão (m)	çoşka	[ʧoʃ'ka]
coelho (m)	ev dovşanı	['ɛv dovʃa'nɪ]

| galinha (f) | toyuq | [to'juh] |
| galo (m) | xoruz | [χo'ruz] |

pata (f)	ördək	[ør'dæk]
pato (macho)	yaşılbaş	[jaʃɪl'baʃ]
ganso (m)	qaz	['gaz]

| peru (m) | hind xoruzu | ['hind χoru'zu] |
| perua (f) | hind toyuğu | ['hind toju'ɣɪ] |

animais (m pl) domésticos	ev heyvanları	['æv hɛjvanla'rɪ]
domesticado	əhliləşdirilmiş	[æhlilæʃdiril'miʃ]
domesticar (vt)	əhliləşdirmək	[æhlilæʃdir'mæk]
criar (vt)	yetişdirmək	[ɛtiʃdir'mæk]

quinta (f)	ferma	['fɛrma]
aves (f pl) domésticas	ev quşları	['ɛv guʃla'rɪ]
gado (m)	mal-qara	['mal ga'ra]
rebanho (m), manada (f)	sürü	[sy'ry]

estábulo (m)	tövlə	[tøv'læ]
pocilga (f)	donuz damı	[do'nuz da'mɪ]
estábulo (m)	inək damı	[i'næk da'mɪ]
coelheira (f)	ev dovşanı saxlanılan yer	['æv dovʃa'nɪ saχlanɪ'lan 'ɛr]
galinheiro (m)	toyuq damı	[to'juh da'mɪ]

213. Cães. Raças de cães

cão (m)	it	['it]
cão pastor (m)	çoban iti	[ʧo'ban i'ti]
caniche (m)	pudel	['pudɛl]
teckel (m)	taksa	['taksa]
buldogue (m)	buldoq	[bul'doh]
boxer (m)	boksyor	[boks'jor]

191

mastim (m)	mastif	[mas'tif]
rottweiler (m)	rotveyler	[rot'vɛjlɛr]
dobermann (m)	doberman	[dobɛr'man]
basset (m)	basset	['bassɛt]
pastor inglês (m)	bobteyl	[bob'tɛjl]
dálmata (m)	dalmat iti	[dal'mat i'ti]
cocker spaniel (m)	koker-spaniel	['kokɛr spani'ɛl]
terra-nova (m)	nyufaundlend	[nju'faundlɛnd]
são-bernardo (m)	senbernar	[sɛnbɛr'nar]
husky (m)	xaski	['χaski]
Chow-chow (m)	çau-çau	['ʧau 'ʧau]
spitz alemão (m)	şpis	['ʃpits]
carlindogue (m)	mops	['mops]

214. Sons produzidos pelos animais

latido (m)	hürmə	[hyr'mæ]
latir (vi)	hürmək	[hyr'mæk]
miar (vi)	miyovlamaq	[mijovla'mah]
ronronar (vi)	mırıldamaq	[mırılda'mah]
mugir (vaca)	movuldamaq	[movulda'mah]
bramir (touro)	böyürmək	[bøyr'mæk]
rosnar (vi)	nərildəmək	[nærildæ'mæk]
uivo (m)	ulama	[ula'ma]
uivar (vi)	ulamaq	[ula'mah]
ganir (vi)	zingildəmək	[zingildæ'mæk]
balir (vi)	mələmək	[mælæ'mæk]
grunhir (porco)	xortuldamaq	[χortulda'mah]
guinchar (vi)	ciyildəmək	[ʤ'ijıldæ'mæk]
coaxar (sapo)	vaqqıltı	[vakkıl'tı]
zumbir (inseto)	vızıldamaq	[vızılda'mah]
estridular, ziziar (vi)	cırıldamaq	[ʤ'ırılda'mah]

215. Animais jovens

cria (f), filhote (m)	bala	[ba'la]
gatinho (m)	pişik balası	[pi'ʃik bala'sı]
ratinho (m)	sıçan balası	[si'ʧan bala'sı]
cãozinho (m)	küçük	[ky'ʧuk]
filhote (m) de lebre	dovşan balası	[dov'ʃan bala'sı]
coelhinho (m)	ev dovşanı balası	['ɛv dovʃa'nı bala'sı]
lobinho (m)	canavar balası	[ʤ'ana'var bala'sı]
raposinho (m)	tülkü balası	[tyl'ky bala'sı]
ursinho (m)	ayı balası	[a'jı bala'sı]

leãozinho (m)	şir balası	['ʃir bala'sı]
filhote (m) de tigre	pələng balası	[pæ'lænh bala'sı]
filhote (m) de elefante	fil balası	['fil bala'sı]

leitão (m)	çoşka	[ʧoʃka]
bezerro (m)	inək balası	[i'næk bala'sı]
cabrito (m)	keçi balası	[kɛ'ʧi bala'sı]
cordeiro (m)	quzu	[gu'zu]
cria (f) de veado	maral balası	[ma'ral bala'sı]
cria (f) de camelo	dəvə balası	[dæ'væ bala'sı]

| filhote (m) de serpente | ilan balası | [i'lan bala'sı] |
| cria (f) de rã | qurbağa balası | [gurba'ɣa bala'sı] |

cria (f) de ave	quş balası	['guʃ bala'sı]
pinto (m)	cücə	[ʤy'ʤʲæ]
patinho (m)	ördək balası	[ør'dæk bala'sı]

216. Pássaros

pássaro (m), ave (f)	quş	['guʃ]
pombo (m)	göyərçin	[gøjær'ʧin]
pardal (m)	sərçə	[sær'ʧæ]
chapim-real (m)	arıquşu	[arıgu'ʃu]
pega-rabuda (f)	sağsağan	[saɣsa'ɣan]

corvo (m)	qarğa	[gar'ɣa]
gralha (f) cinzenta	qarğa	[gar'ɣa]
gralha-de-nuca-cinzenta (f)	dolaşa	[dola'ʃa]
gralha-calva (f)	zağca	[zaɣ'ʤʲa]

pato (m)	ördək	[ør'dæk]
ganso (m)	qaz	['gaz]
faisão (m)	qırqovul	[gırgo'vul]

águia (f)	qartal	[gar'tal]
açor (m)	qırğı	[gır'ɣı]
falcão (m)	şahin	[ʃa'hin]
abutre (m)	qrif	['grif]
condor (m)	kondor	[kon'dor]

cisne (m)	sona	[so'na]
grou (m)	durna	[dur'na]
cegonha (f)	leylək	[lɛj'læk]

papagaio (m)	tutuquşu	[tutugu'ʃu]
beija-flor (m)	kolibri	[ko'libri]
pavão (m)	tovuz	[to'vuz]

avestruz (m)	straus	[st'raus]
garça (f)	vağ	['vaɣ]
flamingo (m)	qızılqaz	[gızıl'gaz]
pelicano (m)	qutan	[gu'tan]
rouxinol (m)	bülbül	[bylʲ'bylʲ]

andorinha (f)	qaranquş	[garan'guʃ]
tordo-zornal (m)	qaratoyuq	[garato'juh]
tordo-músico (m)	ötən qaratoyuq	[ə'tæn garato'juh]
melro-preto (m)	qara qaratoyuq	[ga'ra garato'juh]

andorinhão (m)	uzunqanad	[uzunga'nad]
cotovia (f)	torağay	[tora'ɣaj]
codorna (f)	bidirçin	[bilʲdir'ʧin]

pica-pau (m)	ağacdələn	[aɣadʒʲdæ'læn]
cuco (m)	ququ quşu	[gu'gu gu'ʃu]
coruja (f)	bayquş	[baj'guʃ]
corujão, bufo (m)	yapalaq	[japa'lah]
tetraz-grande (m)	Sibir xoruzu	[si'bir χoru'zu]
tetraz-lira (m)	tetra quşu	['tɛtra gu'ʃu]
perdiz-cinzenta (f)	kəklik	[kæk'lik]

estorninho (m)	sığırçın	[sɪɣɪr'ʧɪn]
canário (m)	sarıbülbül	[sarıbylʲ'bylʲ]
galinha-do-mato (f)	qarabağır	[garaba'ɣır]
tentilhão (m)	alacəhrə	[alaʧæh'ræ]
dom-fafe (m)	qar quşu	['gar gu'ʃu]

gaivota (f)	qağayı	[gaga'jı]
albatroz (m)	albatros	[albat'ros]
pinguim (m)	pinqvin	[ping'vin]

217. Pássaros. Canto e sons

cantar (vi)	oxumaq	[oχu'mah]
gritar (vi)	çığırmaq	[ʧɪɣɪr'mah]
cantar (o galo)	banlamaq	[banla'mah]
cocorocó (m)	ququluqu	[gukkulʲu'gu]

cacarejar (vi)	qaqqıldamaq	[gakkılda'mah]
crocitar (vi)	qarıldamaq	[garılda'mah]
grasnar (vi)	vaqqıldamaq	[vakkılda'mah]
piar (vi)	ciyildəmək	[dʒʲijıldæ'mæk]
chilrear, gorjear (vi)	cəh-cəh vurmaq	['dʒʲæh 'dʒʲæh vur'mah]

218. Peixes. Animais marinhos

brema (f)	çapaq	[ʧa'pah]
carpa (f)	karp	['karp]
perca (f)	xanı balığı	[χa'nı balı'ɣı]
siluro (m)	naqqa	[nak'ka]
lúcio (m)	durnabalığı	[durnabalı'ɣı]

salmão (m)	qızılbalıq	[gızılba'lıh]
esturjão (m)	nərə balığı	[næ'ræ balı'ɣı]
arenque (m)	siyənək	[sijæ'næk]
salmão (m)	somğa	[som'ɣa]

| cavala, sarda (f) | skumbriya | ['skumbrija] |
| solha (f) | qalxan balığı | [gal'χan ba ı'ɣı] |

lúcio perca (m)	suf balığı	['suf balı'ɣı]
bacalhau (m)	treska	[trɛs'ka]
atum (m)	tunes	[tu'nɛs]
truta (f)	alabalıq	[alaba'lıh]

enguia (f)	angvil balığı	[ang'vil balı'ɣı]
raia elétrica (f)	elektrikli skat	[ɛlɛktrik'li 'skat]
moreia (f)	müren balığı	[my'rɛn balı ɣı]
piranha (f)	piranya balığı	[pi'ranja bal 'ɣı]

tubarão (m)	köpek balığı	[kø'pæk balı'ɣı]
golfinho (m)	delfin	[dɛl'fin]
baleia (f)	balina	[ba'lina]

caranguejo (m)	qısaquyruq	[gısaguj'ruh]
medusa, alforreca (f)	meduza	[mɛ'duza]
polvo (m)	sekkizayaqlı ilbiz	[sækkizajag lı il'biz]

estrela-do-mar (f)	deniz ulduzu	[dæ'niz uldu zu]
ouriço-do-mar (m)	deniz kirpisi	[dæ'niz kirpi si]
cavalo-marinho (m)	deniz atı	[dæ'niz a'tı]

ostra (f)	istridye	[istri'dʲæ]
camarão (m)	krevet	[krɛ'vɛt]
lavagante (m)	omar	[o'mar]
lagosta (f)	lanqust	[lan'gust]

219. Amfíbios. Répteis

| serpente, cobra (f) | ilan | [i'lan] |
| venenoso | zeherli | [zæhær'li] |

víbora (f)	gürze	[gyr'zæ]
cobra-capelo, naja (f)	kobra	['kobra]
pitão (m)	piton	[pi'ton]
jiboia (f)	boa	[bo'a]
cobra-de-água (f)	koramal	[kora'mal]
cascavel (f)	zınqırovlu ilan	[zıngırov'lʲu i'lan]
anaconda (f)	anakonda	[ana'konda]

lagarto (m)	kertenkele	[kærtænkæ'læ]
iguana (f)	iquana	[igu'ana]
varano (m)	çöl kertenkelesi	[tʃœl kærtænkælæ'si]
salamandra (f)	salamandr	[sala'mandr]
camaleão (m)	buğelemun	[buɣælæ'munʲ]
escorpião (m)	eqreb	[æg'ræp]

tartaruga (f)	tısbağa	[tısba'ɣa]
rã (f)	qurbağa	[gurba'ɣa]
sapo (m)	quru qurbağası	[gu'ru gurbaɣa'sı]
crocodilo (m)	timsah	[tim'sah]

220. Insetos

inseto (m)	heşarat	[hæʃa'rat]
borboleta (f)	kəpənək	[kæpæ'næk]
formiga (f)	qarışqa	[garɪʃ'ga]
mosca (f)	milçək	[mil'tʃæk]
mosquito (m)	ağcaqanad	[aɣdʒ'aga'nad]
escaravelho (m)	böcək	[bø'dʒ'æk]

vespa (f)	arı	[a'rɪ]
abelha (f)	bal arısı	['bal arɪ'sɪ]
mamangava (f)	eşşək arısı	[ɛ'ʃæk arɪ'sɪ]
moscardo (m)	mozalan	[moza'lan]

aranha (f)	hörümçək	[hørym'tʃæk]
teia (f) de aranha	hörümçək toru	[hørym'tʃæk toru]

libélula (f)	cırcırama	[dʒ'ɪrdʒ'ɪra'ma]
gafanhoto-do-campo (m)	şala cırcıraması	[ʃa'la dʒ'ɪrdʒ'ɪrama'sɪ]
traça (f)	pərvanə	[pærva'næ]

barata (f)	tarakan	[tara'kan]
carraça (f)	genə	[gæ'næ]
pulga (f)	birə	[bi'ræ]
borrachudo (m)	mığmığa	[mɪɣmɪ'ɣa]

gafanhoto (m)	çəyirtkə	[tʃæjɪrt'kæ]
caracol (m)	ilbiz	[il'biz]
grilo (m)	sisəy	[si'sæj]
pirilampo (m)	işıldaquş	[iʃɪlda'guʃ]
joaninha (f)	xanımböcəyi	[xanɪmbødʒ'æ'jɪ]
besouro (m)	may böcəyi	['maj bødʒ'æ'jɪ]

sanguessuga (f)	zəli	[zæ'li]
lagarta (f)	kəpənək qurdu	[kæpæ'næk gur'du]
minhoca (f)	qurd	['gurd]
larva (f)	sürfə	[syr'fæ]

221. Animais. Partes do corpo

bico (m)	dimdik	[dim'dik]
asas (f pl)	qanadlar	[ganad'lar]
pata (f)	pəncə	[pæn'dʒ'æ]
plumagem (f)	tük	['tyk]
pena, pluma (f)	lələk	[læ'læk]
crista (f)	kəkil	[kæ'kil]

brânquias, guelras (f pl)	qəlsəmə	[gælsæ'mæ]
ovas (f pl)	kürü	[ky'ry]
larva (f)	sürfə	[syr'fæ]
barbatana (f)	üzgəc	[yz'gædʒ']
escama (f)	pul	['pul]
canino (m)	köpək dişi	[kø'pæk di'ʃi]

pata (f)	pəncə	[pæn'dʒʲæ]
focinho (m)	üz	['yz]
boca (f)	ağız	[a'ɣɪz]
cauda (f), rabo (m)	quyruq	[guj'ruh]
bigodes (m pl)	bığ	['bɪɣ]

| casco (m) | dırnaq | [dɪr'nah] |
| corno (m) | buynuz | [buj'nuz] |

carapaça (f)	qın	['gɪn]
concha (f)	balıqqulağı	[balɪkkula'ɣɪ]
casca (f) de ovo	qabıq	[ga'bɪh]

| pelo (m) | yun | ['jun] |
| pele (f), couro (m) | dəri | [dæ'ri] |

222. Ações dos animais

voar (vi)	üçmaq	[utʃ'mah]
dar voltas	dövrə vurmaq	[døv'ræ vur'mah]
voar (para longe)	uçub qetmək	[u'tʃup gɛt'mæk]
bater as asas	qanad çalmaq	[ga'nad tʃal'mah]

bicar (vi)	dimdikləmək	[dimdiklæ'mæk]
incubar (vt)	kürt yatmaq	['kyrt jat'mah]
sair do ovo	yumurtadan çıxmaq	[jumurta'danɪ tʃɪx'mah]
fazer o ninho	yuva tikmək	[ju'va tik'mæk]

rastejar (vi)	sürünmək	[syryn'mæk]
picar (vt)	vurmaq	[vur'mah]
morder (vt)	qapmaq	[gap'mah]

cheirar (vt)	iyləmək	[ijlæ'mæk]
latir (vi)	hürmək	[hyr'mæk]
silvar (vi)	fışıldamaq	[fɪʃɪlda'mah]
assustar (vt)	qorxutmaq	[gorxut'mah]
atacar (vt)	hücum etmək	[hy'dʒʲum ɛt'mæk]

roer (vt)	gəmirmək	[gæmir'mæk]
arranhar (vt)	cızmaq	[dʒʲɪz'mah]
esconder-se (vr)	gizlənmək	[gizlæn'mæk]

brincar (vi)	oynamaq	[ojna'mah]
caçar (vi)	ova çıxmaq	[o'va tʃɪx'mah]
hibernar (vi)	yatmaq	[jat'mah]
extinguir-se (vr)	qırılıb qurtarmaq	[gɪrɪ'lɪp gurta-'mah]

223. Animais. Habitats

hábitat	yaşayış mühiti	[jaʃa'jɪʃ myhi'ti]
migração (f)	köç	['køtʃ]
montanha (f)	dağ	['daɣ]

| recife (m) | rif | ['rif] |
| falésia (f) | qaya | [ga'ja] |

floresta (f)	meşə	[mɛ'ʃæ]
selva (f)	cəngəllik	[ʤʲæŋgæl'lik]
savana (f)	savanna	[sa'vanna]
tundra (f)	tundra	['tundra]

estepe (f)	çöl	['ʧœl]
deserto (m)	səhra	[sæh'ra]
oásis (m)	oazis	[o'azis]

mar (m)	dəniz	[dæ'niz]
lago (m)	göl	['gølʲ]
oceano (m)	okean	[okɛ'an]

pântano (m)	bataqlıq	[batag'lıh]
de água doce	şirin sulu	[ʃi'rin su'lʲu]
lagoa (f)	gölcük	[gølʲ'ʤyk]
rio (m)	çay	['ʧaj]

toca (f) do urso	ayı yuvası	[a'jı juva'sı]
ninho (m)	yuva	[ju'va]
buraco (m) de árvore	oyuq	[o'juh]
toca (f)	yuva	[ju'va]
formigueiro (m)	qarışqa yuvası	[garıʃ'ga juva'sı]

224. Cuidados com os animais

| jardim (m) zoológico | heyvanat parkı | [hɛjva'nat par'kı] |
| reserva (f) natural | qoruq yeri | [go'ruh ɛ'ri] |

viveiro (m)	heyvan yetişdirmə müəssisəsi	[hɛj'van ɛtiʃdir'mæ myæssisæ'si]
jaula (f) de ar livre	volyer	[vo'ljɛr]
jaula, gaiola (f)	qəfəs	[gæ'fæs]
casinha (f) de cão	it damı	['it da'mı]

pombal (m)	göyərçin damı	[gøjær'ʧin da'mı]
aquário (m)	akvarium	[ak'varium]
delfinário (m)	delfinarium	[dɛlfi'narium]

criar (vt)	yetişdirmək	[ɛtiʃdir'mæk]
ninhada (f)	nəsil	[næ'sil]
domesticar (vt)	əhliləşdirmək	[æhlilæʃdir'mæk]
adestrar (vt)	heyvanı təlim etmək	[hɛjva'nı tæ'lim æt'mæk]
ração (f)	yem	['ɛm]
alimentar (vt)	yedirmək	[ɛdir'mæk]

loja (f) de animais	heyvan mağazası	[hɛj'van ma'ɣazası]
açaime (m)	buruntaq	[burun'tah]
coleira (f)	xalta	[χal'ta]
nome (m)	ad	['ad]
pedigree (m)	şəcərə tarixi	[sæʤʲæ'ræ tari'χi]

225. Animais. Diversos

alcateia (f)	sürü	[sy'ry]
bando (pássaros)	qatar	[ga'tar]
cardume (peixes)	dəstə	[dæs'tæ]
manada (cavalos)	ilxı	[il'χı]
macho (m)	erkək	[ɛr'kæk]
fêmea (f)	dişi	[di'ʃi]
faminto	ac	['adʒ']
selvagem	vəhşi	[væh'ʃi]
perigoso	təhlükəli	[tæhlykæ'li]

226. Cavalos

cavalo (m)	at	['at]
raça (f)	cins	['dʒ'ins]
potro (m)	dayça	[daj'ʧa]
égua (f)	madyan	[ma'djan]
mustangue (m)	mustanq	[mus'tanh]
pónei (m)	poni	['poni]
cavalo (m) de tiro	ağır yük atı	[a'χır 'juk a'tı]
crina (f)	yal	['jal]
cauda (f)	quyruq	[guj'ruh]
casco (m)	dırnaq	[dır'nah]
ferradura (f)	nal	['nal]
ferrar (vt)	nal vurmaq	['nal vur'mah]
ferreiro (m)	nalbənd	[nal'bænd]
sela (f)	yəhər	[jæ'hær]
estribo (m)	üzəngi	[yzæ'ngi]
brida (f)	yüyən	[jy'jæn]
rédeas (f pl)	cilov	[dʒ'i'lov]
chicote (m)	qamçı	[gam'ʧı]
cavaleiro (m)	at sürən	['at sy'ræn]
colocar sela	yəhərləmək	[jæhærlæ'mæk]
montar no cavalo	yəhər qoyub minmək	[jæ'hær go'juɔ min'mæk]
galope (m)	dördayaq yeriş	[dørda'jah ɛ'riʃ]
galopar (vi)	dördayaq getmək	[dørda'jah gɛː'mæk]
trote (m)	löhrəm yeriş	[løh'ræm jɛ'riʃ]
a trote	löhrəm yerişlə	[løh'ræm jɛ'riʃæ]
cavalo (m) de corrida	cıdır atı	[dʒ'ı'dır a'tı]
corridas (f pl)	cıdır	[dʒ'ı'dır]
estábulo (m)	tövlə	[tøv'læ]
alimentar (vt)	yedirmək	[ɛdir'mæk]

feno (m)	quru ot	[gu'ru 'ot]
dar água	suvarmaq	[suvar'mah]
limpar (vt)	təmizləmək	[tæmizlæ'mæk]

pastar (vi)	otlamaq	[otla'mah]
relinchar (vi)	kişnəmək	[kiʃnæ'mæk]
dar um coice	təpmək	[tæp'mæk]

Flora

227. Árvores

árvore (f)	ağac	[a'ɣadʒʲ]
decídua	yarpaqlı	[jarpag'lı]
conífera	iynəli	[ijnæ'li]
perene	həmişəyaşıl	[hæmiʃæja'ʃɪl]
macieira (f)	alma	[al'ma]
pereira (f)	armud	[ar'mud]
cerejeira (f)	gilas	[gi'las]
ginjeira (f)	albalı	[alba'lı]
ameixeira (f)	gavalı	[gava'lı]
bétula (f)	tozağacı	[tozaɣa'dʒʲı]
carvalho (m)	palıd	[pa'lıd]
tília (f)	cökə	[dʒʲøˈkæ]
choupo-tremedor (m)	ağcaqovaq	[aɣdʒʲago'vaˀ]
bordo (m)	ağcaqayın	[aɣdʒʲaga'jın]
espruce-europeu (m)	küknar	[kyk'nar]
pinheiro (m)	şam	['ʃam]
alerce, lariço (m)	qara şam ağacı	[ga'ra 'ʃam aɣa'dʒʲı]
abeto (m)	ağ şam ağacı	['aɣ 'ʃam aɣaʤʲı]
cedro (m)	sidr	['sidr]
choupo, álamo (m)	qovaq	[go'vah]
tramazeira (f)	quşarmudu	[guʃarmu'du]
salgueiro (m)	söyüd	[sø'jud]
amieiro (m)	qızılağac	[gızıla'ɣadʒʲ]
faia (f)	fıstıq	[fıs'tıh]
ulmeiro (m)	qarağac	[gara'ɣadʒʲ]
freixo (m)	göyrüş	[gøj'ryʃ]
castanheiro (m)	şabalıd	[ʃaba'lıd]
magnólia (f)	maqnoliya	[mag'nolija]
palmeira (f)	palma	['palma]
cipreste (m)	sərv	['særv]
mangue (m)	manqra ağacı	['mangra aɣa'dʒʲı]
embondeiro, baobá (m)	baobab	[bao'bap]
eucalipto (m)	evkalipt	[ɛvka'lipt]
sequoia (f)	sekvoya	[sɛk'voja]

228. Arbustos

arbusto (m)	kol	['køl]
arbusto (m), moita (f)	kolluq	[kol'lʲuh]

201

| videira (f) | üzüm | [y'zym] |
| vinhedo (m) | üzüm bağı | [y'zym ba'ɣɪ] |

framboeseira (f)	moruq	[mo'ruh]
groselheira-vermelha (f)	qırmızı qarağat	[gɪrmɪ'zɪ gara'ɣat]
groselheira (f) espinhosa	krıjovnik	[krɪ'ʒovnik]

acácia (f)	akasiya	[a'kasija]
bérberis (f)	zərinc	[zæ'rindʒ]
jasmim (m)	jasmin	[ʒas'min]

junípero (m)	ardıc kolu	[ar'dɪdʒ ko'lʲu]
roseira (f)	qızılgül kolu	[gɪzɪl'gylʲ ko'lʲu]
roseira (f) brava	itburnu	[itbur'nu]

229. Cogumelos

cogumelo (m)	göbələk	[gøbæ'læk]
cogumelo (m) comestível	yeməli göbələk	[ɛmæ'li gøbæ'læk]
cogumelo (m) venenoso	zəhərli göbələk	[zæhær'li gøbæ'læk]
chapéu (m)	papaq	[pa'pah]
pé, caule (m)	gövdə	[gøv'dæ]

boleto (m)	ağ göbələk	['aɣ gøbæ'læk]
boleto (m) alaranjado	qırmızıbaş göbələk	[gɪrmɪzɪ'baʃ gøbæ'læk]
míscaro (m) das bétulas	qara göbələk	[ga'ra gøbæ'læk]
cantarela (f)	sarı göbələk	[sa'rɪ gøbæ'læk]
rússula (f)	zol-zol papaqlı göbələk	['zol 'zol papag'lɪ gøbæ'læk]

morchella (f)	quzugöbələyi	[guzugøbælæ'jɪ]
agário-das-moscas (m)	milşəkqıran	[milʧækgɪ'ran]
cicuta (f) verde	zəhərli göbələk	[zæhær'li gøbæ'læk]

230. Frutos. Bagas

maçã (f)	alma	[al'ma]
pera (f)	armud	[ar'mud]
ameixa (f)	gavalı	[gava'lɪ]

morango (m)	bağ çiyələyi	['baɣ ʧijælæ'jɪ]
ginja (f)	albalı	[alba'lɪ]
cereja (f)	gilas	[gi'las]
uva (f)	üzüm	[y'zym]

framboesa (f)	moruq	[mo'ruh]
groselha (f) preta	qara qarağat	[ga'ra gara'ɣat]
groselha (f) vermelha	qırmızı qarağat	[gɪrmɪ'zɪ gara'ɣat]
groselha (f) espinhosa	krıjovnik	[krɪ'ʒovnik]
oxicoco (m)	quşüzümü	[guʃyzy'my]

| laranja (f) | portağal | [porta'ɣal] |
| tangerina (f) | mandarin | [manda'rin] |

ananás (m)	ananas	[ana'nas]
banana (f)	banan	[ba'nan]
tâmara (f)	xurma	[χur'ma]

limão (m)	limon	[li'mon]
damasco (m)	ərik	[æ'rik]
pêssego (m)	şaftalı	[ʃafta'lɪ]
kiwi (m)	kivi	['kivi]
toranja (f)	qreypfrut	['grɛjpfrut]

baga (f)	giləmeyvə	[gilæmɛj'væ]
bagas (f pl)	giləmeyvələr	[gilæmɛjvæ'lær]
arando (m) vermelho	mərsin	[mær'sin]
morango-silvestre (m)	çiyələk	[ʧijæ'læk]
mirtilo (m)	qaragilə	[garagi'læ]

231. Flores. Plantas

| flor (f) | gül | ['gylʲ] |
| ramo (m) de flores | gül dəstəsi | ['gylʲ dæstæ'si] |

rosa (f)	qızılgül	[gɪzɪl'gylʲ]
tulipa (f)	lalə	[la'læ]
cravo (m)	qərənfil	[gæræn'fil]
gladíolo (m)	qladiolus	[gladi'olʲus]

centáurea (f)	peyğəmbərçiçəyi	[pɛjɣæmbæᵊʧitʃæ'jɪ]
campânula (f)	zəngçiçəyi	[zæŋgʧitʃæ'j]
dente-de-leão (m)	zəncirotu	[zændʒʲiro'tʊ]
camomila (f)	çobanyastığı	[ʧobanjastɪ'ɣɪ]

aloé (m)	əzvay	[æz'vaj]
cato (m)	kaktus	['kaktus]
fícus (m)	fikus	['fikus]

lírio (m)	zanbaq	[zan'bah]
gerânio (m)	ətirşah	[ætir'ʃah]
jacinto (m)	giasint	[gia'sint]

mimosa (f)	küsdüm ağacı	[kys'dym aɣɛ'dʒʲɪ]
narciso (m)	nərgizgülü	[nærgizgy'ly]
capuchinha (f)	ərikgülü	[ærikgy'ly]

orquídea (f)	səhləb çiçəyi	[sæh'læp ʧitʃæ'jɪ]
peónia (f)	pion	[pi'on]
violeta (f)	bənövşə	[bænøv'ʃæ]

amor-perfeito (m)	alabəzək bənövşə	[alabæ'zæk bænøv'ʃæ]
não-me-esqueças (m)	yaddaş çiçəyi	[jad'daʃ ʧitʃæ'ˌɪ]
margarida (f)	qızçiçəyi	[gɪzʧitʃæ'jɪ]

papoula (f)	lalə	[la'læ]
cânhamo (m)	çətənə	[ʧætæ'næ]
hortelã (f)	nanə	[na'næ]

| lírio-do-vale (m) | inciçiçəyi | [indʒᵢitʃitʃæ'jɪ] |
| campânula-branca (f) | novruzgülü | [novruzgy'ly] |

urtiga (f)	gicitkən	[gitʃit'kæn]
azeda (f)	quzuqulağı	[guzugula'ɣɪ]
nenúfar (m)	ağ suzanbağı	['aɣ suzanba'ɣɪ]
feto (m), samambaia (f)	ayıdöşəyi	[ajɪdøʃæ'jɪ]
líquen (m)	şibyə	[ʃib'jæ]

estufa (f)	oranjereya	[oranʒɛ'rɛja]
relvado (m)	qazon	[ga'zon]
canteiro (m) de flores	çiçək ləki	[tʃi'tʃæk læ'ki]

planta (f)	bitki	[bit'ki]
erva (f)	ot	['ot]
folha (f) de erva	ot saplağı	['ot sapla'ɣɪ]

folha (f)	yarpaq	[jar'pah]
pétala (f)	ləçək	[læ'tʃæk]
talo (m)	saplaq	[sap'lah]
tubérculo (m)	kök yumrusu	[køk jumru'su]

| broto, rebento (m) | cücərti | [dʒydʒᵢær'ti] |
| espinho (m) | tikan | [ti'kan] |

florescer (vi)	çiçək açmaq	[tʃi'tʃæk atʃ'mah]
murchar (vi)	solmaq	[sol'mah]
cheiro (m)	ətir	[æ'tir]
cortar (flores)	kəsmək	[kæs'mæk]
colher (uma flor)	dərmək	[dær'mæk]

232. Cereais, grãos

grão (m)	dən	['dæn]
cereais (plantas)	dənli bitkilər	[dæn'li bitki'lær]
espiga (f)	sümbül	[sym'bylʲ]

trigo (m)	taxıl	[ta'χɪl]
centeio (m)	covdar	[dʒᵢov'dar]
aveia (f)	yulaf	[ju'laf]

| milho-miúdo (m) | darı | [da'rɪ] |
| cevada (f) | arpa | [ar'pa] |

milho (m)	qarğıdalı	[garχɪda'lɪ]
arroz (m)	düyü	[dy'ju]
trigo-sarraceno (m)	qarabaşaq	[garaba'ʃah]

| ervilha (f) | noxud | [no'χud] |
| feijão (m) | lobya | [lo'bja] |

soja (f)	soya	['soja]
lentilha (f)	mərcimək	[mærdʒᵢi'mæk]
fava (f)	paxla	[paχ'la]

233. Vegetais. Verduras

legumes (m pl)	tərəvəz	[tæræ'væz]
verduras (f pl)	göyərti	[gøjær'ti]
tomate (m)	pomidor	[pomi'dor]
pepino (m)	xiyar	[χi'jar]
cenoura (f)	kök	['køk]
batata (f)	kartof	[kar'tof]
cebola (f)	soğan	[so'ɣan]
alho (m)	sarımsaq	[sarım'sah]
couve (f)	kələm	[kæ'læm]
couve-flor (f)	gül kələm	['gylʲ kæ'læm]
couve-de-bruxelas (f)	Brüssel kələmi	['bryssɛl kælæ'mi]
beterraba (f)	çuğundur	[ʧuɣun'dur]
beringela (f)	badımcan	[badım'ʤʲan]
curgete (f)	yunan qabağı	[ju'nan gaba'ɣı]
abóbora (f)	balqabaq	[balga'bah]
nabo (m)	şalğam	[ʃal'ɣam]
salsa (f)	petruşka	[pɛtruʃ'ka]
funcho, endro (m)	şüyüt	[ʃy'jut]
alface (f)	salat	[sa'lat]
aipo (m)	kərəviz	[kæræ'viz]
espargo (m)	qulançar	[gulan'ʧar]
espinafre (m)	ispanaq	[ispa'nah]
ervilha (f)	noxud	[no'χud]
fava (f)	paxla	[paχ'la]
milho (m)	qarğıdalı	[garɣıda'lı]
feijão (m)	lobya	[lo'bja]
pimentão (m)	biber	[bi'bær]
rabanete (m)	turp	['turp]
alcachofra (f)	ənginar	[æŋgi'nar]

GEOGRAFIA REGIONAL

Países. Nacionalidades

234. Europa Ocidental

Português	Azeri	Pronúncia
Europa (f)	Avropa	[av'ropa]
União (f) Europeia	Avropa Birliyi	[av'ropa birli'jı]
europeu (m)	avropalı	[av'ropalı]
europeu	Avropa	[av'ropa]
Áustria (f)	Avstriya	['avstrija]
austríaco (m)	avstriyalı	['avstrijalı]
austríaca (f)	avstriyalı qadın	['avstrijalı ga'dın]
austríaco	Avstriya	['avstrija]
Grã-Bretanha (f)	Böyük Britaniya	[bø'juk bri'tanija]
Inglaterra (f)	İngiltərə	[in'giltæræ]
inglês (m)	ingilis	[ingi'lis]
inglesa (f)	ingilis qadın	[ingi'lis ga'dın]
inglês	ingilis	[ingi'lis]
Bélgica (f)	Belçika	['bɛltʃika]
belga (m)	belçikalı	['bɛltʃikalı]
belga (f)	belçikalı qadın	['bɛltʃikalı ga'dın]
belga	Belçika	['bɛltʃika]
Alemanha (f)	Almaniya	[al'manija]
alemão (m)	alman	[al'man]
alemã (f)	alman qadını	[al'man gadı'nı]
alemão	alman	[al'man]
Países (m pl) Baixos	Niderland	[nidɛr'land]
Holanda (f)	Hollandiya	[hol'landija]
holandês (m)	hollandiyalı	[hol'landijalı]
holandesa (f)	hollandiyalı qadın	[hol'landijalı ga'dın]
holandês	Hollandiya	[hol'landija]
Grécia (f)	Yunanıstan	[junanıs'tan]
grego (m)	yunan	[ju'nan]
grega (f)	yunan qadını	[ju'nan gadı'nı]
grego	yunan	[ju'nan]
Dinamarca (f)	Danimarka	[dani'marka]
dinamarquês (m)	danimarkalı	[dani'markalı]
dinamarquesa (f)	danimarkalı qadın	[dani'markalı ga'dın]
dinamarquês	Danimarka	[dani'marka]
Irlanda (f)	İrlandiya	[ir'landija]
irlandês (m)	irlandiyalı	[ir'landijalı]

| irlandesa (f) | irlandiyalı qadın | [ir'landijalı ga'dın] |
| irlandês | İrlandiya | [ir'landija] |

Islândia (f)	İslandiya	[is'landija]
islandês (m)	islandiyalı	[is'landijalı]
islandesa (f)	islandiyalı qadın	[is'landijalı ga'dın]
islandês	İslandiya	[is'landija]

Espanha (f)	İspaniya	[is'panija]
espanhol (m)	ispaniyalı	[is'panijalı]
espanhola (f)	ispan qadını	[is'pan gadr'nı]
espanhol	ispan	[is'pan]

Itália (f)	İtaliya	[i'talija]
italiano (m)	italyan	[ita'ljan]
italiana (f)	italyan qadın	[ita'ljan ga'dın]
italiano	italyan	[ita'ljan]

Chipre (m)	Kıbrıs	['kıbrıs]
cipriota (m)	kıbrıslı	['kıbrıslı]
cipriota (f)	kıbrıslı qadın	['kıbrıslı ga'dın]
cipriota	kıbrıs	['kıbrıs]

Malta (f)	Malta	['malta]
maltês (m)	maltalı	['maltalı]
maltesa (f)	maltalı qadın	['maltalı ga'dın]
maltês	Malta	['malta]

Noruega (f)	Norveç	[nor'vɛtʃ]
norueguês (m)	norveçli	[norvɛtʃ'li]
norueguesa (f)	norveçli qadın	[norvɛtʃ'li ga'dın]
norueguês	Norveç	[nor'vɛtʃ]

Portugal (m)	Portuqaliya	[portu'galija]
português (m)	portuqaliyalı	[portu'galijalı]
portuguesa (f)	portuqaliyalı qadın	[portu'galijalı ga'dın]
português	Portuqal	[portu'gal]

Finlândia (f)	Finlyandiya	[fin'lʲandija]
finlandês (m)	fin	['fin]
finlandesa (f)	fin qadın	['fin ga'dın]
finlandês	fin	['fin]

França (f)	Fransa	['fransa]
francês (m)	fransız	[fran'sız]
francesa (f)	fransız qadın	[fran'sız ga'dın]
francês	fransız	[fran'sız]

Suécia (f)	İsveç	[is'vɛtʃ]
sueco (m)	isveçli	[isvɛtʃ'li]
sueca (f)	isveçli qadın	[isvɛtʃ'li ga'dın]
sueco	İsveç	[is'vɛtʃ]

Suíça (f)	İsveçrə	[is'vɛtʃræ]
suíço (m)	isveçrəli	[is'vɛtʃræli]
suíça (f)	isveçrəli qadın	[is'vɛtʃræli ga'dın]

suíço	İsveçrə	[is'vɛʧræ]
Escócia (f)	Şotlandiya	[ʃot'landija]
escocês (m)	şotlandiyalı	[ʃot'landijalı]
escocesa (f)	şotlandiyalı qadın	[ʃot'landijalı ga'dın]
escocês	Şotlandiya	[ʃot'landija]

Vaticano (m)	Vatikan	[vati'kan]
Liechtenstein (m)	Lixtenşteyn	[liχtɛn'ʃtɛjn]
Luxemburgo (m)	Lüksemburq	[lyksɛm'burh]
Mónaco (m)	Monako	[mo'nako]

235. Europa Central e de Leste

Albânia (f)	Albaniya	[al'banija]
albanês (m)	albaniyalı	[al'ban]
albanesa (f)	alban qadını	[al'ban gadı'nı]
albanês	alban	[al'ban]

Bulgária (f)	Bolqarıstan	[bolgarıs'tan]
búlgaro (m)	bolqar	[bol'gar]
búlgara (f)	bolqar qadını	[bol'gar gadı'nı]
búlgaro	bolqar	[bol'gar]

Hungria (f)	Macarıstan	[madʒⁱarıs'tan]
húngaro (m)	macar	[ma'dʒⁱar]
húngara (f)	macar qadını	[ma'dʒⁱar gadı'nı]
húngaro	macar	[ma'dʒⁱar]

Letónia (f)	Latviya	['latvija]
letão (m)	latviyalı	['latvijalı]
letã (f)	latviyalı qadın	['latvijalı ga'dın]
letão	Latviya	['latvija]

Lituânia (f)	Litva	[lit'va]
lituano (m)	litvalı	[litva'lı]
lituana (f)	litvalı qadın	[litva'lı ga'dın]
lituano	Litva	[lit'va]

Polónia (f)	Polşa	['polʃa]
polaco (m)	polyak	[po'lⁱak]
polaca (f)	polyak qadın	[po'lⁱak ga'dın]
polaco	polyak	[po'lⁱak]

Roménia (f)	Rumıniya	[ru'mınija]
romeno (m)	rumın	[ru'mın]
romena (f)	rumın qadını	[ru'mın gadı'nı]
romeno	rumın	[ru'mın]

Sérvia (f)	Serbiya	['sɛrbija]
sérvio (m)	serb	['sɛrp]
sérvia (f)	serb qadın	['sɛrp ga'dın]
sérvio	serb	['sɛrp]
Eslováquia (f)	Slovakiya	[slo'vakija]
eslovaco (m)	slovak	[slo'vak]

| eslovaca (f) | slovak qadın | [slo'vak gɛ'dın] |
| eslovaco | slovak | [slo'vak] |

Croácia (f)	Xorvatiya	[xor'vatija]
croata (m)	xorvat	[xor'vat]
croata (f)	xorvat qadın	[xor'vat ga dın]
croata	xorvat	[xor'vat]

República (f) Checa	Çexiya	['ʧɛxija]
checo (m)	çex	['ʧɛx]
checa (f)	çex qadın	['ʧɛx ga'dın]
checo	çex	['ʧɛx]

Estónia (f)	Estoniya	[ɛs'tonija]
estónio (m)	eston	[ɛs'ton]
estónia (f)	eston qadın	[ɛs'ton ga'dın]
estónio	eston	[ɛs'ton]

Bósnia e Herzegovina (f)	Bosniya və Hersoqovina	['bosnija 'væ hɛrsogo'vina]
Macedónia (f)	Makedoniya	[makɛ'donija]
Eslovénia (f)	Sloveniya	[slo'vɛnija]
Montenegro (m)	Qaradağ	[ga'raday]

236. Países da ex-URSS

Azerbaijão (m)	Azərbaycan	[azærbaj'ʤ¡an]
azeri (m)	azərbaycanlı	[azærbajʤ¡an'lı]
azeri (f)	azərbaycanlı qadın	[azærbajʤ¡an'lı ga'dın]
azeri, azerbaijano	Azərbaycan	[azærbaj'ʤ¡an]

Arménia (f)	Ermənistan	[ɛrmænis'tan]
arménio (m)	ermeni	[ɛrmæ'ni]
arménia (f)	ermeni qadını	[ɛrmæ'ni gadı'nı]
arménio	ermeni	[ɛrmæ'ni]

Bielorrússia (f)	Belarus	[bɛla'rus]
bielorrusso (m)	belarus	[bɛla'rus]
bielorrussa (f)	belarus qadını	[bɛla'rus gadı'nı]
bielorrusso	belarus	[bɛla'rus]

Geórgia (f)	Gürcüstan	[gyrʤys'tan]
georgiano (m)	gürcü	[gyr'ʤy]
georgiana (f)	gürcü qadını	[gyr'ʤy gadı'nı]
georgiano	gürcü	[gyr'ʤy]

Cazaquistão (m)	Qazaxstan	[gazax'stan]
cazaque (m)	qazax	[ga'zax]
cazaque (f)	qazax qadın	[ga'zax ga'dın]
cazaque	qazax	[ga'zax]

Quirguistão (m)	Qırğızıstan	[gırxızıs'tan]
quirguiz (m)	qırğız	[gır'xız]
quirguiz (f)	qırğız qadını	[gır'xız gadı'n]
quirguiz	qırğız	[gır'xız]

Moldávia (f)	Moldova	[mol'dova]
moldavo (m)	moldovalı	[mol'dovalı]
moldava (f)	moldovalı qadın	[mol'dovalı ga'dın]
moldavo	Moldova	[mol'dova]

Rússia (f)	Rusiya	['rusija]
russo (m)	rus	['rus]
russa (f)	rus qadını	['rus gadı'nı]
russo	rus	['rus]

Tajiquistão (m)	Tacikistan	[tadʒiki̇s'tan]
tajique (m)	tacik	[ta'dʒik]
tajique (f)	tacik qadın	[ta'dʒik ga'dın]
tajique	tacik	[ta'dʒik]

Turquemenistão (m)	Türkmənistan	[tyrkmænis'tan]
turcomeno (m)	türkmən	[tyrk'mæn]
turcomena (f)	türkmən qadın	[tyrk'mæn ga'dın]
turcomeno	türkmən	[tyrk'mæn]

Uzbequistão (f)	Özbəkistan	[øzbækis'tan]
uzbeque (m)	özbək	[øz'bæk]
uzbeque (f)	özbək qadın	[øz'bæk ga'dın]
uzbeque	özbək	[øz'bæk]

Ucrânia (f)	Ukrayna	[uk'rajna]
ucraniano (m)	ukraynalı	[uk'rajnalı]
ucraniana (f)	ukraynalı qadın	[uk'rajnalı ga'dın]
ucraniano	Ukrayna	[uk'rajna]

237. Asia

Ásia (f)	Asiya	['asija]
asiático	Asiya	['asija]

Vietname (m)	Vyetnam	[vjɛt'nam]
vietnamita (m)	vyetnamlı	[vjɛtnam'lı]
vietnamita (f)	vyetnamlı qadın	[vjɛtnam'lı ga'dın]
vietnamita	Vyetnam	[vjɛt'nam]

Índia (f)	Hindistan	[hindis'tan]
indiano (m)	hind	['hind]
indiana (f)	hind qadını	['hind gadı'nı]
indiano	hind	['hind]

Israel (m)	İsrail	[isra'il]
israelita (m)	israilli	[israil'li]
israelita (f)	israilli qadın	[israil'li ga'dın]
israelita	İsrail	[isra'il]

judeu (m)	yahudi	[jahu'di]
judia (f)	yahudi qadın	[jahu'di ga'dın]
judeu	yahudi	[jahu'di]
China (f)	Çin	['ʧin]

chinês (m)	çinli	[ʧin'li]
chinesa (f)	çinli qadın	[ʧin'li ga'dın]
chinês	Çin	['ʧin]

coreano (m)	koreyalı	[ko'rɛjalı]
coreana (f)	koreyalı qadın	[ko'rɛjalı gæ'dın]
coreano	Koreya	[ko'rɛja]

Líbano (m)	Livan	[li'van]
libanês (m)	livanlı	[livan'lı]
libanesa (f)	livanlı qadın	[livan'lı ga'dın]
libanês	Livan	[li'van]

Mongólia (f)	Monqolustan	[mongoľus'ːan]
mongol (m)	monqol	[mon'gol]
mongol (f)	monqol qadın	[mon'gol ga'dın]
mongol	monqol	[mon'gol]

Malásia (f)	Malayziya	[ma'lajzija]
malaio (m)	malay	[ma'laj]
malaia (f)	malay qadın	[ma'laj ga'dın]
malaio	Malayziya	[ma'lajzija]

Paquistão (m)	Pakistan	[pakis'tan]
paquistanês (m)	pakistanlı	[pakistan'lı]
paquistanesa (f)	pakistanlı qadın	[pakistan'lı ça'dın]
paquistanês	Pakistan	[pakis'tan]

Arábia (f) Saudita	Səudiyyə Ərəbistanı	[sæudi'æ æræbista'nı]
árabe (m)	ərəb	[æ'ræp]
árabe (f)	ərəb qadını	[æ'ræp gadı'nı]
árabe	ərəb	[æ'ræp]

Tailândia (f)	Tailand	[tai'land]
tailandês (m)	tay	['taj]
tailandesa (f)	tay qadını	['taj gadı'nı]
tailandês	tay	['taj]

Taiwan (m)	Tayvan	[taj'van]
taiwanês (m)	tayvanlı	[tajvan'lı]
taiwanesa (f)	tayvanlı qadın	[tajvan'lı ga'dın]
taiwanês	Tayvan	[taj'van]

Turquia (f)	Türkiyə	['tyrkijæ]
turco (m)	türk	['tyrk]
turca (f)	türk qadını	['tyrk gadı'nı]
turco	türk	['tyrk]

Japão (m)	Yaponiya	[ja'ponija]
japonês (m)	yapon	[ja'pon]
japonesa (f)	yapon qadın	[ja'pon ga'dın]
japonês	yapon	[ja'pon]

Afeganistão (m)	Afqanistan	[afganis'tan]
Bangladesh (m)	Banqladeş	[bangla'dɛʃ]
Indonésia (f)	İndoneziya	[indo'nɛzija]

Jordânia (f)	İordaniya	[ior'danija]
Iraque (m)	İraq	[i'rak]
Irão (m)	İran	[i'ran]
Camboja (f)	Kamboca	[kam'bodʒʲa]
Kuwait (m)	Küveyt	[ky'vɛjt]

Laos (m)	Laos	[la'os]
Myanmar (m), Birmânia (f)	Myanma	['mjanma]
Nepal (m)	Nepal	[nɛ'pal]
Emirados Árabes Unidos	Birləşmiş Ərəb Əmirlikləri	[birlæʃ'miʃ æ'ræp æmirliklæ'ri]

Síria (f)	Suriya	['surija]
Palestina (f)	Fələstin muxtariyyatı	[fælæs'tin muχtaria'tı]
Coreia do Sul (f)	Cənubi Koreya	[dʒʲænu'bi ko'rɛja]
Coreia do Norte (f)	Şimali Koreya	[ʃima'li ko'rɛja]

238. América do Norte

Estados Unidos da América	Amerika Birləşmiş Ştatları	[a'mɛrika birlæʃ'miʃ ʃtatla'rı]
americano (m)	amerikalı	[a'mɛrikalı]
americana (f)	amerikalı qadın	[a'mɛrikalı ga'dın]
americano	amerikan	[amɛri'kan]

Canadá (m)	Kanada	[ka'nada]
canadiano (m)	kanadalı	[ka'nadalı]
canadiana (f)	kanadalı qadın	[ka'nadalı ga'dın]
canadiano	Kanada	[ka'nada]

México (m)	Meksika	['mɛksika]
mexicano (m)	meksikalı	['mɛksikalı]
mexicana (f)	meksikalı qadın	['mɛksikalı ga'dın]
mexicano	Meksika	['mɛksika]

239. América Central do Sul

Argentina (f)	Argentina	[argɛn'tina]
argentino (m)	argentinalı	[argɛn'tinalı]
argentina (f)	argentinalı qadın	[argɛn'tinalı ga'dın]
argentino	Argentina	[argɛn'tina]

Brasil (m)	Braziliya	[bra'zilija]
brasileiro (m)	braziliyalı	[bra'zilijalı]
brasileira (f)	braziliyalı qadın	[bra'zilijalı ga'dın]
brasileiro	Braziliya	[bra'zilija]

Colômbia (f)	Kolumbiya	[ko'lʲumbija]
colombiano (m)	kolumbiyalı	[ko'lʲumbijalı]
colombiana (f)	kolumbiyalı qadın	[ko'lʲumbijalı ga'dın]
colombiano	Kolumbiya	[ko'lʲumbija]
Cuba (f)	Kuba	['kuba]

cubano (m)	kubalı	['kubalı]
cubana (f)	kubalı qadın	['kubalı ga'ɟɪn]
cubano	Kuba	['kuba]

Chile (m)	Çili	['tʃili]
chileno (m)	çilili	['tʃilili]
chilena (f)	çilili qadın	['tʃilili ga'dɪn]
chileno	Çili	['tʃili]

Bolívia (f)	Boliviya	[bo'livija]
Venezuela (f)	Venesuela	[vɛnɛsu'æʎɛ]
Paraguai (m)	Paraqvay	[parag'vaj]
Peru (m)	Peru	[pɛ'ru]
Suriname (m)	Surinam	[suri'nam]
Uruguai (m)	Uruqvay	[urug'vaj]
Equador (m)	Ekvador	[ɛkva'dor]

Bahamas (f pl)	Baqam adaları	[ba'gam adala'rı]
Haiti (m)	Haiti	[ha'iti]
República (f) Dominicana	Dominikan Respublikası	[domini'kan rɛs'publikası]
Panamá (m)	Panama	[pa'nama]
Jamaica (f)	Yamayka	[ja'majka]

240. Africa

Egito (m)	Misir	[mi'sir]
egípcio (m)	misirli	[misir'li]
egípcia (f)	misirli qadın	[misir'li ga'dɪn]
egípcio	Misir	[mi'sir]

Marrocos	Mərakeş	[mæra'kɛʃ]
marroquino (m)	mərakeşli	[mærakɛʃ'li]
marroquina (f)	mərakeşli qadın	[mærakɛʃ'li ga'dɪn]
marroquino	Mərakeş	[mæra'kɛʃ]

Tunísia (f)	Tunis	[tu'nis]
tunisino (m)	tunisli	[tunis'li]
tunisina (f)	tunisli qadın	[tunis'li ga'dɪr]
tunisino	Tunis	[tu'nis]

Gana (f)	Qana	['gana]
Zanzibar (m)	Zənzibar	[zænzi'bar]
Quénia (f)	Keniya	['kɛnija]
Líbia (f)	Liviya	['livija]
Madagáscar (m)	Madaqaskar	[madagas'karɪ]

Namíbia (f)	Namibiya	[na'mibija]
Senegal (m)	Seneqal	[sɛnɛ'gal]
Tanzânia (f)	Tanzaniya	[tan'zanija]
África do Sul (f)	Cənubi Afrika respublikası	[dʒˈænu'bi 'afrika rɛs'publikası]
africano (m)	afrikalı	['afrikalı]
africana (f)	afrikalı qadın	['afrikalı ga'dɪr]
africano	afrikalı	['afrikalı]

241. Austrália. Oceania

Austrália (f)	Avstraliya	[av'stralija]
australiano (m)	avstraliyalı	[av'stralijalı]
australiana (f)	avstraliyalı qadın	[av'stralijalı ga'dın]
australiano	Avstraliya	[av'stralija]
Nova Zelândia (f)	Yeni Zelandiya	[ɛ'ni zɛ'landija]
neozelandês (m)	yeni zelandiyalı	[ɛ'ni zɛ'landijalı]
neozelandesa (f)	yeni zelandiyalı qadın	[ɛ'ni zɛ'landijalı ga'dın]
neozelandês	Yeni Zelandiya	[ɛ'ni zɛ'landija]
Tasmânia (f)	Tasmaniya	[tas'manija]
Polinésia Francesa (f)	Fransız Polineziyası	[fran'sız poli'nɛzijası]

242. Cidades

Amesterdão	Amsterdam	[amstɛr'dam]
Ancara	Ankara	[anka'ra]
Atenas	Afina	[a'fina]
Bagdade	Bağdad	[ba'ɣdad]
Banguecoque	Banqkok	[ban'kok]
Barcelona	Barselona	[barsɛ'lona]
Beirute	Beyrut	[bɛj'rut]
Berlim	Berlin	[bɛr'lin]
Bombaim	Bombey	[bom'bɛj]
Bona	Bonn	['bonn]
Bordéus	Bordo	[bor'do]
Bratislava	Bratislava	[bratisla'va]
Bruxelas	Brüssel	[brys'sɛl]
Bucareste	Buxarest	[buχa'rɛst]
Budapeste	Budapeşt	[buda'pɛʃt]
Cairo	Qahirə	[gahi'ræ]
Calcutá	Kalkutta	[kal'kutta]
Chicago	Çikaqo	[ʧi'kago]
Cidade do México	Mexiko	['mɛχiko]
Copenhaga	Kopenhaqen	[kopɛn'hagɛn]
Dar es Salaam	Dar Əs Salam	['dar 'æs sa'lam]
Deli	Dehli	[dɛh'li]
Dubai	Dubay	[du'baj]
Dublin, Dublim	Dublin	['dublin]
Düsseldorf	Düsseldorf	['dyssɛlʲdorf]
Estocolmo	Stokholm	[stok'holm]
Florença	Florensiya	[flo'rɛnsija]
Frankfurt	Frankfurt	['frankfurt]
Genebra	Cenevrə	[dʒʲɛ'nɛvræ]
Haia	Haaga	[ha'aga]
Hamburgo	Hamburq	['hamburh]

| Hanói | Hanoy | [ha'noj] |
| Havana | Havana | [ha'vana] |

Helsínquia	Helsinki	['hɛlsinki]
Hiroshima	Xirosima	[χiro'sima]
Hong Kong	Honkonq	[hon'konh]
Istambul	İstanbul	[istan'bul]
Jerusalém	Yerusəlim	[ɛrusæ'lim]
Kiev	Kiyev	['kiɛv]
Kuala Lumpur	Kuala Lumpur	[ku'ala ɫurr'pur]
Lisboa	Lissabon	[lissa'bon]
Londres	London	['london]
Los Angeles	Los Anjeles	['los 'anʒɛlɛs]
Lion	Lion	[li'on]

Madrid	Madrid	[mad'rid]
Marselha	Marsel	[mar'sɛl]
Miami	Mayami	[ma'jami]
Montreal	Monreal	[monrɛ'al]
Moscovo	Moskva	[mosk'va]
Munique	Münhen	['mynhɛn]

Nairóbi	Nayrobi	[naj'robi]
Nápoles	Neapol	[nɛ'apol]
Nice	Nitsa	['nitsa]
Nova York	Nyu-York	['nju 'jork]

Oslo	Oslo	['oslo]
Ottawa	Ottava	[ot'tava]
Paris	Paris	[pa'ris]
Pequim	Pekin	[pɛ'kin]
Praga	Praqa	['praga]

Rio de Janeiro	Rio-de-Janeyro	['rio dɛ ʒa'nɛjro]
Roma	Roma	['roma]
São Petersburgo	Sankt-Peterburq	['sankt pɛtɛr burh]
Seul	Seul	[sɛ'ul]
Singapura	Sinqapur	[singa'pur]
Sydney	Sidney	['sidnɛj]

Taipé	Taypey	[taj'pɛj]
Tóquio	Tokio	['tokio]
Toronto	Toronto	[to'ronto]
Varsóvia	Varşava	[var'ʃava]
Veneza	Venesiya	[vɛ'nɛsija]
Viena	Vena	['vɛna]

| Washington | Vaşinqton | [vaʃing'ton] |
| Xangai | Şanxay | [ʃan'χaj] |

243. Política. Governo. Parte 1

| política (f) | siyasət | [sija'sæt] |
| político | siyasi | [sija'si] |

político (m)	siyasətçi	[sijasæ'ʧi]
estado (m)	dövlət	[døv'læt]
cidadão (m)	vətəndaş	[vætæn'daʃ]
cidadania (f)	vətəndaşlıq	[vætændaʃ'lıh]

| brasão (m) de armas | milli herb | [mil'li 'hɛrp] |
| hino (m) nacional | dövlət himni | [døv'læt him'ni] |

governo (m)	hökümət	[høky'mæt]
Chefe (m) de Estado	ölkə başçısı	[øl'kæ baʃʧı'sı]
parlamento (m)	parlament	[par'lamɛnt]
partido (m)	partiya	['partija]

| capitalismo (m) | kapitalizm | [kapita'lizm] |
| capitalista | kapitalist | [kapita'list] |

| socialismo (m) | sosializm | [soʦia'lizm] |
| socialista | sosialist | [soʦia'list] |

comunismo (m)	kommunizm	[kommu'nizm]
comunista	kommunist	[kommu'nist]
comunista (m)	kommunist	[kommu'nist]

democracia (f)	demokratiya	[dɛmok'ratija]
democrata (m)	demokrat	[dɛmok'rat]
democrático	demokratik	[dɛmokra'tik]
Partido (m) Democrático	demokratik partiyası	[dɛmokra'tik 'partijası]

| liberal (m) | liberal | [libɛ'ral] |
| liberal | liberal | [libɛ'ral] |

| conservador (m) | mühafizəkar | [myhafizæ'kar] |
| conservador | mühafizəkar | [myhafizæ'kar] |

república (f)	respublika	[rɛs'publika]
republicano (m)	respublikaçı	[rɛs'publikaʧı]
Partido (m) Republicano	respublikaçılar partiyası	[rɛs'publikaʧılar 'partijası]

eleições (f pl)	seçkilər	[sɛʧki'lær]
eleger (vt)	seçmək	[sɛʧ'mæk]
eleitor (m)	seçici	[sɛʧi'dʒi]
campanha (f) eleitoral	seçki kampaniyası	[sɛʧki kam'panijası]

votação (f)	səs vermə	['sæs vɛr'mæ]
votar (vi)	səs vermək	['sæs vɛr'mæk]
direito (m) de voto	səs vermə hüququ	['sæs vɛr'mæ hygu'gu]

candidato (m)	namizəd	[nami'zæd]
candidatar-se (vi)	namizədliyini irəli sürmək	[namizædliji'ni iræ'li syr'mæk]
campanha (f)	kampaniya	[kam'panija]

da oposição	müxalif	[myχa'lif]
oposição (f)	müxalifət	[myχali'fæt]
visita (f)	səfər	[sæ'fær]
visita (f) oficial	rəsmi səfər	[ræs'mi sæ'fær]

internacional	beynəlxalq	[bɛjnæl'χalɦ]
negociações (f pl)	danışıqlar	[danıʃıg'lar]
negociar (vi)	danışıqlar aparmaq	[danıʃıg'lar apar'mah]

244. Política. Governo. Parte 2

sociedade (f)	cəmiyyət	[dʒ'æmi'æt]
constituição (f)	konstitusiya	[konsti'tusija]
poder (ir para o ~)	hakimiyyət	[hakimi'æt]
corrupção (f)	korrupsiya	[kor'rupsija]

| lei (f) | qanun | [ga'nun] |
| legal | qanuni | [ganu'ni] |

| justiça (f) | ədalət | [æda'læt] |
| justo | ədalətli | [ædalæt'li] |

comité (m)	komitə	[komi'tæ]
projeto-lei (m)	qanun layihəsi	[ga'nun laihæ'si]
orçamento (m)	büdcə	[byd'dʒ'æ]
política (f)	siyasət	[sija'sæt]
reforma (f)	islahat	[isla'hat]
radical	radikal	[radi'kal]

força (f)	qüdrət	[gyd'ræt]
poderoso	qüdrətli	[gydræt'li]
partidário (m)	tərəfdar	[tæræf'dar]
influência (f)	təsir	[tæ'sir]

regime (m)	rejim	[rɛ'ʒim]
conflito (m)	münaqişə	[mynagi'ʃæ]
conspiração (f)	sui-qəsd	['sui 'gæsd]
provocação (f)	provokasiya	[provo'kasija]

derrubar (vt)	devirmək	[dɛvir'mæk]
derrube (m), queda (f)	devrilmə	[dɛvril'mæ]
revolução (f)	inqilab	[ingi'lap]

| golpe (m) de Estado | çevriliş | [ʧɛvri'liʃ] |
| golpe (m) militar | hərbi çevriliş | [hær'bi ʧɛvri'l ʃ] |

crise (f)	böhran	[bøh'ran]
recessão (f) económica	iqtisadi zəifləmə	[igtisa'di zæiflæ'mæ]
manifestante (m)	nümayişçi	[nymaiʃ'ʧi]
manifestação (f)	nümayiş	[nyma'iʃ]
lei (f) marcial	hərbi vəziyyət	[hær'bi væzi'æt]
base (f) militar	baza	['baza]

| estabilidade (f) | stabillik | [stabil'lik] |
| estável | stabil | [sta'bil] |

exploração (f)	istismar	[istis'mar]
explorar (vt)	istismar etmək	[istis'mar ɛt'mæk]
racismo (m)	irqçilik	[irgʧi'lik]

217

racista (m)	irqçi	[irg'ʧi]
fascismo (m)	faşizm	[fa'ʃizm]
fascista (m)	faşist	[fa'ʃist]

245. Países. Diversos

estrangeiro (m)	xarici	[χari'ʤi]
estrangeiro	xarici	[χari'ʤi]
no estrangeiro	xaricdə	[χaridʒ'dæ]

emigrante (m)	mühacir	[myha'ʤir]
emigração (f)	mühacirət	[myhaʤi'ræt]
emigrar (vi)	mühacirət etmək	[myhaʤi'ræt ɛt'mæk]

Ocidente (m)	Qərb	['gærp]
Oriente (m)	Şərq	['ʃærh]
Extremo Oriente (m)	Uzaq Şərq	[u'zah 'ʃærh]
civilização (f)	sivilizasiya	[sivili'zasija]
humanidade (f)	bəşəriyyət	[bæʃæri'æt]
mundo (m)	dünya	[dy'nja]
paz (f)	əmin-amanlıq	[æ'min aman'lıh]
mundial	dünya	[dy'nja]

pátria (f)	vetən	[væ'tæn]
povo (m)	xalq	['χalh]
população (f)	əhali	[æha'li]
gente (f)	adamlar	[adam'lar]
nação (f)	milliyət	[milli'jæt]
geração (f)	nəsil	[næ'sil]
território (m)	ərazi	[æra'zi]
região (f)	bölqə	[bøl'gæ]
estado (m)	ştat	['ʃtat]

tradição (f)	ənənə	[ænæ'næ]
costume (m)	adət	[a'dæt]
ecologia (f)	ekoloqiya	[ɛko'logija]

índio (m)	hindi	[hin'di]
cigano (m)	qaraçı	[gara'ʧı]
cigana (f)	qaraçı qadın	[gara'ʧı ga'dın]
cigano	qaraçı	[gara'ʧı]

império (m)	imperatorluq	[impɛ'ratorlʲuh]
colónia (f)	müstəmləkə	[mystæmlæ'kæ]
escravidão (f)	köləlik	[kølæ'lik]
invasão (f)	basqın	[bas'gın]
fome (f)	aclıq	[aʤʲ'lıh]

246. Grupos religiosos mais importantes. Confissões

| religião (f) | din | ['din] |
| religioso | dini | [di'ni] |

crença (f)	etiqad	[ɛti'gad]
crer (vt)	etiqad etmək	[ɛti'gad ɛt'mæk]
crente (m)	dindar	[din'dar]
ateísmo (m)	ateizm	[atɛ'izm]
ateu (m)	ateist	[atɛ'ist]
cristianismo (m)	xristianlıq	[χristian'lıh]
cristão (m)	xristian	[χristi'an]
cristão	xristian	[χristi'an]
catolicismo (m)	Katolisizm	[katoli'sizm]
católico (m)	katolik	[ka'tolik]
católico	katolik	[kato'lik]
protestantismo (m)	Protestantlıq	[protɛstant'l h]
Igreja (f) Protestante	Protestant kilsəsi	[protɛs'tant <ilsæ'si]
protestante (m)	protestant	[protɛs'tant]
ortodoxia (f)	Pravoslavlıq	[pravoslav'lıŋ]
Igreja (f) Ortodoxa	Pravoslav kilsəsi	[pravos'lav kilsæ'si]
ortodoxo (m)	pravoslav	[pravos'lav]
presbiterianismo (m)	Presviterianlıq	[prɛsvitɛrian lıh]
Igreja (f) Presbiteriana	Presviterian kilsəsi	[prɛsvitɛri'an kilsæ'si]
presbiteriano (m)	presviterian	[prɛsvitɛri'an]
Igreja (f) Luterana	Lüteran kilsəsi	[lytɛ'ran kilsæ'si]
luterano (m)	lüteran	[lytɛ'ran]
Igreja (f) Batista	Baptizm	[bap'tizm]
batista (m)	baptist	[bap'tist]
Igreja (f) Anglicana	Anqlikan kilsəsi	[angli'kan kilsæ'si]
anglicano (m)	anqlikan	[angli'kan]
mormonismo (m)	Mormonluq	[mormon'lʲuh]
mórmon (m)	mormon	[mor'mon]
Judaísmo (m)	Yahudilik	[jahudi'lik]
judeu (m)	yahudi	[jahu'di]
budismo (m)	Buddizm	[bud'dizm]
budista (m)	buddist	[bud'dist]
hinduísmo (m)	Hinduizm	[hindu'izm]
hindu (m)	hinduist	[hindu'ist]
Islão (m)	İslam	[is'lam]
muçulmano (m)	müsəlman	[mysæl'man]
muçulmano	müsəlman	[mysæl'man]
Xiismo (m)	Şiəlik	[ʃiæ'lik]
xiita (m)	şiə	[ʃi'æ]
sunismo (m)	Sünnülük	[synny'lyk]
sunita (m)	sünnü	[syn'ny]

247. Religiões. Padres

| padre (m) | keşiş | [kɛ'ʃiʃ] |
| Papa (m) | Roma Papası | ['roma 'papası] |

monge (m)	rahib	[ra'hip]
freira (f)	rahibə	[rahi'bæ]
pastor (m)	pastor	['pastor]

abade (m)	abbat	[ab'bat]
vigário (m)	vikari	[vi'kari]
bispo (m)	yepiskop	[ɛ'piskop]
cardeal (m)	kardinal	[kardi'nal]

pregador (m)	moizəçi	[moizæ'tʃi]
sermão (m)	moizə	[moi'zæ]
paroquianos (pl)	kilsəyə gələn dindarlar	[kilsæ'jæ gæ'læn dindar'lar]

| crente (m) | dindar | [din'dar] |
| ateu (m) | ateist | [atɛ'ist] |

248. Fé. Cristianismo. Islão

| Adão | Adəm | [a'dæm] |
| Eva | Həvva | [hæv'va] |

Deus (m)	Tanrı	[tan'rı]
Senhor (m)	Tanrı	[tan'rı]
Todo Poderoso (m)	Qüdrətli	[gydræt'li]

pecado (m)	günah	[gy'nah]
pecar (vi)	günaha batmaq	[gyna'ha bat'mah]
pecador (m)	günahkar	[gynah'kar]
pecadora (f)	günahkar qadın	[gynah'kar ga'dın]

| inferno (m) | cəhənnəm | [dʒ¦æhæn'næm] |
| paraíso (m) | cənnət | [dʒ¦æn'næt] |

| Jesus | İsa | [i'sa] |
| Jesus Cristo | İsa Məsih | [i'sa mæ'sih] |

Espírito (m) Santo	ruhülqüds	['ruhylgyds]
Salvador (m)	İsa	[i'sa]
Virgem Maria (f)	İsanın anası	[isa'nın ana'sı]

Diabo (m)	Şeytan	[ʃɛj'tan]
diabólico	şeytan	[ʃɛj'tan]
Satanás (m)	İblis	[ib'lis]
satânico	iblisanə	[iblisa'næ]

anjo (m)	mələk	[mæ'læk]
anjo (m) da guarda	mühafiz mələk	[myha'fiz mæ'læk]
angélico	mələk	[mæ'læk]

apóstolo (m)	həvvari	[hævva'ri]
arcanjo (m)	Cəbrayıl	[dʒʲæbra'il]
anticristo (m)	dəccəl	[dæ'dʑæl]

Igreja (f)	Kilsə	[kil'sæ]
Bíblia (f)	bibliya	['biblija]
bíblico	bibliya	['biblija]

Velho Testamento (m)	Əhdi-ətiq	['æhdi æ'tih]
Novo Testamento (m)	Əhdi-cədid	['æhdi dʒʲæ'did]
Evangelho (m)	İncil	[in'dʒʲil]
Sagradas Escrituras (f pl)	əhdi-ətiq	['æhdi æ'tih
	və əhdi-cədid	'væ 'æhdi dʒʲæ'did]
Céu (m)	Səma Səltənəti	[sæ'ma sæltænæ'ti]

mandamento (m)	ehkam	[ɛh'kam]
profeta (m)	peyğəmbər	[pɛjɣæm'bər]
profecia (f)	peyğəmbərlik	[pɛjɣæmbær'lik]

Alá	Allah	[al'lah]
Maomé	Məhəmməd	[mæhæm'mæd]
Corão, Alcorão (m)	Quran	[gu'ran]

mesquita (f)	məsçid	[mæs'tʃid]
mulá (m)	molla	[mol'la]
oração (f)	dua	[du'a]
rezar, orar (vi)	dua etmək	[du'a ɛt'mæ‹]

peregrinação (f)	zəvvarlıq	[zævvar'lıh]
peregrino (m)	zəvvar	[zæv'var]
Meca (f)	Məkkə	[mæk'kæ]

igreja (f)	kilsə	[kil'sæ]
templo (m)	məbəd	[mæ'bæd]
catedral (f)	baş kilsə	['baʃ kil'sæ]
gótico	qotik	[go'tik]
sinagoga (f)	sinaqoq	[sina'goh]
mesquita (f)	məsçid	[mæs'tʃid]

capela (f)	kişik kilsə	[ki'tʃik kil'sæ]
abadia (f)	abbatlıq	[abbat'lıh]
convento (m)	qadın monastırı	[ga'dın monastı'rı]
mosteiro (m)	kişi monastırı	[ki'ʃi monastı rı]

sino (m)	zənq	['zænh]
campanário (m)	zənq qülləsi	['zænh gyllæ'si]
repicar (vi)	zənq etmək	['zænh ɛt'mæk]

cruz (f)	xaç	['χatʃ]
cúpula (f)	günbəz	[gyn'bæz]
ícone (m)	ikona	[i'kona]

alma (f)	can	['dʒʲan]
destino (m)	qismət	[gis'mæt]
mal (m)	pislik	[pis'lik]
bem (m)	yaxşılıq	[jaχʃı'lıh]

vampiro (m)	xortdan	[xort'dan]
bruxa (f)	caduger qadın	[dʒʲadu'gær ga'dın]
demónio (m)	iblis	[ib'lis]
espírito (m)	ruh	['ruh]

| redenção (f) | günahdan təmizlənmə | [gynah'dan tæmizlæn'mæ] |
| redimir (vt) | günahı təmizləmək | [gyna'hı tæmizlæ'mæk] |

missa (f)	ibadət etmə	[iba'dæt ɛt'mæ]
celebrar a missa	ibadət etmək	[iba'dæt ɛt'mæk]
confissão (f)	tövbə etmə	[tøv'bæ ɛt'mæ]
confessar-se (vr)	tövbə etmək	[tøv'bæ ɛt'mæk]

santo (m)	övliya	[øvli'ja]
sagrado	müqəddəs	[mygæd'dæs]
água (f) benta	müqəddəs su	[mygæd'dæs 'su]

ritual (m)	mərasim	[mæra'sim]
ritual	mərasimə aid	[mærasi'mæ a'id]
sacrifício (m)	qurban kəsmə	[gur'ban kæs'mæ]

superstição (f)	xurafat	[xura'fat]
supersticioso	xurafatçı	[xurafa'ʧı]
vida (f) depois da morte	axirət dünyası	[axi'ræt dynja'sı]
vida (f) eterna	əbədi həyat	[æbæ'di hæ'jat]

TEMAS DIVERSOS

249. Várias palavras úteis

ajuda (f)	kömek	[kø'mæk]
barreira (f)	sedd	['sædd]
base (f)	baza	['baza]
categoria (f)	kateqoriya	[katɛ'gorija]
causa (f)	sebeb	[sæ'bæp]
coincidência (f)	üst-üste düşme	['just jus'tæ dyʃ'mæ]
coisa (f)	eşya	[æ'ʃa]
começo (m)	başlanqıc	[baʃla'ngıdʒ']
cómodo (ex. poltrona ~a)	elverişli	[ælvɛriʃ'li]
comparação (f)	müqayise	[mygajı'sæ]
compensação (f)	kompensasiya	[kompɛn'sasija]
crescimento (m)	boy atma	['boj at'ma]
desenvolvimento (m)	inkişaf	[inki'ʃaf]
diferença (f)	ferqlenme	[færglæn'mæ]
efeito (m)	tesir	[tæ'sir]
elemento (m)	element	[ɛlɛ'mɛnt]
equilíbrio (m)	balans	[ba'lans]
erro (m)	sehv	['sæhv]
esforço (m)	sey	['sæj]
estilo (m)	üslub	[ys'lʲup]
exemplo (m)	misal	[mi'sal]
facto (m)	fakt	['fakt]
fim (m)	son	['son]
forma (f)	forma	['forma]
frequente	tez-tez	['tɛz 'tɛz]
fundo (ex. ~ verde)	fon	['fon]
género (tipo)	növ	['nøv]
grau (m)	derece	[dæræ'dʒʲæ]
ideal (m)	ideal	[idɛ'al]
labirinto (m)	labirint	[labi'rint]
modo (m)	üsul	['jusul]
momento (m)	an	['an]
objeto (m)	obyekt	[ob'jɛkt]
obstáculo (m)	manee	[manɛ'æ]
original (m)	esl	['æsl]
padrão	standart	[stan'dart]
padrão (m)	standart	[stan'dart]
paragem (pausa)	fasile	[fasi'læ]
parte (f)	hisse	[his'sæ]

223

partícula (f)	zərrə	[zær'ræ]
pausa (f)	pauza	['pauza]
posição (f)	pozisiya	[po'zisija]
princípio (m)	prinsip	['prinsip]
problema (m)	problem	[prob'lɛm]
processo (m)	proses	[pro'sɛs]
progresso (m)	tərəqqi	[tæræk'ki]
propriedade (f)	xüsusiyyət	[xysusi'æt]
reação (f)	reaksiya	[rɛ'aksija]
risco (m)	risk	['risk]
ritmo (m)	temp	['tɛmp]
segredo (m)	sirr	['sirr]
série (f)	seriya	['sɛrija]
sistema (m)	sistem	[sis'tɛm]
situação (f)	situasiya	[situ'asija]
solução (f)	həll	['hæll]
tabela (f)	cədvəl	[dʒⁱæd'væl]
termo (ex. ~ técnico)	termin	['tɛrmin]
tipo (m)	tip	['tip]
urgente	təcili	[tædʒⁱi'li]
urgentemente	təcili	[tædʒⁱi'li]
utilidade (f)	xeyir	[xɛ'jɪr]
variante (f)	variant	[vari'ant]
variedade (f)	seçim	[sɛ'ʧim]
verdade (f)	həqiqət	[hægi'gæt]
vez (f)	növbə	[nøv'bæ]
zona (f)	zona	['zona]

250. Modificadores. Adjetivos. Parte 1

aberto	açıq	[a'ʧɪh]
afiado	iti	[i'ti]
agradável	məlahətli	[mælahæt'li]
agradecido	minnətdar	[minnæt'dar]
alegre	şən	['ʃæn]
alto (ex. voz ~a)	gurultulu	[gurultu'ˡʲu]
amargo	acı	[a'dʒⁱɪ]
amplo	geniş	[gɛ'niʃ]
antigo	qədim	[gæ'dim]
apropriado	yararlı	[jarar'lɪ]
arriscado	riskli	[risk'li]
artificial	süni	[sy'ni]
azedo	turş	['turʃ]
baixo (voz ~a)	yavaş	[ja'vaʃ]
barato	ucuz	[u'dʒyz]
belo	gözəl	[gø'zæl]

bom	yaxşı	[jaχ'ʃı]
bondoso	xeyirxah	[χɛjır'χah]
bonito	gözəl	[gø'zæl]
bronzeado	gündən qaralmış	[gyn'dæn garal'mıʃ]
burro, estúpido	axmaq	[aχ'mah]
calmo	sakit	[sa'kit]

cansado	yorğun	[jor'ɣun]
cansativo	yorucu	[joru'dʒy]
carinhoso	qayğıkeş	[gajɣı'kɛʃ]
caro	bahalı	[baha'lı]
cego	kor	['kor]

central	mərkəzi	[mærkæ'zi]
cerrado (ex. nevoeiro ~)	sıx	['sıχ]
cheio (ex. copo ~)	dolu	[do'lʲu]
civil	mülki	[mylʲ'ki]

clandestino	xəlvət	[χæl'væt]
claro	açıq rəngli	[a'tʃıh ræng'li]
claro (explicação ~a)	aydın	[aj'dın]
compatível	bir birinə uyğun gələn	['bir biri'næ uj'ɣun gæ'læn]

comum, normal	adi	[a'di]
congelado	dondurulmuş	[dondurul'muʃ]
conjunto	birgə	[bir'gæ]
considerável	əhəmiyyətli	[æhæmiæt'li]
contente	məmnun	[mæm'nun]

contínuo	sürəkli	[syræk'li]
contrário (ex. o efeito ~)	müqabil	[myga'bil]
correto (resposta ~a)	düzgün	[dyz'gyn]
cru (não cozinhado)	çiy	['tʃij]
curto	qısa	[gı'sa]

de curta duração	qısamüddətli	[gısamyddæt'li]
de sol, ensolarado	günəşli	[gynæʃ'li]
de trás	arxa	[ar'χa]
denso (fumo, etc.)	qalın	[ga'lın]
desanuviado	buludsuz	[bulʲud'suz]

descuidado	səliqəsiz	[sæligæ'siz]
diferente	fərqli	[færg'li]
difícil	çətin	[tʃæ'tin]
difícil, complexo	mürəkkəb	[myræk'kæp]
direito	sağ	['saɣ]

distante	uzaq	[u'zah]
diverso	müxtəlif	[myχtæ'lif]
doce (açucarado)	şirin	[ʃi'rin]
doce (água)	şirin	[ʃi'rin]
doente	xəstə	[χæs'tæ]

duro (material ~)	bərk	['bærk]
educado	nəzakətli	[næzakæt'li]
encantador	iltifatlı	[iltifat'lı]

enigmático	müəmmalı	[myæmma'lı]
enorme	nəhənk	[næ'hænk]
escuro (quarto ~)	qaranlıq	[garan'lıh]
especial	xüsusi	[χysu'si]
esquerdo	sol	['sol]
estrangeiro	xarici	[χari'dʒⁱi]

estreito	dar	['dar]
exato	dəqiq	[dæ'gih]
excelente	əla	[æ'la]
excessivo	həddindən artıq	[hæddin'dæn ar'tıh]
externo	xarici	[χari'dʒⁱi]

fácil	sadə	[sa'dæ]
faminto	ac	['adʒⁱ]
fechado	bağlı	[ba'ɣlı]
feliz	xoşbəxt	[χoʃ'bæχt]
fértil (terreno ~)	münbit	[myn'bit]

forte (pessoa ~)	güclü	[gydʒⁱ'ly]
fraco (luz ~a)	zəif	[zæ'if]
frágil	incə	[in'dʒⁱæ]
fresco	sərin	[sæ'rin]
fresco (pão ~)	təzə	[tæ'zæ]

frio	soyuq	[so'juh]
gordo	yağlı	[ja'ɣlı]
gostoso	dadlı	[dad'lı]
grande	böyük	[bø'juk]

gratuito, grátis	pulsuz	[pul'suz]
grosso (camada ~a)	qalın	[ga'lın]
hostil	düşməncəsinə	[dyʃ'mændʒⁱæsinæ]
húmido	rütubətli	[rytubæt'li]

251. Modificadores. Adjetivos. Parte 2

igual	eyni	['ɛjni]
imóvel	hərəkətsiz	[hærækæ'ʦiz]
importante	vacib	[va'dʒⁱip]
impossível	mümkünsüz	[mymkyn'syz]
incompreensível	anlaşılmaz	[anlaʃıl'maz]

indigente	dilənçi	[dilæn'ʧi]
indispensável	zəruri	[zæru'ri]
inexperiente	təcrübəsiz	[tædʒⁱrybæ'siz]
infantil	uşaq	[u'ʃah]

ininterrupto	aramsız	[aram'sız]
insignificante	əhəmiyyətsiz	[æhæmiæ'ʦiz]
inteiro (completo)	tam	['tam]
inteligente	ağıllı	[aɣıl'lı]
interno	daxili	[daχi'li]
jovem	cavan	[dʒⁱa'van]

largo (caminho ~)	enli	[ɛn'li]
legal	qanuni	[ganu'ni]
leve	yüngül	[jyn'gyl]
limitado	məhdud	[mæh'dud]
limpo	təmiz	[tæ'miz]
líquido	duru	[du'ru]
liso	hamar	[ha'mar]
liso (superfície ~a)	hamar	[ha'mar]
livre	azad	[a'zad]
longo (ex. cabelos ~s)	uzun	[u'zun]
maduro (ex. fruto ~)	dəymiş	[dæj'miʃ]
magro	arıq	[a'rıh]
magro (pessoa)	arıq	[a'rıh]
mais próximo	ən yaxın	['æn ja'xın]
mais recente	keçmiş	[kɛtʃ'miʃ]
mate, baço	donuq	[do'nuh]
mau	pis	['pis]
meticuloso	səliqəli	[sæligæ'li]
míope	uzağı görməyən	[uza'ɣı 'gørmæjæn]
mole	yumşaq	[jum'ʃah]
molhado	islanmış	[islan'mıʃ]
moreno	qarabuğdayı	[garabuɣda'ı]
morto	ölü	[ø'ly]
não difícil	çətin olmayan	[tʃæ'tin 'olmajan]
não é clara	qeyri-müəyyən	['gɛjri myæ'jæn]
não muito grande	balaca	[bala'dʒa]
natal (país ~)	doğma	[do'ɣma]
necessário	lazımi	[lazı'mi]
negativo	mənfi	[mæn'fi]
nervoso	əsəbi	[æsæ'bi]
normal	normal	[nor'mal]
novo	yeni	[ɛ'ni]
o mais importante	ən vacib	['æn va'dʒip]
obrigatório	məcburi	[mædʒ'bu'ri]
original	orijinal	[oriʒi'nal]
passado	keçən	[kɛ'tʃæn]
pequeno	kiçik	[ki'tʃik]
perigoso	təhlükəli	[tæhlykæ'li]
permanente	daimi	[dai'mi]
perto	yaxın	[ja'xın]
pesado	ağır	[a'ɣır]
pessoal	şəxsi	[ʃæx'si]
plano (ex. ecrã ~ a)	yastı	[jas'tı]
pobre	kasıb	[ka'sıp]
pontual	dəqiq	[dæ'gih]
possível	mümkün ola bilən	[mym'kyn o'la bi'læn]
pouco fundo	dayaz	[da'jaz]

presente (ex. momento ~)	hazırki	[hazır'ki]
prévio	əvvəlki	[əvvæl'ki]
primeiro (principal)	əsas	[æ'sas]
principal	baş	['baʃ]
privado	xüsusi	[xysu'si]

provável	mümkün ola bilən	[mym'kyn o'la bi'læn]
próximo	yaxın	[ja'xın]
público	ictimai	[idʒ'tima'i]
quente (cálido)	isti	[is'ti]

quente (morno)	isti	[is'ti]
rápido	cəld	['dʒ'æld]
raro	nadir	[na'dir]
remoto, longínquo	uzaqda olan	[uzag'da o'lan]
reto	düz	['dyz]

salgado	duzlu	[duz'lʲu]
satisfeito	məmnun	[mæm'nun]
seco	quru	[gu'ru]
seguinte	növbəti	[nøvbæ'ti]
seguro	təhlükəsiz	[tæhlykæ'siz]

similar	oxşar	[ox'ʃar]
simples	adi	[a'di]
soberbo	əla	[æ'la]
sólido	möhkəm	[møh'kæm]
sombrio	tutqun	[tut'gun]

sujo	çirkli	[tʃirk'li]
superior	ali	[a'li]
suplementar	əlavə	[æla'væ]
terno, afetuoso	zərif	[zæ'rif]

tranquilo	sakit	[sa'kit]
transparente	şəffaf	[ʃæf'faf]
triste (pessoa)	qəmgin	[gæm'gin]
triste (um ar ~)	qəmli	[gæm'li]
último	sonuncu	[sonun'dʒy]

único	bənzərsiz	[bænzær'siz]
usado	istifadədə olmuş	[istifadæ'dæ ol'muʃ]
vazio (meio ~)	boş	['boʃ]
velho	qoca	[go'dʒ'a]
vizinho	qonşu	[gon'ʃu]

500 VERBOS PRINCIPAIS

252. Verbos A-B

aborrecer-se (vr)	darıxmaq	[darıx'mah]
abraçar (vt)	qucaqlamaq	[gudʒ'agla'mah]
abrir (~ a janela)	açmaq	[atʃ'mah]
acalmar (vt)	sakitləşdirmək	[sakitlæʃdir'mæk]
acariciar (vt)	sığallamaq	[sıɣalla'mah]
acenar (vt)	yelləmək	[ɛllæ'mæk]
acender (~ uma fogueira)	yandırmaq	[jandır'mah]
achar (vt)	hesablamaq	[hɛsabla'mah]
acompanhar (vt)	müşaidə etmək	[myʃai'dæ ɛt mæk]
aconselhar (vt)	məsləhət vermək	[mæslæ'hæː vɛr'mæk]
acordar (despertar)	oyatmaq	[ojat'mah]
acrescentar (vt)	əlavə etmək	[æla'væ ɛt'mæk]
acusar (vt)	ittiham etmək	[itti'ham ɛt'mæk]
adestrar (vt)	heyvanı təlim etmək	[hɛjva'nı tæ'lim æt'mæk]
adivinhar (vt)	tapmaq	[tap'mah]
admirar (vt)	heyran olmaq	[hɛj'ran ol'mah]
advertir (vt)	xəbərdarlıq etmək	[χæbærdar'lıh ɛt'mæk]
afirmar (vt)	iddia etmək	[iddi'a ɛt'mæɬ]
afogar-se (pessoa)	suda boğulmaq	[su'da boɣul'nah]
afugentar (vt)	qovmaq	[gov'mah]
agir (vi)	hərəkət etmək	[hæræ'kæt ɛː'mæk]
agitar, sacudir (objeto)	silkələmək	[silkælæ'mæɬ]
agradecer (vt)	təşəkkür etmək	[tæʃæk'kyr ɛt mæk]
ajudar (vt)	kömək etmək	[kø'mæk ɛt'mæk]
alcançar (objetivos)	əldə etmək	[æl'dæ ɛt'mæk]
alimentar (dar comida)	yedirmək	[ɛdir'mæk]
almoçar (vi)	nahar etmək	[na'har ɛt'mæk]
alugar (~ o barco, etc.)	kirayə etmək	[kira'jæ ɛt'mæk]
alugar (~ um apartamento)	kirayə etmək	[kira'jæ ɛt'mæk]
amar (pessoa)	sevmək	[sɛv'mæk]
amarrar (vt)	bağlamaq	[baɣla'mah]
ameaçar (vt)	hədələmək	[hædælæ'mæk]
amputar (vt)	amputasiya etmək	[ampu'tasija ɛt'mæk]
anotar (escrever)	qeyd etmək	['gɛjd æt'mæk]
anular, cancelar (vt)	ləğv etmək	['læɣv ɛt'mæk]
apagar (com apagador, etc.)	silmək	[sil'mæk]
apagar (um incêndio)	söndürmək	[søndyr'mæk]
apaixonar-se de ...	aşiq olmaq	[a'ʃih ol'mah]

aparecer (vi)	görünmək	[gøryn'mæk]
aplaudir (vi)	alqışlamaq	[algıʃla'mah]
apoiar (vt)	dəstəkləmək	[dæstæklæ'mæk]
apontar para ...	nişan almaq	[ni'ʃan al'mah]

apresentar (alguém a alguém)	tanış etmək	[ta'nıʃ ɛt'mæk]
apresentar (Gostaria de ~)	təmsil etmək	[tæm'sil ɛt'mæk]
apressar (vt)	tələsdirmək	[tælæsdir'mæk]
apressar-se (vr)	tələsmək	[tælæs'mæk]

aproximar-se (vr)	yaxınlaşmaq	[jaxınlaʃ'mah]
aquecer (vt)	qızdırmaq	[gızdır'mah]
arrancar (vt)	qopartmaq	[gopart'mah]
arranhar (gato, etc.)	cızmaq	[ʤ'ız'mah]

arrepender-se (vr)	heyfsilənmək	[hɛjfsilæn'mæk]
arriscar (vt)	risk etmək	['risk ɛt'mæk]
arrumar, limpar (vt)	yığışdırmaq	[jıɣıʃdır'mah]
aspirar a ...	can atmaq	['ʤ'an at'mah]
assinar (vt)	imzalamaq	[imzala'mah]

assistir (vt)	kömək etmək	[kø'mæk ɛt'mæk]
atacar (vt)	hücum etmək	[hy'ʤ'um ɛt'mæk]
atar (vt)	bağlamaq	[baɣla'mah]
atirar (vi)	atəş açmaq	[a'tæʃ atʃ'mah]

atracar (vi)	sahilə yaxınlaşmaq	[sahi'læ jaxınlaʃ'mah]
aumentar (vi)	artmaq	[art'mah]
aumentar (vt)	artırmaq	[artır'mah]
avançar (sb. trabalhos, etc.)	irəli getmək	[iræ'li gɛt'mæk]

avistar (vt)	görmək	[gør'mæk]
baixar (guindaste)	aşağı salmaq	[aʃa'ɣı sal'mah]
barbear-se (vr)	üzünü qırxmaq	[yzy'ny gırx'mah]
basear-se em ...	əsaslanmaq	[æsaslan'mah]

bastar (vi)	yetərli olmaq	[ɛtær'li ol'mah]
bater (espancar)	vurmaq	[vur'mah]
bater (vi)	taqqıldatmaq	[takkıldat'mah]
bater-se (vr)	dalaşmaq	[dalaʃ'mah]

beber, tomar (vt)	içmək	[itʃ'mæk]
brilhar (vi)	parıldamaq	[parılda'mah]
brincar, jogar (crianças)	oynamaq	[ojna'mah]
buscar (vt)	axtarmaq	[axtar'mah]

253. Verbos C-D

caçar (vi)	ova çıxmaq	[o'va tʃıx'mah]
calar-se (parar de falar)	susmaq	[sus'mah]
calcular (vt)	hesab aparmaq	[hɛ'sab apar'mah]
carregar (o caminhão)	yükləmək	[jyklæ'mæk]
carregar (uma arma)	doldurmaq	[doldur'mah]

casar-se (vr)	evlənmək	[ɛvlæn'mæk]
causar (vt)	səbəb olmaq	[sæ'bæp ol'mah]
cavar (vt)	qazmaq	[gaz'mah]
ceder (não resistir)	güzəştə getmək	[gyzæʃ'tæ ɟɛt'mæk]
cegar, ofuscar (vt)	göz qamaşdırmaq	[gøz gamaʃdır'mah]
censurar (vt)	üz vurmaq	['juz vur'mah]
cessar (vt)	kəsmək	[kæs'mæk]
chamar (~ por socorro)	çağırmaq	[ʧaɣır'mah]
chegar (a algum lugar)	çatmaq	[ʧat'mah]
chegar (sb. comboio, etc.)	gəlmək	[gæl'mæk]
cheirar (tem o cheiro)	ətir saçmaq	[æ'tir saʧ'mah]
cheirar (uma flor)	iyləmək	[ijlæ'mæk]
chorar (vi)	ağlamaq	[aɣla'mah]
citar (vt)	sitat gətirmək	[si'tat gætir'mæk]
colher (flores)	dərmək	[dær'mæk]
colocar (vt)	qoymaq	[goj'mah]
combater (vi, vt)	vuruşmaq	[vuruʃ'mah]
começar (vt)	başlamaq	[baʃla'mah]
comer (vt)	yemək	[ɛ'mæk]
comparar (vt)	müqayisə etmək	[mygajı'sæ ɛt'mæk]
compensar (vt)	kompensasiya etmək	[kompɛn'sasija æt'mæk]
competir (vi)	rəqabət aparmaq	[ræga'bæt aɔar'mah]
complicar (vt)	mürəkkəbləşdirmək	[myrækkæblæʃdir'mæk]
compor (vt)	bəstələmək	[bæstælæ'mæk]
comportar-se (vr)	özünü aparmaq	[øzy'ny apar'mah]
comprar (vt)	almaq	[al'mah]
compreender (vt)	başa düşmək	[ba'ʃa dyʃ'mæk]
comprometer (vt)	nüfuzdan salmaq	[nyfuz'dan sal'mah]
concentrar-se (vr)	fikrini cəmləşdirmək	[fikri'ni dʒlæmlæʃdir'mæk]
concordar (dizer "sim")	razı olmaq	[ra'zı ol'mah]
condecorar (dar medalha)	təltif etmək	[tæl'tif ɛt'mæ<]
conduzir (~ o carro)	maşın sürmək	[ma'ʃın syr'mæk]
confessar-se (criminoso)	boynuna almaq	[bojnu'na al'mah]
confiar (vt)	etibar etmək	[ɛti'bar ɛt'mæk]
confundir (equivocar-se)	dolaşıq salmaq	[dola'ʃıh sal'mah]
conhecer (vt)	tanımaq	[tanı'mah]
conhecer-se (vr)	tanış olmaq	[ta'nıʃ ol'mah]
consertar (vt)	qaydaya salmaq	[gajda'ja sal'mah]
consultar …	… məsləhət almaq	[… mæslæ'hæt al'mah]
contagiar-se com …	yoluxmaq	[jolʲux'mah]
contar (vt)	söyləmək	[søjlæ'mæk]
contar com …	bel bağlamaq	['bɛl baɣla'mah]
continuar (vt)	davam etdirmək	[da'vam ɛtdir'mæk]
contratar (vt)	işə götürmək	[i'ʃæ gøtyr'mæk]
controlar (vt)	nəzarət etmək	[næza'ræt ɛt'mæk]

convencer (vt)	inandırmaq	[inandır'mah]
convidar (vt)	dəvət etmək	[dæ'væt ɛt'mæk]
cooperar (vi)	əməkdaşlıq etmək	[æmækdaʃ'lıh ɛt'mæk]
coordenar (vt)	uzlaşdırmaq	[uzlaʃdır'mah]
corar (vi)	qızarmaq	[gızar'mah]
correr (vi)	qaçmaq	[gatʃ'mah]
corrigir (vt)	düzəltmək	[dyzælt'mæk]
cortar (com um machado)	kəsmək	[kæs'mæk]
cortar (vt)	kəsmək	[kæs'mæk]
cozinhar (vt)	hazırlamaq	[hazırla'mah]
crer (pensar)	inanmaq	[inan'mah]
criar (vt)	yaratmaq	[jarat'mah]
cultivar (vt)	yetişdirmək	[ɛtiʃdir'mæk]
cuspir (vi)	tüpürmək	[typyr'mæk]
custar (vt)	qiyməti olmaq	[gijmæ'ti ol'mah]
dar banho, lavar (vt)	çimdirmək	[ʧimdir'mæk]
datar (vi)	tarixi qoyulmaq	[tari'χi gojul'mah]
decidir (vt)	qərar vermək	[gæ'rar vɛr'mæk]
decorar (enfeitar)	bəzəmək	[bæzæ'mæk]
dedicar (vt)	həsr etmək	['hæsr ɛt'mæk]
defender (vt)	müdafiyə etmək	[mydafi'jæ ɛt'mæk]
defender-se (vr)	müdafiyə olunmaq	[mydafi'jæ olʲun'mah]
deixar (~ a mulher)	tərk etmək	['tærk ɛt'mæk]
deixar (esquecer)	yaddan çıxartmaq	[jad'dan ʧıχart'mah]
deixar (permitir)	icazə vermək	[idʒʲa'zæ vɛr'mæk]
deixar cair (vt)	yerə salmaq	[ɛ'ræ sal'mah]
denominar (vt)	adlandırmaq	[adlandır'mah]
denunciar (vt)	xəbərçilik etmək	[χæbærʧi'lik ɛt'mæk]
depender de ... (vi)	asılı olmaq	[ası'lı ol'mah]
derramar (vt)	tökmək	[tøk'mæk]
desaparecer (vi)	yox olmaq	['joχ ol'mah]
desatar (vt)	açmaq	[atʃ'mah]
desatracar (vi)	sahildən ayrılmaq	[sahil'dæn ajrıl'mah]
descansar (um pouco)	dincəlmək	[dindʒʲæl'mæk]
descer (para baixo)	aşağı düşmək	[aʃa'ɣı dyʃ'mæk]
descobrir (novas terras)	kəşf etmək	['kæʃf ɛt'mæk]
descolar (avião)	havaya qalxmaq	[hava'ja galχ'mah]
desculpar (vt)	bağışlamaq	[baɣıʃla'mah]
desculpar-se (vr)	üzr istəmək	['juzr istæ'mæk]
desejar (vt)	istəmək	[istæ'mæk]
desempenhar (vt)	oynamaq	[ojna'mah]
desligar (vt)	söndürmək	[søndyr'mæk]
desprezar (vt)	xor baxmaq	['χor baχ'mah]
destruir (documentos, etc.)	məhv etmək	['mæhv ɛt'mæk]
dever (vi)	borclu olmaq	[bordʒʲ'lʲu ol'mah]
devolver (vt)	geri göndərmək	[gɛ'ri gøndær'mæk]

direcionar (vt)	istiqamətləndirmək	[istigamæɫændir'mæk]
dirigir (~ uma empresa)	idarə etmək	[ida'ræ ɛt'mæk]
dirigir-se (a um auditório, etc.)	müraciət etmək	[myraʤ'i'æt ɛt'mæk]
discutir (notícias, etc.)	müzakirə etmək	[myzaki'ræ ɛt'mæk]

distribuir (folhetos, etc.)	yaymaq	[jaj'mah]
distribuir (vt)	paylamaq	[pajla'mah]
divertir (vt)	əyləndirmək	[æjlændir'næk]
divertir-se (vr)	şənlənmək	[ʃænlæn'mæk]

dividir (mat.)	bölmək	[bøl'mæk]
dizer (vt)	demək	[dɛ'mæk]
dobrar (vt)	ikiqat artırmaq	[iki'gat artır'mah]
duvidar (vt)	şübhələnmək	[ʃybhælæn'næk]

254. Verbos E-J

elaborar (uma lista)	tərtib etmək	[tær'tip ɛt'mæk]
elevar-se acima de ...	yüksəlmək	[jyksæl'mæk]
eliminar (um obstáculo)	aradan qaldırmaq	[ara'dan ga dır'mah]
embrulhar (com papel)	bükmək	[byk'mæk]

emergir (submarino)	üzə çıxmaq	[y'zæ ʧɪχ'mah]
emitir (vt)	saçmaq	[saʧ'mah]
empreender (vt)	başlamaq	[baʃla'mah]
empurrar (vt)	itələmək	[itælæ'mækj]

encabeçar (vt)	başçılıq etmək	[baʃʧ'lıh ɛt'næk]
encher (~ a garrafa, etc.)	doldurmaq	[doldur'mah]
encontrar (achar)	tapmaq	[tap'mah]
enganar (vt)	aldatmaq	[aldat'mah]

ensinar (vt)	öyrətmək	[øjræt'mæk]
entrar (na sala, etc.)	içəri daxil olmaq	[iʧæ'ri da'χil ol'mah]
enviar (uma carta)	göndərmək	[gøndær'mæk]
equipar (vt)	təchiz etmək	[tæʤ'hiz ɛt'næk]

errar (vi)	səhv etmək	['sæhv ɛt'mæk]
escolher (vt)	seçmək	[sɛʧ'mæk]
esconder (vt)	gizlətmək	[gizlæt'mæk]
escrever (vt)	yazmaq	[jaz'mah]

escutar (vt)	qulaq asmaq	[gu'lah as'mah]
escutar atrás da porta	xəlvətçə qulaq asmaq	[χæl'væʧæ çu'lah as'mah]
esmagar (um inseto, etc.)	əzmək	[æz'mæk]
esperar (contar com)	gözləmək	[gøzlæ'mæk]

esperar (o autocarro, etc.)	gözləmək	[gøzlæ'mæk]
esperar (ter esperança)	ümid etmək	[y'mid ɛt'mæk]
espreitar (vi)	xəlvətçə baxmaq	[χæl'væʧæ baχ'mah]
esquecer (vt)	unutmaq	[unut'mah]
estar	olmaq	[ol'mah]
estar convencido	inanmaq	[inan'mah]

233

| estar deitado | uzanmaq | [uzan'mah] |
| estar perplexo | heyrətlənmək | [hɛjrætlæn'mæk] |

estar sentado	oturmaq	[otur'mah]
estremecer (vi)	diksinmək	[diksin'mæk]
estudar (vt)	öyrənmək	[øjræn'mæk]
evitar (vt)	qaçmaq	[gatʃ'mah]

examinar (vt)	baxmaq	[baχ'mah]
exigir (vt)	tələb etmək	[tæ'læp ɛt'mæk]
existir (vi)	mövcud olmaq	[møv'dʒyd ol'mah]
explicar (vt)	izah etmək	[i'zah ɛt'mæk]

expressar (vt)	ifadə etmək	[ifa'dæ ɛt'mæk]
expulsar (vt)	xaric etmək	[χa'ridʒʲ ɛt'mæk]
facilitar (vt)	yüngülləşdirmək	[jyngyllæʃdir'mæk]
falar com ...	... danışmaq	[... danıʃ'mah]

faltar a ...	buraxmaq	[buraχ'mah]
fascinar (vt)	məftun etmək	[mæf'tun ɛt'mæk]
fatigar (vt)	yormaq	[jor'mah]
fazer (vt)	etmək	[ɛt'mæk]

fazer lembrar	xatırlatmaq	[χatırlat'mah]
fazer piadas	zarafat etmək	[zara'fat ɛt'mæk]
fazer uma tentativa	cəhd etmək	['dʒʲæhd ɛt'mæk]
fechar (vt)	bağlamaq	[baɣla'mah]
felicitar (dar os parabéns)	təbrik etmək	[tæb'rik ɛt'mæk]

ficar cansado	yorulmaq	[jorul'mah]
ficar em silêncio	susmaq	[sus'mah]
ficar pensativo	fikrə dalmaq	[fik'ræ dal'mah]
forçar (vt)	məcbur etmək	[mædʒʲ'bur ɛt'mæk]
formar (vt)	əmələ gətirmək	[æmæ'læ gætir'mæk]

fotografar (vt)	fotoşəkil çəkmək	[fotoʃæ'kil tʃæk'mæk]
gabar-se (vr)	lovğalanmaq	[lovɣalan'mah]
garantir (vt)	təminat vermək	[tæmi'nat vɛr'mæk]
gostar (apreciar)	xoşuna gəlmək	[χoʃu'na gæl'mæk]

gostar (vt)	sevmək	[sɛv'mæk]
gritar (vi)	çığırmaq	[tʃɪɣɪr'mah]
guardar (cartas, etc.)	saxlamaq	[saχla'mah]
guardar (no armário, etc.)	gizlətmək	[gizlæt'mæk]
guerrear (vt)	müharibə etmək	[myhari'bæ ɛt'mæk]

herdar (vt)	varis olmaq	['varis ol'mah]
iluminar (vt)	işıqlandırmaq	[iʃıglandır'mah]
imaginar (vt)	təsəvvür etmək	[tæsæv'vyr ɛt'mæk]
imitar (vt)	təqlid etmək	[tæg'lid ɛt'mæk]

implorar (vt)	yalvarmaq	[jalvar'mah]
importar (vt)	idxal etmək	[id'χal ɛt'mæk]
indicar (orientar)	göstərmək	[gøstær'mæk]
indignar-se (vr)	hiddətlənmək	[hiddætlæn'mæk]
infetar, contagiar (vt)	yoluxdurmaq	[jolʲuχdur'mah]

influenciar (vt)	təsir göstərmək	[tæ'sir gøstær'mæk]
informar (fazer saber)	xəbər vermək	[xæ'bær vɛr'mæk]
informar (vt)	məlumat vermək	[mælʲu'mat vɛr'mæk]

informar-se (~ sobre)	bilmək	[bil'mæk]
inscrever (na lista)	yazmaq	[jaz'mah]
inserir (vt)	salmaq	[sal'mah]
insinuar (vt)	eyham vurmaq	[ɛj'ham vur'nah]

insistir (vi)	təkid etmək	[tæ'kid ɛt'mæk]
inspirar (vt)	ruhlandırmaq	[ruhlandır'mah]
instruir (vt)	təlimat vermək	[tæli'mat vɛr'mæk]
insultar (vt)	təhkir etmək	[tæh'kir ɛt'mæk]

interessar (vt)	maraqlandırmaq	[maraglandır'mah]
interessar-se (vr)	maraqlanmaq	[maraglan'mah]
intervir (vi)	müdaxilə etmək	[mydaχi'læ ɛt'mæk]
invejar (vt)	paxıllıq etmək	[paχıl'lıh ɛt'mæk]

inventar (vt)	ixtira etmək	[iχti'ra ɛt'mæk]
ir (a pé)	getmək	[gɛt'mæk]
ir (de carro, etc.)	getmək	[gɛt'mæk]
ir nadar	çimmək	[ʧim'mæk]

ir para a cama	yatağa girmək	[jata'ɣa gir'mæk]
irritar (vt)	acıqlandırmaq	[adʒʲıglandır'mah]
irritar-se (vr)	acıqlanmaq	[adʒʲıglan'mɛh]
isolar (vt)	təcrid etmək	[tædʒʲ'rid ɛt'mæk]

jantar (vi)	axşam yeməyi yemək	[aχ'ʃam ɛmæ'jı ɛ'mæk]
jogar, atirar (vt)	atmaq	[at'mah]
juntar, unir (vt)	birləşdirmək	[birlæʃdir'mæk]
juntar-se a …	qoşulmaq	[goʃul'mah]

255. Verbos L-P

lançar (novo projeto)	işə salmaq	[i'ʃæ sal'mah]
lavar (vt)	yumaq	[ju'mah]
lavar a roupa	yumaq	[ju'mah]
lavar-se (vr)	yuyunmaq	[jujun'mah]

lembrar (vt)	yadda saxlamaq	[jad'da saχla'mah]
ler (vt)	oxumaq	[oχu'mah]
levantar-se (vr)	qalxmaq	[galχ'mah]
levar (ex. leva isso daqui)	aparmaq	[apar'mah]

libertar (cidade, etc.)	azad etmək	[a'zad ɛt'mæk]
ligar (o radio, etc.)	qoşmaq	[goʃ'mah]
limitar (vt)	məhdudlaşdırmaq	[mæhdudlaʃdır'mah]
limpar (eliminar sujeira)	təmizləmək	[tæmizlæ'mæk]
limpar (vt)	təmizləmək	[tæmizlæ'mæk]

| lisonjear (vt) | yaltaqlıq etmək | [jaltag'lıh ɛt'mæk] |
| livrar-se de … | yaxa qurtarmaq | [ja'χa gurtar'mah] |

lutar (combater)	vuruşmaq	[vuruʃ'mah]
lutar (desp.)	mübarize etmek	[mybari'zæ ɛt'mæk]
marcar (com lápis, etc.)	işarelemek	[iʃarælæ'mæk]

matar (vt)	öldürmek	[øldyr'mæk]
memorizar (vt)	yadda saxlamaq	[jad'da saχla'mah]
mencionar (vt)	adını çekmek	[adı'nı ʧæk'mæk]
mentir (vi)	aldatmaq	[aldat'mah]

merecer (vt)	layiq olmaq	[la'jıh ol'mah]
mergulhar (vi)	dalmaq	[dal'mah]
misturar (combinar)	qarışdırmaq	[garıʃdır'mah]
morar (vt)	yaşamaq	[jaʃa'mah]

mostrar (vt)	göstermek	[gøstær'mæk]
mover (arredar)	keçirmek	[kɛʧir'mæk]
mudar (modificar)	deyişmek	[dæiʃ'mæk]
multiplicar (vt)	vurmaq	[vur'mah]

nadar (vi)	üzmek	[yz'mæk]
negar (vt)	inkar etmek	[in'kar ɛt'mæk]
negociar (vi)	danışıqlar aparmaq	[danıʃıg'lar apar'mah]
nomear (função)	teyin etmek	[tæ'jın ɛt'mæk]

obedecer (vt)	tabe olmaq	[ta'bɛ ol'mah]
objetar (vt)	etiraz etmek	[ɛti'raz ɛt'mæk]
observar (vt)	müşaide etmek	[myʃai'dæ ɛt'mæk]
ofender (vt)	incitmek	[indʒ'it'mæk]

olhar (vt)	baxmaq	[baχ'mah]
omitir (vt)	buraxmaq	[buraχ'mah]
ordenar (mil.)	emr etmek	['æmr ɛt'mæk]
organizar (evento, etc.)	teşkil etmek	[tæʃ'kil ɛt'mæk]

ousar (vt)	cüret etmek	[dʒy'ræt ɛt'mæk]
ouvir (vt)	eşitmek	[ɛʃit'mæk]
pagar (vt)	pulunu ödemek	[puljuˈnu ødæ'mæk]
parar (para descansar)	dayanmaq	[dajan'mah]
parecer-se (vr)	oxşamaq	[oχʃa'mah]

participar (vi)	iştirak etmek	[iʃti'rak ɛt'mæk]
partir (~ para o estrangeiro)	getmek	[gɛt'mæk]
passar (vt)	keçmek	[kɛʧ'mæk]
passar a ferro	ütülemek	[ytylæ'mæk]

pecar (vi)	günaha batmaq	[gyna'ha bat'mah]
pedir (comida)	sifariş etmek	[sifa'riʃ ɛt'mæk]
pedir (um favor, etc.)	xahiş etmek	[χa'hiʃ ɛt'mæk]
pegar (tomar com a mão)	tutmaq	[tut'mah]

pegar (tomar)	almaq	[al'mah]
pendurar (cortinas, etc.)	asmaq	[as'mah]
penetrar (vt)	içeri daxil olmaq	[iʧæ'ri da'χil ol'mah]
pensar (vt)	düşünmek	[dyʃyn'mæk]
pentear-se (vr)	başını daramaq	[baʃı'nı dara'mah]
perceber (ver)	görmek	[gør'mæk]

perder (o guarda-chuva, etc.)	itirmək	[itir'mæk]
perdoar (vt)	bağışlamaq	[baɣɯʃla'maˀ]
permitir (vt)	icazə vermək	[idʒɟa'zæ vɛr'mæk]

pertencer a ...	mənsub olmaq	[mæn'sup ol'mah]
perturbar (vt)	mane olmaq	[ma'nɛ ol'mah]
pesar (ter o peso)	çəkisi olmaq	[ʧæki'si ol'mah]
pescar (vt)	balıq tutmaq	[ba'lɪh tut'mah]

planear (vt)	planlaşdırmaq	[planlaʃdɪr'mah]
poder (vi)	bacarmaq	[badʒɟar'maˀ]
pôr (posicionar)	yerləşdirmək	[ɛrlæʃdir'mæk]
possuir (vt)	sahib olmaq	[sa'hip ol'mah]

predominar (vi, vt)	çoxluq təşkil etmək	[ʧoχ'lʲuh tæʃkil ɛt'mæk]
preferir (vt)	üstünlük vermək	[ystyn'lyk vɛr'mæk]
preocupar (vt)	narahat etmək	[nara'hat ɛt'mæk]
preocupar-se (vr)	narahat olmaq	[nara'hat ol'mah]
preocupar-se (vr)	həyacan keçirmək	[hæja'dʒɟan ‹ɛʧir'mæk]

preparar (vt)	hazırlamaq	[hazɪrla'mah]
preservar (ex. ~ a paz)	saxlamaq	[saχla'mah]
prever (vt)	qabaqcadan görmək	[ga'bagdʒɟacan gør'mæk]
privar (vt)	məhrum etmək	[mæh'rum ɛt'mæk]

proibir (vt)	qadağan etmək	[gada'ɣan ɛt mæk]
projetar, criar (vt)	layihələşdirmək	[lajɪhælæʃdir'mæk]
prometer (vt)	vəd etmək	['væd ɛt'mæk‹]
pronunciar (vt)	tələffüz etmək	[tælæf'fyz ɛt'mæk]

propor (vt)	təklif etmək	[tæk'lif ɛt'mæk]
proteger (a natureza)	mühafizə etmək	[myhafi'zæ ɛt'mæk]
protestar (vi)	etiraz etmək	[ɛti'raz ɛt'mæk]
provar (~ a teoria, etc.)	sübut etmək	[sy'but ɛt'mæk]

provocar (vt)	təhrik etmək	[tæh'rik ɛt'mæk]
publicitar (vt)	reklam etmək	[rɛk'lam æt'mˌæk]
punir, castigar (vt)	cəzalandırmaq	[dʒɟæzalandɪr'mah]
puxar (vt)	çəkmək	[ʧæk'mæk]

256. Verbos Q-Z

quebrar (vt)	qırmaq	[gɪr'mah]
queimar (vt)	yandırmaq	[jandɪr'mah]
queixar-se (vr)	şikayət etmək	[ʃika'jæt ɛt'mæk]
querer (desejar)	istəmək	[istæ'mæk]

rachar-se (vr)	çatlamaq	[ʧatla'mah]
realizar (vt)	həyata keçirmək	[hæja'ta kɛʧir'mæk]
recomendar (vt)	məsləhət görmək	[mæslæ'hæt gør'mæk]
reconhecer (identificar)	tanımaq	[tanɪ'mah]

| reconhecer (o erro) | etiraf etmək | [ɛti'raf ɛt'mæk] |
| recordar, lembrar (vt) | xatırlamaq | [χatɪrla'mah] |

| recuperar-se (vr) | sağalmaq | [saɣal'mah] |
| recusar (vt) | rədd cavabı vermək | ['rædd ʤ'ava'bı vɛr'mæk] |

reduzir (vt)	azaltmaq	[azalt'mah]
refazer (vt)	yenidən düzəltmək	[ɛni'dæn dyzælt'mæk]
reforçar (vt)	möhkəmləndirmək	[møhkæmlændir'mæk]
refrear (vt)	saxlamaq	[saɣla'mah]

regar (plantas)	sulamaq	[sula'mah]
remover (~ uma mancha)	aparmaq	[apar'mah]
reparar (vt)	təmir etmək	[tæ'mir ɛt'mæk]
repetir (dizer outra vez)	təkrar etmək	[tæk'rar ɛt'mæk]

reportar (vt)	məlumat vermək	[mælʲu'mat vɛr'mæk]
repreender (vt)	danlamaq	[danla'mah]
reservar (~ um quarto)	təxsis etmək	[tæɣ'sis ɛt'mæk]
resolver (o conflito)	düzəltmək	[dyzælt'mæk]
resolver (um problema)	həll etmək	['hæll ɛt'mæk]

respirar (vi)	nəfəs almaq	[næ'fæs al'mah]
responder (vt)	cavab vermək	[ʤ'a'vap vɛr'mæk]
rezar, orar (vi)	dua etmək	[du'a ɛt'mæk]
rir (vi)	gülmək	[gylʲ'mæk]

romper-se (corda, etc.)	cırılmaq	[ʤʲırıl'mah]
roubar (vt)	oğurlamaq	[oɣurla'mah]
saber (vt)	bilmək	[bil'mæk]
sair (~ de casa)	çıxmaq	[ʧɪɣ'mah]

sair (livro)	çıxmaq	[ʧɪɣ'mah]
salvar (vt)	xilas etmək	[ɣi'las ɛt'mæk]
satisfazer (vt)	təmin etmək	[tæ'min ɛt'mæk]
saudar (vt)	salamlamaq	[salamla'mah]
secar (vt)	qurutmaq	[gurut'mah]

seguir ...	ardınca getmək	[ar'dınʤ'a gɛt'mæk]
selecionar (vt)	seçmək	[sɛʧ'mæk]
semear (vt)	əkmək	[æk'mæk]
sentar-se (vr)	oturmaq	[otur'mah]

sentenciar (vt)	məhkum etmək	[mæh'kum ɛt'mæk]
sentir (~ perigo)	hiss keçirmək	['his kɛʧir'mæk]
ser diferente	fərqlənmək	[færglæn'mæk]

ser indispensável	zəruri olmaq	[zæru'ri ol'mah]
ser necessário	tələb olunmaq	[tæ'læp olʲun'mah]
ser preservado	qalmaq	[gal'mah]
ser, estar	olmaq	[ol'mah]

servir (restaurant, etc.)	xidmət göstərmək	[ɣid'mæt gøstær'mæk]
servir (roupa)	münasib olmaq	[myna'sip ol'mah]
significar (palavra, etc.)	əhəmiyyət kəsb etmək	[æhæmi'æt 'kæsp ɛt'mæk]
significar (vt)	ifadə etmək	[ifa'dæ ɛt'mæk]
simplificar (vt)	sadələşdirmək	[sadælæʃdir'mæk]
sobrestimar (vt)	yenidən qiymətləndirmək	[ɛni'dæn gijmætlændir'mæk]
sofrer (vt)	əzab çəkmək	[æ'zap ʧæk'mæk]

sonhar (vi)	yuxu görmək	[ju'χu gør'mæk]
sonhar (vt)	xəyal etmək	[χæ'jal ɛt'mæk]
soprar (vi)	üfürmək	[yfyr'mæk]

sorrir (vi)	gülümsəmək	[gylymsæ'mæk]
subestimar (vt)	lazımi qədər qiymətləndirməmək	[lazı'mi gæ'dær gijmætlæn'dirmæmæk]
sublinhar (vt)	altından xətt çəkmək	[altın'dan 'χætt ʧæk'mæk]
sujar-se (vr)	çirklənmək	[ʧirklæn'mæk]

supor (vt)	fərz etmək	['færz ɛt'mæk]
suportar (as dores)	dözmək	[døz'mæk]
surpreender (vt)	təəccübləndirmək	[taædʒyblændir'mæk]
surpreender-se (vr)	təəccüblənmək	[taædʒyblæn'mæk]
suspeitar (vt)	şübhələnmək	[ʃybhælæn'mæk]

suspirar (vi)	nəfəs almaq	[næ'fæs al'mah]
tentar (vt)	cəhd göstərmək	['dʒʲæhd gɛstær'mæk]
ter (vt)	malik olmaq	['malik ol'mah]
ter medo	qorxmaq	[gorχ'mah]

terminar (vt)	qurtarmaq	[gurtar'mah]
tirar (vt)	yığmaq	[jı'ɣmah]
tirar cópias	çoxaltmaq	[ʧoχalt'mah]
tirar uma conclusão	nəticə çıxarmaq	[næti'dʒʲæ ʧ'ıχar'mah]

tocar (com as mãos)	toxunmaq	[toχun'mah]
tomar emprestado	borc pul almaq	['bordʒʲ 'pul al'mah]
tomar nota	yazmaq	[jaz'mah]
tomar o pequeno-almoço	səhər yeməyi yemək	[sæ'hær ɛrræ'jı ɛ'mæk]

tornar-se (ex. ~ conhecido)	olmaq	[ol'mah]
trabalhar (vi)	işləmək	[iʃlæ'mæk]
traduzir (vt)	tərcümə etmək	[tærdʒy'mæ ɛt'mæk]
transformar (vt)	transformasiya etmək	[transfor'masija ɛt'mæk]

tratar (a doença)	müalicə etmək	[myali'dʒʲæ ɛt'mæk]
trazer (vt)	gətirmək	[gætir'mæk]
treinar (pessoa)	məşq keçmək	['mæʃh kɛʧ'mæk]
treinar-se (vr)	məşq etmək	['mæʃh ɛt'mæk]
tremer (de frio)	titrəmək	[titræ'mæk]

trocar (vt)	mübadilə etmək	[mybadi'læ ɛt'mæk]
trocar, mudar (vt)	dəyişmək	[dæiʃ'mæk]
usar (uma palavra, etc.)	istifadə etmək	[istifa'dæ ɛt'mæk]
utilizar (vt)	istifadə etmək	[istifa'dæ ɛt'mæk]
vacinar (vt)	peyvənd etmək	[pɛj'vænd æt'mæk]

vender (vt)	satmaq	[sat'mah]
verter (encher)	tökmək	[tøk'mæk]
vingar (vt)	intiqam almaq	[inti'gam al'mah]
virar (ex. ~ à direita)	döndərmək	[døndær'mæk]
virar (pedra, etc.)	çevirmək	[ʧɛvir'mæk]

virar as costas	üz döndərmək	['juz døndær'mæk]
viver (vi)	yaşamaq	[jaʃa'mah]

voar (vi)	uçmaq	[utʃ'mah]
voltar (vi)	qayıtmaq	[gajıt'mah]
votar (vi)	səs vermək	['sæs vɛr'mæk]
zangar (vt)	əsəbiləşdirmək	[æsæbilæʃdir'mæk]
zangar-se com ...	əsəbiləşmək	[æsæbilæʃ'mæk]
zombar (vt)	rişxənd etmək	[riʃ'χænd ɛt'mæk]

www.ingramcontent.com/pod-product-compliance
Lightning Source LLC
Chambersburg PA
CBHW071332090426
42738CB00012B/2870